公安学文库 · 实务案例

总主编：何勤华　杜志淳　杨正鸣

2

边防警务实战战术

主编　高慧开

副主编　杨彦文　高鹏　阮水　陈媛　徐娜

法律出版社
LAW PRESS · CHINA

总　序

公共安全，是一个社会倚依的柱石。维护公共安全，是社会管理最为重要的目标之一，既需要相关国家机关的专门性工作，也需要民众积极参与。周恩来总理曾经指出“国家安危，公安系于一半”。切实发挥公共安全机关的职能作用，加强公安学的理论研究，丰富公安学的学术成果，打造法治公安，是推进依法治国战略、建设法治中国的重要一环。公安学是一门研究社会科学与自然科学之相关内容的交叉学科和综合学科。就相涉社会科学而言，主要是指研究调整有关国家安全与社会治安秩序的社会关系之行为规律；就自然科学而言，主要涉及各种侦查、检验等的技术手段。应该说，公安学近年来才成为一门独立的学科。2011 年为适应我国高等教育、公安工作快速发展和社会形势不断变化的需要，根据《国家中长期教育改革和发展规划纲要（2010 ~ 2020 年）》精神，国务院学位委员会、教育部增列公安学为一级学科（学科代码：0306），公安学的学科建设迎来了重大发展机遇。虽然，作为一级学科的公安学包含的二级学科内容并没有最终确定，但学界普遍认同它应当包括犯罪学、治安学、侦查学、边防管理、禁毒学等二级学科内容。当前，我国各政法院校和公安院校正如火如荼地展开公安学学科建设。中国人民公安大学、中国刑事警察学院已建立起较为完整且成体系的公安学一级学科，二级学科体系也基本建立起来。中国政法大学、华东政法大学、西南政法大学、西北政法大学以及中南财经政法大学等院校，也已在现有公安类专业的基础上，积极筹建公安学一级学科。各省所属的公安院校也都积极开展本科层面的公安学教育，同时开始培育公安学学科建设。这是公安类专业高等教育建立动态调整机制、优化学科结构的一项重要举措，为公安学各专业学士、硕士、博士的学位授予、招生和培养提供了良好的发展平台。

华东政法大学刑事司法学院是全国高等院校中公安类专业办学历史最悠久的单位之一，也是华东地区公安类专业办学层次和水平最高的单位。自1984年起，华政已开展犯罪学专业研究生的培养工作，是国内较早开展公安类研究生教育的政法院校。其后，在刑法学专业中，设置犯罪学、青少年犯罪方向，进一步推进公安学专业理论研究。1996年诉讼法专业中增设刑事侦查专业方向获得批准，2002年在诉讼法专业中设司法鉴定方向。随即，开始招收犯罪学专业博士研究生，2008年开始招收司法鉴定专业博士研究生。由此，华东政法大学刑事司法学院在公安学建设中发挥长期积累的学科优势，整合侦查学、治安学、边防管理等专业力量，并依托司法鉴定与计算机科学与技术（网络安全）等学科作为公安学的重要支撑，形成了较为丰富的理论与实践成果。

为了迎接公安学确立为一级学科后的发展，充分利用现有优势和资源，进一步夯实、建设、发展公安学学科，我们计划出版一套《公安学文库》，第一批书目有《侦查理论前沿问题研究》《侦查实务前沿问题研究》《经济犯罪侦查》《刑事专案侦查》《传统侦查制度现代转型》《证据调查学》《犯罪现场勘查技术研究》《侦查学案解》《特大城市地铁运行安全风险及防范》《网络犯罪侦查技术》等数十部专著、教材，力争使公安学成为我校学科建设的优势领域，成为在全国同类高校中具有鲜明的国际化、开放性特色并处于领先水平的公安学学科。

法律出版社沈小英分社长以及责任编辑为本文库的策划、出版付出了辛勤劳动。华东政法大学科研处和发展规划处为本文库的推出进行了指导,司法鉴定中心为本文库的出版提供了经费支持。在此,我们表示诚挚的谢意。当然,对作品中可能存在的缺陷,将全部由我们负责。敬请各位读者给予批评、指正,以便我们在再版时予以改正。

何勤华　杜志淳　杨正鸣

于华东政法大学

2016 年 5 月 16 日

前　言

本书共十四章，具体包括绪论、安全理念、武力使用理论、口头制止、徒手防卫与控制、警械使用训练、武器使用、掩体利用与小组行动、控制嫌疑人、盘查战术、缉捕战术、解救人质战术、边境地区处置群体性治安事件、预防袭警战术与现场急救技术等内容。

本书由华东政法大学与公安边防部队广州高等专科学校共同编写。杨彦文编写第一章、第二章、第三章、第八章第四节；高鹏编写第四章、第五章、第六章、第七章；阮水编写第八章第一节、第二节，第十一章，第十三章；陈媛编写第八章第三节、第十章、第十二章；徐娜编写第九章、第十四章。全书由主编高慧开统稿，副主编分别是杨彦文、高鹏、阮水、陈媛、徐娜。

由于时间仓促，编者水平有限，教材中难免有疏漏和不妥之处，望各位领导、专家多提宝贵意见。

编　者

2016 年 7 月

Contents

目　录

第一章　绪　论

第一节　边防警务实战战术的概念及要求

一、边防警务实战战术的概念

边防警务实战战术，是指边防警察在警务活动中，针对危害警察执法安全和公共安全的暴力对抗行为所采取的有关临场处置的技能、技巧、方法、措施、指挥以及工作模式的总和。

通过定义我们可以看出：首先，警务战术行动是一种警察执法活动，属公务行为；其次，战术行动的运用对象是针对已经或正在发生的暴力抗拒执法或危害公共安全的行为；再次，警务战术行动是具有鲜明针对性的一种临场处置行为，而前期的调查与后期侦查并非我们的研究范畴；最后，警务战术是一种方法与机制的集合体，包含了众多手段、措施与技能综合运用。

警务战术的运用，对于保障执法活动目的的有效性，打击犯罪，保障警务人员的行动安全以及合理规范执法行为都有着非常重要的作用。警务战术在促进公安边防部队职业素质与战斗力的提高，以最小代价获取最大的执法效益等方面，都有着奠定基础与实现效果的巨大作用。警务战术的实质在于通过高水平的“斗智”活动,以最小代价、最佳方式,合法高效地打击违法犯罪活动,达到维护与建设良好社会治安秩序的目的。

二、边防警务实战战术的要求

(一)安全执法

安全执法,要求边防警察在执法活动中,必须首先考虑自身的安全、群众的安全是否能够得到有效的保护,同时也包括对违法犯罪嫌疑人合法权益的保护。在进行行动设计时,应首先考虑避免和控制暴力对抗的发生;当暴力对抗发生时,应在确保安全的前提下有效地控制。

安全执法的理念是警务战术行动中的第一理念,如果缺少了安全意识与相应的防范措施,一切战术原则与方法的运用都无从谈起。边防警察在行动中应首先保证自身的安全,在此前提下才可以实施行动来进行解救或排除险情、保障当事人的生命财产安全以及公共安全。反之,忽视自身安全的冒险行为,我们只能认为是一种愚勇。

(二)规范执法

规范执法,是要求边防警察的战术行动必须严格依照警务战术行动规范进行操作,在警力、装备、程序、方法等各个环节都要符合规范,比如执勤时是否携带了武器、警械;是否二人以上共同执勤;在盘查嫌疑人前是否进行了形势评估;是否占据了便于控制对方的合适位置;是否采取了人、物分离措施进行检查等。同时,警务战术行动是执法活动,必须符合法律规范的要求,不能与法律法规相违背。强调执法活动必须是在法律的范围内依法行为,做到以事实为依据,以法律为准绳,严格执法,才能达到执法目的,收到预期的执法效果。在警务战术的设计与实施进程中,必须坚持依法制胜的原则:

1. 法律意识

边防警察不仅是国家法律的代表者,也是在执法过程中实践法律并受法律保护与监督的社会行为者。由于执法活动中的战术运用对执法对象是否构成侵权,诸如名誉、隐私、人身、财产、行为等权利,往往就存乎于一线之间,因而较高的法律意识是确保执法活动中实施谋略与战术的重要素质之一。

2. 现场意识

警务战术行动要从实际出发,首先就要从案件现场出发。脱离违法犯罪现场,许多案件的查处也就无法直接取证,难以调查了解违法犯罪事实。在此意义上可以说,违法犯罪现场是执法活动之源。警务战术的谋划与实施,是强调人、案、情境三要素的统一。只有充分了解、认识现场,针对执法对象的谋略战术,才能做到从实际出发,有的放矢,避免主观臆断;才能甄别真伪,趋利避害,赢取执法行动主动权。

3. 证据意识

警务战术行动作为严格的执法活动,既要以法律为准绳,又要讲事实,重证据。强调证据意识,就是使民警在执法活动中始终保持头脑高度清醒,必须时刻围绕证据开展工作。战术谋划与实施亦是如此。

(三)高效执法

高效执法即强调警察在执法时要考虑执法成本,力求用较小的警力、装备、时间投入换取理想的执法效果。一方面,案件现场拖得越久,越容易造成围观、交通堵塞、人群拥挤等附带问题,带来的直接或间接损失就越大;另一方面,在法制和舆论监督日臻完善的今天,公众无法接受投入巨大、不计代价或久拖不决的执法方式。这就从客观上要求警察在执法时必须考虑采用合理、科学的方式以减少执法成本,既要追求实效还要追求时效。尤其在处置各类突发事件时,快速化解危机是成功处置的前提。高效执法源自合理的战术、科学的指挥,是警察专业素质、执法能力的综合体现。

第二节　边防警务实战战术的原则

警务战术是一种智谋的运筹艺术,无论从策略的产生,到每一案件中具体的战术方案的运用以及有关战术策略的理论形成,都需遵循一定的机制与原理。以下我们就着重从加一评估、规范设计、防控为先、慎重优选、弹性处置这五个方面来具体阐述警务战术运用的原则。

一、加一评估

加一评估,即指挥员在进行现场形势评估时,要至少加多一个危险因素进行筹划。比如,在发现一个犯罪嫌疑人时,要考虑还有第二个可能出现;第二个出现时,要考虑还有第三个;以此类推,进而保证现场的所有危险点都能得到有效控制。

警务战术施策的关键在于从整体上考虑作战对象、案件条件以及现场环境条件与科学使用我方力量的关系及其适应性。应注意各方面的联系,从整体利益出发,不能急功近利,更不能攻其一点不及其余,造成执法行动的失利。加一评估原则正是要求我们在策略选择时把握全面、防止片面,尽可能多地考虑到所有可能出现的状况或局面,对于事关全局或案件的关键问题,一定要重点考虑,反复思考,多方研究,深思熟虑,而后方可行动。加一评估原则应当从以下几个方面予以考虑:

一是作战目标的选择。在选择了对于战术实施具有重要或决定意义的目标予以实现的同时,还应充分考虑到可能出现的作战目标,要增加至少一个目标进行战术设计。

二是我方的作战空间。应当有相当大的回旋余地,作战的内线外线、进攻与防御、整体与具体等方面都应留有余地,以便于视情形灵活变更战法。

三是执法行动时限的规定。既要考虑到必要性,又要充分考虑到可能性。战术协同动作的时间、作战各阶段的时间都应当从最短时限和最长时限这两个方面来考虑,从中优化出合理的时限。

四是执法行动的警力、武器装备的部署,应视战场情况变化,既要考虑优化组合,又要考虑从这一行动阶段到下一行动阶段的应变组合的变化。应变组合的目的,在于通过加一评估科学地调整自己的力量使之更具打击威力。经过反复估量,精心筹划,正确计算,以变制变,充分发挥谋略的运转效果,为夺取战术行动的最终胜利奠定坚实基础,达到"妙算"而后胜的谋略运筹与运转的目的。

二、规范设计

规范设计,是要求警察对常规的、典型的战术行动具有格式化的设计,以便操作。比如,在边境地区抓捕毒品犯罪嫌疑人,需要多少警力,要不要其他警种和部门协同;装备的种类、数量;了解情况的途径、方式、方法;抓捕的方式、方法；任务分工；行动程序；指挥关系；通信方式；意外情况的应变措施等等。

通常情况下，当警察依据情况、作战环境、案件条件、我方力量状况，提出基本的作战思路，拟定出多种行动方案并加以选择优化之时，必须对这些方案进行严格规范的设计，并对其可行性进行充分的推演论证，以发现方案的不足、疏漏或缺陷，从而不断完善方案，以便指挥员据此定下处置决心。在进行方案的规范设计时，首先要将该方案置于对抗的作战环境背景中进行推演，以确定该方案的战场适应性与可行性。例如，根据已知情报，边境地区某恐怖组织持爆炸物劫持几名人质，要求与政府谈判，否则将杀害人质。我联指依据该现实情况提出："武装包围、疏散群众、力争谈判解决，迫不得已，诱其露面，准确狙击予以解决的方案。"这其中包含了两个基本方案，一是力争谈判解决；二是狙击解决。在这里，武装包围到底是公开包围，还是秘密包围；谈判是在大兵压境条件下利用话筒远距离的喊话谈判，还是秘密选择狙击点位，表面疏缓现场气氛，尽量减少现场公开武装力量，派出警员趋近谈判；枪击与谈判如何协同；在什么情况下坚持谈判，什么情况下武力解决；若现场没有合适的狙击位置，又如何处置；若我方力量根本没有狙击步枪同时缺乏合格的训练射手又如何处置等。均应对方案的实施阶段，实施细节进行规范的策划与严密的推演论证。若方案不符合战场环境要求，或不符合我方警力武器实际情况，或表面符合作战意图，实则无实施条件等，均能够通过推演论证发现问题。现实执法行动中众多的失败、失误，究其原因，很多是没有对作战方案进行严格的规范设计与可行性论证所造成的。

三、防控为先

控制论产生于对复杂性以及疑难性的探索。通过对系统的各种复杂的因果反馈关系及其控制机制的研究，产生了控制论。同时控制论又提供了研究复杂系统的有效方法。警务战术行动的实施过程中，正是借鉴了控制理论在复杂系统智能运用的理念，要求我们应以"防""控"为先，而并非以给予战术目标毁灭性的打击为最终目的。

控制为先，即指挥员在指挥部队接近危险前，要先做好安全防控措施。

比如,抓捕人员在进入抓捕现场前,警戒人员要先封锁控制现场;抓捕人员向现场中心推进时,要交替进行,先掩护后推进;实施抓捕时,要先掩护,再抓捕;在遇有严重暴力对抗需要战术性撤退时,也要先有掩护再撤退,交替进行。控制的内容包括现场环境、犯罪嫌疑人、潜在危险点等,如门窗、墙角等可能出现危险的视线盲区,没有明确身份的嫌疑人的同伙等诸多方面。防控的核心要素是使警务人员在战术的实施过程中始终处于一种有利而主动的地位,控制是获取主动的最有效手段。通过对人员、现场环境有效的控制,可以全面而系统地贯彻既定方针,并根据客观环境的不断变换而及时修正,以对于我方最有利的情势来调配人员物资并实现对于嫌疑人以及事态发展的全面掌控。

四、慎重优选

所谓客观慎重,就是要符合事物或现象运动、变化的一般规律,从实际出发,周密慎重,同时要讲求实效,优化策略的选择,以达到预期效果。要充分地实现慎重优选的理念,警务战术行动在执法活动中的谋划与应用要具体做到以下三点:

(一)因案制宜

在警务战术行动中,对于各类违法犯罪案件的查处都必须以案件的客观存在作为出发点。在注重同类性质案件所具有的普遍规律性的同时,也要进一步认识案件的特点及相关属性特征等特殊性。它是查处案件、实施战略战术的基本依据。具体做到因人、因案制宜,是有的放矢、讲求实效的基本保证。

(二)慎重周密

由于各类违法犯罪案件的多样性、复杂性,及其执法行动对象心理活动的错综复杂,这就客观地要求警务战术的开展与实施必须是慎重的、周密的。实施谋略要在充分考虑因人、因案的同时,还要慎之又慎,力求做到疏而不漏,周全稳妥。

(三)因势利导

从指挥谋略的角度来看,“势”有两个含义:一是客观形势,即有意针对执法对象造成的某种客观态势，如威慑之势、迷惑之势、融情之势等；二是主观形势，即执法对象的内在心理需要倾向，以及在特定情境中的心理状态。在警务战术行动中，有效的战术运用就在于针对执法对象充分地把握好主客观“势”。

五、弹性处置

弹性处置，是指边防警察在设计战术方案、选择行动方式时要有回旋余地。比如，战术方案的制定，可由安全到危险、由便于实施到难以实施，设计多套方案，前一个方案的失败不影响下一个方案的实施。实施时，优先选择前面的方案，这样的方案就具有弹性。

行动的顺利进行，是优化谋略方案并选择确定的结果。战术策略一经形成，就要围绕其进行多种准备。此时应依据环境条件的差异，依据主要方案及计划展开行动准备。如果行动内容有两套以上方案，则应围绕主方案准备的同时，对第二、第三……第 N 种方案也必须进行全面的准备。这种准备包括：警力准备、武器准备及所需战斗器材的准备、交通工具及通讯工具的准备、伪装方式准备、战斗行动的分工准备、战斗指挥准备、战斗中灵活变更战术的准备、战斗保障与后勤保障准备等多种准备。同时在运用过程中要求指挥人员及实施者弹性处理，绝不能机械套用，以防由于各方因素的差异而导致战术失灵甚至行动失败。

第三节 边防警务实战战术训练的模式及方法

边防警务实战战术训练是将警务实战理念、知识、技能、意识等要素转化为实战能力的最主要途径。通过有效训练，可以使官兵在执勤、处置突发事件中强化战术安全意识，规范战术动作，提升战斗心理素质，从而大大增强部队的实战能力。

一、训练模式

边防警务实战战术训练模式灵活多样，主要包括以下几种方式：

（一）整体、分（组）训练

在组织边防警务实战战术训练时，可采取部队整体训练或分组训练的方式。整体训练强调对战术动作的整体协同,分组训练体现小组战术的灵活机动。

(二)连贯演练

连贯演练主要指对多个科目进行连续性的演练,以考察受训对象综合运用实战战术的能力。

(三)情景模拟演练

警务战术情景模拟演练是指以实例的形式向学员提供若干特定的情景,引导学员迅速做出临战反应,分析情境中的实际问题,进而采取合理、有效的处置措施,综合运用所掌握的技能战术,完成情景设置的任务。

(四)示范(评比)训练

示范训练是以示范方式来检验部队训练质量好坏,通过评比来发现训练中存在的主要问题的训练方式。

(五)抽查评议训练

抽查评议训练是通过选择性检查受训对象的训练效果,再经讨论而给予评定的训练方式。

二、训练方法

警务战术训练方法是指有意识地改变受训对象战术素养、能力而采用的方法。

(一)导入方法

训练中合理使用导入方法可以使受训对象尽快进入训练状态。根据训练内容的不同,可采取问题导入、案例导入、情景导入、综合导入等方式,即通过提出问题、案例讨论、设置情景或综合运用多种手段来引导受训对象进入训练主题。

(二)示范方法

训练中,可采取探讨示范、体验示范、对比示范、规定示范等方式对受训对象进行示范。

(三)实训方法

实训方法主要包括案例训练、作业训练、推演训练、分解训练、体验训练、研讨训练、模拟训练、激励训练、对抗训练、综合训练等。

1. 案例训练法

将国内外警务实战中鲜活的、具有典型性的案例进行收集与整理,以案例重演、案例评析、案例训练、案例讲座等方式用于教学训练中。

2. 想定作业训练法

根据实战中已经或极易发生的各种情况,结合不同训练内容与目标,编制带有实战情形的训练想定(情况),运用到不同的训练过程中,使受训对象根据所掌握的理论知识和自身能力进行处置,重点解决实战中的难点、疑点问题。

3. 推演训练法

依据实战过程的一般规律、变化的特殊现象,围绕训练内容分阶段、分内容、分目标的进行层层推演,不断给受训对象以新的情况,诱导其采用合理、合法和安全的方法与手段予以处置,以实现“训练再现实战、实战体现训练”的教学效果。

4. 研讨训练法

针对每个训练课题、处置方法、适用法律、重点与难点等问题,以启发引导的方式让受训民警充分发表自己的观点,或者自主决定、实施处置,充分发挥其自身的主观能动性,使其在互动、思考、处置中寻求最佳方法,达到理论联系实战和学以致用的目的。

5. 对抗训练方法

可运用训练手段、环境条件、情况显示、学员分组等方式组织对抗训练。

6. 综合训练法

综合训练法是实战训练的最高形式,是教官根据学员基础、培训对象、训练目标等因素,在一定时间、空间、区域和限制条件下,组织学员进行近乎实战对抗训练的方法。这要求教官组在策划训练计划时,应当将法律、技能、战术、心理、体能等各实战要素充分加以考虑,使学员在处置中能够得到较为全面的训练和发挥,提高学员处置事件的综合行动能力。

(四)评议方法

评议主要采用启发、商榷、总结等方式展开,对训练手段及效果进行评价、议论,以发现不足,改进训练方法,提高训练绩效。

(五)心理方法

心理行为能力,是指行为个体在完成具体的行为动作上或是行为活动过程中,受其心理因素以及相应生理因素的影响而表现出来的特定的行为能力状态。例如,行为中的紧张、慌乱、不自信与沉稳、镇定、有自信;行为中的怯懦、迟疑、涣散与勇敢、果断、自律;行为中的被动、消极、懒惰与主动、积极、勤奋,等等。

心理训练,是指通过刺激条件的影响作用使得个体充分发挥自主性,对其行为动作进行自我引导、控制和改变的操作过程。

1. 提高心理行为能力的训练方法

心理行为能力表现出多方面的心理要素,由此构成了职业行为的心理素质。对于每一个人来说其心理素质水平是不同的,而且其表现状态也具有不同的特点。个体心理素质的养成主要有两条基本途径,即社会性的自然习得和有针对性的教育训练。针对性的训练较之自然习得更注重"新行为"到"行为体验"的反馈,由此比较自觉地形成"习惯",从而达到既定心理素质养成的目的。

(1)团队精神训练方法

例如,团队建设、绝对任务、信任背摔等。(如图 1-1、图 1-2)

图 1-1

图 1-2

(2)高空心理行为能力训练方法

例如,勇攀天梯、急速追捕、丛林追踪、悬崖绝壁、生死相依等。(如图1－3、图1－4)

图1－3

图1－4

2. 强化行为技能训练心理方法

人所完成的任何一个动作,都包含有运动、感觉和神经中枢三种成分,它们分别由各部分肌肉、感官和中枢神经系统来完成。运动成分发挥着执行机能,感觉成分发挥着控制机能,中枢成分发挥着调节机能。完成动作的三种机能最终是在意识的支配下实现的,只是过程中不同阶段参与完成动作的意识存在多与少的差异。动作训练初期通常需要较强的意识参与来完成,随着动作训练的不断深入、强化,参与的意识成分越来越少,完成动作趋于巩固的、定型的、自动化的运动方式。这就是心理学所说的熟练。常用强化行为技能训练的心理方法有认知训练方法、领悟训练方法、感觉控制方法、想象训练方法、注意力控制方法、讨论训练方法等。

3. 心理问题疏导与调控方法

不同的行为个体在面对同等环境刺激压力时,相应的心理应激反应水平是不同的,这主要取决于个体的心理承受能力状况。而影响和制约心理承受能力的主体因素主要有三大因素,即认知能力、个性心理特征水平和生理素质状况,且三者之间又是相互联系的。

训练过程中常见心理问题主要有问题性(高目标、急躁、小聪明、不自信、粗心、不得法、迟缓）和障碍性（抑郁型、焦虑型、恐惧型、躁狂型）两种。

个体心理问题调控训练主要采取鼓动激励、自我暗示、控制呼吸、肌肉放松、引导注意、言语控制等方法；心理障碍干预主要采取精神分析方法、挑战忧虑性思维方法、系统脱敏方法、行为方法等。

第二章　安全理念

第一节　战术行动中的安全基本常识

安全,是执法执勤的基础,是确保官兵完成任务的前提,也是战术行动达成目标的前提条件。安全,意味着行动前应做好心理、装备、方案等方面的充分准备,不提倡仓促应战;意味着行动中应根据环境、势态灵活调整策略,不追求盲目进攻;意味着行动结束时应保持足够的警惕性和行动能力,以做好再次行动的准备。

安全,要求边防官兵在行动中要确保:

(1)边防官兵自身的安全。首先应该确保边防官兵自身的安全,以确保有完成任务的能力,并向公众传递出解决危机的能力。面对危险,可以具备自我牺牲的勇气和精神,却不应提倡有勇无谋、风险过高的行为。当然,在特定条件下应以履行职责为首要条件。例如,当群众的生命突然遭到严重威胁,在无足够支援警力或必备警械时,边防官兵仍应积极作为,保护群众的生命安全。

(2)执法对象的安全。执法过程中应谨遵法律规定,尊重执法对象的基本权利,采取积极措施保护其人身安全。不应因其身份、行为而故意采取过度武力措施或将其置于危险境地。

(3)受害者的安全。受害者往往遭受到身体和心理的双重伤害,边防官兵到现场后应采取保护性措施,在采取战术行动时应充分考虑如何减少和防止受害者遭受二次伤害。

(4)公众的生命及财产安全。任何情况下,边防官兵的战术行动都应以保护公众生命、财产安全为先,不得以牺牲公众生命、财产安全为代价。在执法现场要特别留意围观群众、记者等人员的安全。设计战术行动方案时要充分考虑可能引发威胁公众生命财产安全的因素,行动过程中要及时排除威胁公众生命财产的可能性。

(5)证据的安全。证据对于案件的后续办理具有重要的意义,并能够为战术行动提供法律层面的支持。行动中应充分利用人力和技术手段保护证据安全,如将收缴的凶器置于证据袋,抓获嫌疑人后需让其指认现场及赃物等。

(6)装备的安全。警用装备是边防官兵完成任务的基本保障,因而在行动中应注意防止警用装备丢失、损坏,特别要保护好警械、武器、急救用品的安全。

安全,是战术行动追求的重要目标,要求边防官兵在战术行动中应采取积极的措施主动规避和降低风险,而非消极的回避、逃避风险。任何战术行动都有风险,但只要经过科学分析、合理规划,都能够实现安全最大化。

安全,是实战的基础,是组织战术行动的核心,是战术行动成功的保障。安全的战术不一定都能化解危机,但不安全的战术只会让行动者面临更高的风险。

第二节　实现安全的基本途径

从行动者的角度看,战术行动的安全与边防官兵自身的行为习惯、操作流程,以及现场的评估息息相关。

一、习惯

习惯,即长期养成的行为方式。对边防官兵而言,习惯是确保安全的首要途径。安全的执法执勤行为源于良好的习惯。执法执勤中发生的一些意外、事故往往不是因为客观环境太复杂，或者装备性能不稳定，而是因为操作者自身的习惯不好。例如，在不需开枪时将食指放在扳机上、用枪前不做安全检查等。

良好的习惯包括：

(1)对警械武器的操作习惯。能够始终遵守安全守则操作警械武器，并始终将警械武器置于安全状态。

(2)在现场的行为习惯。在现场应始终保持仔细观察、小心戒备、举止文明的行为习惯，以确保自己的执法过程安全、规范。

(3)与队友配合的习惯。行动中应与队友主动沟通、互相补位，切忌孤军深入、单枪匹马。

良好的习惯来自训练场。为使受训者养成良好的习惯，教官必须在战术教学的最初阶段就向其强调习惯的重要性，并在整个训练过程中帮助其养成良好的习惯。

二、流程

操作流程是实战经验的总结，也是规避风险的步骤。规范的操作流程既包括流程的完整性也包括准确性。公安边防官兵应按照规范的操作流程组织实施战术行动，从而将危险因素逐步排除。

三、评估

行动前必须对形势、风险进行科学、合理的评估，以使自己明确将要面临的处境。评估的步骤依次为：

第一步：收集信息。

到达现场前应尽可能地仔细了解以下信息：

(1)案件发生的地点、时间；

(2)嫌疑人的数量及持有的凶器；

(3)是否有受害者，受害者数量及目前的状况；

(4)是否有目击者。

如果时间紧迫,可在到达现场后再对上述信息进行收集。

第二步:考虑问题。

(1)我是否以寡敌众?

(2)我的装备是否符合现场要求?

(3)我是否有支援?

(4)现场是否有掩体或藏匿物?

(5)嫌疑人是否还在现场,如果已经逃走,他可能向何处逃跑?

(6)是否有人质(如果有,则先不采取攻击行动,同时封锁现场)?

(7)是否有围观群众(做最坏打算:不能开枪。警告群众离开或蹲下)?

第三步:策划行动。

(1)确定进入现场的路线(最直接的路线可能不是最可靠的。考虑从安全的路线接近现场,避免独自进入发生案件的建筑试图寻找嫌疑人)。

(2)有组织地进入现场(应以小组或队伍形式抵达现场,避免以一对多)。

(3)与指挥中心或其同伴保持联络(时刻知道同伴的位置,也让同伴知道你的位置)。

(4)支援警力何时到达、从哪进入现场?

(5)现场是否有掩护物或藏匿物(掩护物可抵挡子弹,隐藏物只能掩护行踪)。

(6)尽量避免与嫌疑人正面交锋(但要保持警觉)。

(7)隐蔽地观察及埋伏(不可贸然行动)。

战术行动中应始终坚持"OODA"循环,即"观察—调整—决策—行动"的循环程序。基于观察,获取相关的外部信息;根据感知到的外部威胁,及时调整系统,做出应对决策,并采取相应行动。己方的目标应该是,率先完成一个OODA循环,然后迅速采取行动,干扰、延长、打断对方的OODA循环。

第三节　安全五要素

一、戒备

戒备,是一种心理状态,也是一种行为状态。既要求边防官兵在现场要保持足够的警惕,同时还要做好使用警械和武器的准备,如将强手扶于警械或武器。保持戒备是为了将自己的心理、行为调适至"一触即发"的应急状态,在危险未解除时应始终保持戒备状态。

二、掩体

掩体,即能够起到避弹作用的物体,通常包括大石块、建筑物、厚金属物等。到达现场后首先应选择合适的掩体。选择掩体时主要考虑以下因素:厚度(越厚防弹效果越好)、高度(太矮的不利于隐蔽)、面积(以能够容纳身体为佳)。

通常在现场还要寻找藏匿物,即只能掩藏身体但不能防弹的物体,如垃圾堆、小推车、杂物堆、垃圾桶等。

学会利用掩体和藏匿物对保护自身安全至关重要,它是现场为我们提供的一道安全屏障。

三、距离

任何时候都应与执法对象保持一定距离,以避免其对自己造成伤害。有距离才有反应空间。但不应刻板地认为要与对方保持"×米"的距离,应根据对象和冲突等级保持相应的距离,"最佳距离=保护自己+控制和攻击对方",即让自己有反应空间,也便于控制和攻击对方的距离。距离过近失去反应空间,距离过远不利于控制。例如,面对徒手攻击的嫌疑人,安全距离是对方不能直接攻击到你的距离再加一定的额外距离(保持额外距离是为应对嫌疑人突然向前奔跑);面对持砍刀的嫌疑人,安全距离是对方持砍刀不能直接攻击到你的距离再加一定的额外距离;当对方持枪时,就不应再强调距离。不论目标有多远,都应首先将自己置于掩体保护之下。

四、位置

位置包括你与掩体(藏匿物)的位置;你与同伴的位置;你与目标的位置。理想的位置=安全到达+观察+射击+撤退,即能够方便自己安全进出、方便自己观察和射击的位置。但很多现场不可能同时具备上述条件,此时应灵活地选取对自己最有利的位置。

五、沟通

保持沟通是为了与同伴共享信息并组织协同，以避免各自为战。沟通的方式既包括语言，也包括手语、眼神、肢体动作等。每种沟通形式都有自己的局限性，因此应熟练掌握多种沟通形式，并根据环境灵活使用。沟通前应对信记号、暗语等加以明确，以确保沟通对象完全理解。

“安全五要素”是执法执勤环境中危险因子的集中体现，虽然代表了不同内容，但彼此又相互关联，应该系统的理解和运用。

第三章　武力使用理论

第一节　基 本 常 识

一、警察依法使用武力的来源

依法使用武力是法律赋予人民警察的重要权力，是正确履行法定职责的重要保障。依法使用武力是法律赋予警察的一种强制权，使用前无需征得相对人的同意，但必须要符合法定程序，如有确定的目标、明确的警告、达成使用某一级武力措施的行为、可靠而充足的证据支持。

二、警察依法使用武力的目的

警察依法使用武力的目的包括：

(1)维护法纪，保障警察权的执行，从而有效打击违法犯罪活动。

(2)维护警察自身合法权益，确保在执法执勤中不受或少受不法侵害。

(3)产生震慑和控制力，而非剥夺生命。

依法使用武力是规范化执法的客观要求，也是培养受训者依法使用警械、武器的基础，是培养警务战术基本技能和意识的重要途径。

三、武力使用的基本原则

（一）合法性原则

警察使用武力的行为是执行职务的行为，是根据法律授权行使法定职责的行为，与普通公民的正当防卫有本质区别。其目的在于让警察能够更有效地履行法定职责。合法性原则意味着依法使用武力的行为受法律保护，违法使用武力的行为受法律追究。《人民警察使用警械和武器条例》第 5 条第 2 款规定“人民警察不得违反本条例的规定使用警械和武器”。

因此，训练中要有意识培养受训者依法使用武力的意识，侧重于使用武力的程序、限度，即警察在使用武力措施前先要考虑“使用武力手段的行为是否有法律依据”。

（二）必要性原则

执法对象的行为多种多样，但并非所有的行为都需警察使用武力手段解决。警察的武力手段只在特定条件下对特定目标使用，即只针对正在实施违法犯罪行为的人员，且其行为达到需使用武力手段予以制止的程度时才能依法使用武力手段。必要性原则严格限定了武力使用的对象和范畴，使武力手段具有明确的指向性，避免了武力手段给执法对象或其他人造成不必要的损失或侵害，即警察在使用武力措施前要考虑“是否有必要使用武力手段”。

（三）武力相适应原则

警察应根据违法犯罪嫌疑人的暴力程度决定采取何种武力措施，从而做到警察的武力措施与嫌疑人的暴力程度相对等。同时，应根据嫌疑人暴力行为的改变而灵活升高或降低武力手段的级别，做到动态平衡。必要时应采取高一级武力措施予以控制。如面对持刀嫌疑人，警察可以直接使用武器控制手段，以更有效地遏制嫌疑人的暴力行为。警察必须慎重使用武力，过度的约束和放任武力手段都不值得提倡，即警察在使用武力时要采取“与对方暴力程度相对等或略高的武力手段”。

（四）最低限度使用武力

武力手段本身具有一定的伤害性，可能会对使用对象的心理和生理造成一定的损伤。为保护犯罪嫌疑人的人身权利，要求民警必须合理使用武力，不得故意造成相对人人身伤害。因此,力求以较轻的、非致命的手段解决问题,但不放弃使用致命手段的权力。

《公安机关人民警察现场制止违法犯罪行为操作规程》第 3 条规定:"公安民警现场采取处置措施,应当以制止违法犯罪行为为限度,尽量避免和减少人员伤亡、财产损失;使用较轻处置措施足以制止违法犯罪行为的,应当尽量避免使用较重处置措施。公安民警现场制止违法犯罪行为,应当注意方式方法,避免激化矛盾;发现事态有进一步扩大可能的,应当及时采取相应措施进行妥善处置。"《人民警察使用警械和武器条例》第 4 条明确规定:"人民警察使用警械和武器,应当以制止违法犯罪行为,尽量减少人员伤亡、财产损失为原则。"《公安机关人民警察现场制止违法犯罪行为操作规程》第 10 条规定:"公安民警使用较重处置措施时,可以同时使用较轻处置措施作为辅助手段",即警察在使用武力时要考虑"尽可能减少伤亡和损失"。

第二节　武力使用的法律规定

一、相关法律法规

公安边防部队官兵在执法执勤中使用武力的行为应遵循《人民警察法》、《人民警察使用警械和武器条例》、《公安机关人民警察现场制止违法犯罪行为操作规程》、《公安机关人民警察佩带使用枪支规范》以及《公安边防部队武器使用管理规定》等。

《人民警察法》赋予警察使用警械和武器的权力。该法于 1995 年 2 月 28 日八届全国人大常委会第 12 次会议通过,1995 年 2 月 28 日中华人民共和国主席令第 40 号公布;2012 年 10 月 26 日第十一届全国人大常委会通过修正案。该法明确了人民警察的职权、义务和纪律、组织管理、警务保障、执法监督、法律责任等,赋予警察使用武器、警械的权力。

《人民警察使用警械和武器条例》不仅界定了警械和武器的定义,还具体明确了警察使用警械和武器的具体情形。该条例于 1996 年 1 月 8 日经国务院第四十一次常务会议审议通过,并由国务院令第 191 号发布施行。该条例是人民警察法的配套法规之一,是人民警察履行职责、行使职权的重要法律保障,对人民警察使用警械和武器的原则、情形做了具体的规定。

《公安机关人民警察现场制止违法犯罪行为操作规程》是结合执法现场对《人民警察使用警械和武器条例》细化与补充,进一步明确了人民警察使用各种武力手段的原则、程序和方法。该规程于2010年正式颁布实施,旨在规范公安机关人民警察现场制止违法犯罪行为及相关处置活动,保护国家、集体财产安全、公民人身财产安全以及公安民警自身安全,维护公共安全和社会秩序;对人民警察在现场制止违法犯罪行为的武力使用的原则、层级、具体情形做了详细规定;将人民警察现场制止违法犯罪活动时依法采取的强制手段由轻到重划分为:口头制止、徒手制止、使用警械制止、使用武器制止,即四种不同程度的武力手段。

《公安机关人民警察佩带使用枪支规范》是为适应当前打击暴恐案件、严重刑事案件形势而制定的便于理解、便于操作的法律规范。该规范对"使用武器"的行为进一步明确和细化,突出了实战性、程序性。于2015年5月1日正式实施。

《公安边防部队武器使用管理规定》是公安边防部队立足自身情况,遵循上述法律法规制定的管理规定。对使用枪支的权限、程序、情形等进行了明确,并于2015年实施。

二、武力使用层级的转换

《公安机关人民警察现场制止违法犯罪行为操作规程》将警察的武力分为四级,即实战中警察应根据违法犯罪嫌疑人的反抗程度实施升级或降低武力层次,可参考表3-1:

表3-1

行为人的抵抗程度	具体的行动表现	相应武力戒备程度	可采用的强制手段
心理抵触	没有语言的抗拒,只是心理有抵触的态度表现	口头规劝/口头控制	警察口头命令

续表

行为人的抵抗程度	具体的行动表现	相应武力戒备程度	可采用的强制手段
语言抗拒	口头表现出不服从，用恶言对抗或威胁	口头规劝/口头控制，使用徒手戒备控制	警察口头命令/增求支援
消极抵抗	用行为阻碍警察执行职务，但程度未有危及任何人	温和的控制，使用徒手戒备控制	警察由 2 名或 4 名警察（强行带离）搬移对抗者； 温和的徒手控制方法（压点控制、带离）
顽强抵抗	用实质性行为抗拒警察的控制，其行为可能伤及警察或其他人员	强硬的控制，使用警械戒备控制	胡椒催泪喷液/强硬徒手控制技术（拳、掌、踢）/倒地制服（上铐）
暴力攻击	采用殴打的行为，但没有对他人有造成重伤害的故意	强硬的控制，使用警械戒备控制	胡椒催泪喷液/强硬徒手控制技术（拳、掌、踢）倒地控制技术（上铐） 警棍戒备及使用
致命攻击	有致使他人重伤害及死亡的故意	致命武力，使用枪支戒备控制	使用武器控制

需强调的是，警察到达现场时应首先判断嫌疑人的暴力等级并采取相应措施，但不应故意激怒对方以提高自己使用武力的等级。在处置过程中应尽可能采取多种手段，力争和平解决危机。

第三节　单警装备的配备与佩带

一、单警装备的配备

公安机关人民警察单警装备是公安机关各警种单警在执勤、执法等任务中所配备的个人基本装备，它具有救助、防护、约束、制服、杀伤、通信等基本功能，也是为警察提供不同层级武力手段的重要依托和条件。其配备标准依据公安部《公安单警装备配备标准》执行。

(一)单警装备的种类

《公安单警装备配备标准》将单警装备分为7类15种。

(1)警服类:依照法律、法规穿用的制式服装、鞋、帽、标志等。

(2)武器类:依法配备的枪支、弹药,也包括使用致命性弹药时的防暴枪。

(3)警械类:依法配备的驱逐性、制服性警械。

(4)防护类:用于抵御枪弹袭击、刀斧砍刺、棍棒打击等侵害的防护装具和服装。

(5)通信类:用于沟通的装备,如对讲机、警务通等。

(6)装具类:用于满足勤务活动所需的装备,如多功能腰带、警用装备包等。

(7)其他类:用于生活、卫生等保障的装备,如警用水壶、急救包等。

(二)单警装备各组件的功能

(1)警服(含警察执勤反光服):是警察的基本标志,具有象征国家权力、法律尊严,表明身份,警示威慑等作用。

(2)警用多功能腰带:是基本的警察装具,具有披挂整备、集成装备、必要时应急自卫等功能。常见的警用多功能腰带分为牛皮质、人造革质和尼龙编织质三类。可根据各地实际情况、任务需要配备不同材质的腰带。

(3)警用催泪喷射器:属于驱逐性制服性警械,具有警示、驱散、制服犯罪嫌疑人的作用。

(4)枪支:属于武器,是警察武力使用的最高等级的物质体现,具有警示、杀伤等作用。

(5)警用制式刀具:该装备具有一定杀伤性,主要用于自卫和攻击,具有杀伤、制服、工程、辅助救援等作用。

(6)警棍:属于驱逐性制服性警械,根据需要可选择佩带伸缩警棍、橡胶警棍、警拐等,具有警示、驱散、制服、辅助押解等作用。推荐选用伸缩警棍,建议在配备伸缩警棍时,选择棍体钢质较好、棍头不易松脱、棍柄材质为环保橡胶或高密度绝缘材料的伸缩警棍。

(7)警用急救包:急救装备,具有辅助开展CPR急救、轻微或轻度创伤急救的一定作用。

(8)警用防割手套:基本防护装备,按照防护效能,有轻型、基本型和加强型三种,具有防刃器割划的作用,但不能防穿刺、劈砍和削切。

(9)警务通:通联及验查装备,主要用于核查人员信息、警察内部通联等作用。

(10)警用水壶:合金质,具有储水、辅助救护、催泪警械使用后的安抚救助功能。

(11)警用强光手电:合金 LED 灯手电,节能高亮防水,可根据任务需要调节为强光/弱光/爆闪状态,具有夜暗条件下的搜索、照明、辅助震暴制服、破窗救援等作用。

(12)对讲机:须公安内部设置频段,用于通信联络及报警。推荐配备 350 兆警用多模对讲机(TC－890GM),集公网通话、信息查询、卫星定位等功能于一体。针对公安边防部队实际情况,在公安专网或移动通信网络覆盖不到的地方应配备其他应急通信装备,如卫星电话。

(13)手铐:约束性警械,用于约束控制犯罪嫌疑人,也可用于紧急情况时的防卫。常用的手铐包括链式手铐、板式手铐和塑料手铐(一次性使用),各单位可根据需要按照相关规定选用。

(14)防刺服/防弹服:防护装备,用于防护锋刃器具或子弹的伤害。一般的防刺服不具有防弹功能,防弹服也不具备防刺功能。正常环境下使用保险期 5 年。一有损伤应立即更换,如被锋刃武器穿刺或割划过,则须更换。

(15)警用装备包:尼龙质,保障勤务装备,用于放置单警装备组件及其他警用装备。

(三)单警装备的配备标准

公安单警装备的配备有严格规范的要求,依据公安部《公安单警装备配备标准》,单警装备分为必配和选配两类:

(1)必配:警服、警棍、手铐、警用催泪喷射器、警用强光手电、警用制式刀具、警用水壶、警用急救包、警用防割手套、多功能腰带。

(2)选配:枪支、对讲机、警务通、防刺服、警用装备包。

公安单警装备配备具体标准如表 3－2 所示。

表 3 – 2

序号	配备项目	计量单位	配备数量	配备类型
1	警服(包括作训服)	套/人	按个人装备标准配发	必配
2	警棍	根/人	1/1	必配
3	手铐	副/人	1/1	必配
4	警用催泪喷射器	只/人	1/1	必配
5	警用强光手电	只/人	1/1	必配
6	警用制式刀具	把/人	1/1	必配
7	警用水壶	个/人	1/1	必配
8	警用急救包	个/人	1/1	必配
9	警用多功能腰带	条/人	1/1	必配
10	警用防割手套	双/人	1/1	必配
11	枪支(含备用弹药)	支/人	按佩枪相关规定配备	选配
12	对讲机(可配备耳麦)	部/人	1/1	选配
13	警务通	部/人	1/1	选配
14	防刺服(或防弹服)	件/人	1/1	选配
15	警用装备包	个/人	1/1	选配

二、单警装备的佩带

公安机关人民警察单警装备的实战使用应严格遵守《人民警察法》《人民警察使用武器警械条例》和《公安机关人民警察现场制止违法犯罪行为操作规程》等法律法规。

(一)单警装备的佩带原则

单警装备的佩带主要兼顾三点:便于武力层级转换、便于取放(符合个人习惯)、根据警种与任务性质按需选用。

（二）单警装备的佩带顺序

以右手为强手示例，按照佩带自动手枪状态和不佩枪状态两种佩带方法，推荐如下佩带顺序：

佩带自动手枪状态时，以腰带扣为起点，从左到右的佩带顺序依次为：备用弹匣、伸缩警棍、警用强光手电、对讲机、警用水壶、手铐、多功能警务工作包（内装警用急救包、警务通、防割手套等）、警用制式刀具、手枪、警用催泪喷射器。

不佩枪状态时，以腰带扣为起点，从左到右的佩带顺序依次为：警用强光手电、对讲机、警用水壶、手铐、多功能警务工作包（内装警用急救包、警务通、防割手套等）、警用制式刀具、警棍、警用催泪喷射器。

配2005式警用9mm转轮手枪时，以腰带扣为起点，从左到右的佩带顺序依次为：警用催泪喷射器、警棍、对讲机、警用强光手电、警用水壶、手铐、多功能警务工作包（内装警用急救包、警务通、防割手套等）、警用制式刀具、枪、备用弹轮。

如果单警同时携带枪支、电击枪/催泪枪时，建议弱手侧配电击枪/催泪枪，且枪柄朝向强手方向；枪支配于强手侧。如果只携带电击枪/催泪枪时，携带方法与携枪方法相同。如果双警执勤，可一人携带枪支，一人携带电击枪/催泪枪。

（三）单警装备的佩带部位

单警装备需有正确的配备部位，以方便使用。

右手为强手，佩带自动手枪时的佩带部位：手铐佩带在正后腰位，警棍和手枪分别佩带在正左侧位和正右侧位，备用弹匣和警用催泪喷射器分别佩带在左腹前位和右腹前位，警用水壶和多功能警务工作包分别佩带在左后腰位和右后腰位，警用强光手电佩带在左侧位警棍后，对讲机佩带在左侧位警用强光手电后，警用制式刀具佩带在右侧位手枪后。

右手为强手，不佩枪时的佩带部位：手铐佩带在正后腰位，警用强光手电和警用催泪喷射器分别佩带在左腹前位和右腹前位，对讲机和警棍分别佩带在正左侧位和正右侧位，警用水壶和多功能警务工作包分别佩带在左后腰位和右后腰位，警用制式刀具佩带在右侧位警棍后。

左手为强手时,佩带位置与上述相反。

(四)单警装备的佩带要求

(1)齐:装备齐全,配套可靠。

(2)好:扣好袋扣,装备完好无损坏。

(3)牢:蹲下、左右跳起晃动,腰带牢固,不阻碍运动。

(4)紧:腰带扎紧后仅能容纳两个大拇指的空间,使所有配件、挂件能够稳固于腰间。

第四章　口头制止

第一节　基 本 常 识

口头制止,是指公安机关人民警察为制止违法犯罪行为而发出的强制命令。它不仅是针对违法犯罪嫌疑人做出的威慑性、命令性语言告知,也是对现场无关人员发出的通报,还可作为执法行为的证据。口头制止是最常使用的武力手段,是使用其他武力手段的必要程序。恰当使用口头制止,有利于降低冲突,便于建立沟通渠道,并为改变武力等级创造空间和条件。

一、口头制止的法律依据

《公安机关人民警察现场制止违法犯罪行为操作规程》第 14 条、第 15 条规定,“口头制止,是指公安民警为制止违法犯罪行为而发出强制命令”。“口头制止可能导致违法犯罪行为人逃跑、毁灭证据或者其他严重危害后果的,公安民警可以根据本规程的有关规定,采取徒手制止措施。”

二、口头制止的适用对象

根据《公安机关人民警察现场制止违法犯罪行为

操作规程》第 15 条中规定，口头制止适用于正在以非暴力方式实施违法犯罪行为的人员。

执法过程中口头制止适用的对象较为宽泛，既包括只有心理抵触但没有行为冲突的违法犯罪行为人，也包括以污言秽语、非肢体接触方式谩骂、纠缠、干扰民警履行职责或有激烈言行但尚未伤及他人或民警的违法犯罪行为人。

当违法犯罪行为人有逃跑、毁灭证据或采取更高级暴力行为时，警察可升级武力手段，改用徒手控制。违法犯罪行为人员不听警察的口头劝告，以谩骂、纠缠等行为阻碍警察履行职务时，虽未危及任何人的安全，但如果使用口头制止可能发生不利于执法办案的情形，可采取徒手制止。

第二节　口头制止的内容

《公安机关人民警察现场制止违法犯罪行为操作规程》将口头制止的内容限定为五项：

（1）命令违法犯罪行为人停止实施违法犯罪行为，即明确要求违法犯罪行为人停止某一违法犯罪行为的命令，如“放下刀”“住手”。

（2）命令违法犯罪行为人按照要求接受检查，即要求违法犯罪行为人按照警察要求接受检查的命令，如“请出示身份证”“慢慢打开行李”。

（3）告知违法犯罪行为人拒不服从公安民警命令的后果，即明确告诉违法犯罪行为人不服从警察命令将承担的后果，如“放下刀，否则使用武器”“把手举起来、往后退，否则使用催泪剂”。

（4）根据警情需要，要求在场无关人员离开现场或应急躲避，即向现场无关人员发出的各种警告，如“散开”“趴下”“无关人员请让开”。

（5）其他能够达到有效制止目的的口头命令，即对违法犯罪行为人能够产生有效制止作用的命令，如“蹲下”“往后退”等。

第三节　口头制止的程序

通常建议按照以下程序实施口头制止：

一、表明警察身份

《公安机关人民警察现场制止违法犯罪行为操作规程》第6条规定:“采取处置措施前,公安民警应当表明身份并出示执法证件,情况紧急来不及出示执法证件的,应当先表明身份,并在处置过程中出示执法证件;着制式警服执行职务的,可以不出示执法证件。”

表明身份是执法的必经程序,目的在于向执法对象和现场群众准确的表明执法者身份。在非紧急情况下可较详细地介绍自己的单位、职务、姓名,情况紧急时只需表明警察身份即可。通常与出示警官证、执法证动作相配合,如:

“您好,我是××边防派出所的中尉××。”(语气较和缓)

“您好,我是边防警察×××。”(语气较和缓)

“边防警察!”(语气较重)

“警察!”(语气较重)

二、发出首要指令

向执法对象发出停止违法犯罪行为的命令,明确命令当事人立即停止某一动作,或立即采取某一动作。目的在于尽快制止违法犯罪行为,如:

“住手!”(声音洪亮而清晰)

“趴下。”(声音清晰,语气坚决)

“放下刀!”(声音清晰,语气明确)

三、要求当事人配合警察执法

要求当事人按照警察的指令做,给其造成压迫感。应明确地向当事人表明“必须配合警察的执法,否则将会采取进一步行动”的意思,如:

“我们正在例行检查,请你配合。否则我们将依法对你采取措施。”(正常语速,语音清晰)

“不要动,请按我的要求做。”(语速适中,语气坚定)

四、告知后果

根据当事人当前的行为，评估其可能引发的后果，继而告诉对方警察将要采取的武力措施和对方可能面临的处境，以形成警告和威慑。需明确告知违法犯罪行为人不听从警察命令的后果，如：

“住手，否则将对你实施徒手控制！”(后半句的语气应加强)

“放下刀，否则将对你使用武器！”

五、发出后续指令

根据警情需要向违法犯罪行为人发出有明确意义的指令，使其能够理解警察的意图，如“把包放在左脚边”“摇下车窗”等。

六、当事人不服从口头制止的后果

根据《公安机关人民警察现场制止违法犯罪行为操作规程》第 18 条规定，“违法犯罪行为人不听从公安民警口头制止的，公安民警可以将其传唤至公安机关处理；违法犯罪行为人不听从公安民警口头制止，并实施暴力行为的，公安民警应当根据本规程的有关规定，采取相应处置措施”。即传唤至公安机关或升级武力措施。

上述程序是常规情况下遵循的程序；情况紧急时可先发出首要指令，再表明身份以及告知后果、发出后续指令。

第四节　口头制止的注意事项

口头制止的实质，是在短暂的执法过程中，警察和当事人之间建立沟通渠道的形式。警察的用词、语气都可能引起当事人甚至无关群众的情绪反应。加之人在紧张时容易出现语言迟钝、表达不清晰等情况，因而需要加强口头制止的训练。

一、用语应当明确、简洁、易懂

警察应使用违法犯罪行为人听得懂的语言实施口头控制，以便其理解。

实施口头制止时，应采用明确的语言，避免模棱两可、含混不清的语言，如“向左走三步”而不是“向左走一点”。明确的命令可以加强控制力，也能避免因不理解而导致的误会。

二、禁止使用侮辱性、歧视性语言

口头制止的目的是让行为人听从警察的命令，是法定程序。因此需体现法律的权威性，不能使用有损人格尊严的语言，也不能使用宣泄情绪的语言。

三、注意语气、语速

在情况紧急时实施口头控制应避免出现语气较重、语速较快的情形。清晰的语言指令便于违法犯罪行为人理解警察意图，也便于执法记录仪取证。要防止发出的语言指令带有个人感情倾向，不得使用容易激起围观群众、当事人情绪的语言。如果是多人执法，应避免多人发出不一致的指令，建议由一人发出语言控制，其余人员实施警戒。但情况紧急、有突发危险时，现场警察都可实施口头控制。

四、用语规范

为确保口头制止的法律效力，应使用规范性语言，如“我将对你采取武力措施”要比“我要对你动手”更符合法律要求。

盘查时警察需向被盘查人表明身份、法律依据、具体要求等。此时的口头指令要言简意赅，开门见山。如“您好！我是边防警察×××，现依法对你实施盘查，请配合”。不必强调“依照什么法律、第几条之规定”。若对方询问时，再可告知具体法律规定。通常盘查的法律依据是《公安机关人民警察盘查规范》第2条“本规范所称盘查，是指公安机关人民警察在执行勤务过程中，为维护公共安全，预防、发现、控制违法犯罪活动而依法采取的盘问、检查等行为”。《人民警察法》第9条只针对具有违法犯罪嫌疑的人员。

第五章　徒手防卫与控制

第一节　基 本 常 识

徒手防卫与控制是指警察使用身体强制力对违法犯罪行为人实施控制的手段，是高于口头制止的武力手段，既可单独使用，也可与其他武力手段配合使用。

一、徒手防卫与控制的适用对象

徒手防卫与控制适用于有轻微暴力的行为人，如以徒手方式推搡、斗殴、辱骂等不足以造成人身伤害的行为人。此外，对某些特殊个体也建议采用徒手方式予以控制，如老年人、妇女、残疾人等相对容易控制的行为人。

二、徒手防卫与控制的法律依据

《公安机关人民警察现场制止违法犯罪行为操作规程》第 19 条规定："对正在以轻微暴力方式实施违法犯罪行为，尚未严重危及公民或者公安民警人身安全，经警告无效的，公安民警可以徒手制止；情况紧急，来不及警告或者警告后可能导致更为严重危害后果的，可以直接使用徒手制止。"

三、徒手防卫与控制的程序

(1)发出警告。根据口头制止的要求向违法犯罪行为人发出明确的指令,命令其停止其违法犯罪行为。

(2)徒手控制。警告无效或来不及警告时,使用身体强制力将对方有效控制。

(3)救护伤员。使用徒手控制后,若有人受伤,应立即采取医疗救助措施。

四、徒手防卫与控制的限度

《公安机关人民警察现场制止违法犯罪行为操作规程》第 20 条规定:"公安民警徒手制止,应当以违法犯罪行为人停止实施违法犯罪行为为限度;除非必要,应当避免直接击打违法犯罪行为人的头部、裆部等致命部位。"

必须明确,警察使用徒手控制的目的是为制止违法犯罪行为,而非给对方造成直接伤害。因此使用时应注意控制手段的力度、幅度以及使用部位。若不对其致命部位实时控制就难以消除危险,此时才能对其致命部位实施徒手攻击。如对方顽强对抗,或实施更严重的攻击行为,警察在来不及使用警械、不便动用警械、不至于动用警械等情形下可攻击其头部、裆部等致命部位。警察徒手防控使用的限度还受到一些具体因素的影响,如侵害者的暴力强度、侵害者的年龄性别、侵害行为的缓急、侵害的损失利益强度。

五、徒手防卫与控制的基本原理

徒手防卫与控制是基于人体生理特征的控制技术,并非完全以力度产生作用,而是利用神经反应、肢体结构等人体自身特点产生作用。主要原理包括:(1)制造痛楚使对方服从;(2)利用震击使其晕眩;(3)让对方失去平衡;(4)分散对方注意力;(5)使对方技能失效。

六、徒手防卫与控制的主要部位

(1)重要防护部位。警察在控制违法犯罪行为人时应重点保护自己的头部、眼睛、鼻子、耳朵、下颚、咽喉、胸部、腹部、两肋、裆部、膝盖、迎面骨、脚趾、后脑勺、颈椎、肛门等要害部位。

(2)常用的控制关节。为达到徒手控制的效果又不至于给违法犯罪行为人造成不必要的伤害,警察应重点控制违法犯罪行为人的指关节、腕关节、肘关节、肩关节、膝关节、踝关节。

第二节　徒手防卫技术

按照紧张度由弱到强,徒手戒备的等级分成1~3级。

一、侧身垂手戒备(一级戒备、最弱状态)

动作要领:两脚前后开立,脚间距稍比肩宽,约45度侧身站立,重心在两脚之间,两膝微曲,两脚跟微提,双手自然在两侧下垂,神态自然,呈自然戒备状态,目视对方。(如图5-1)

使用前提:戒备等级最低,属于基础警戒体态,面对的危险最低,只要进入处警状态就至少要使用此戒备等级。

图5-1

二、搭手戒备(二级戒备)

动作要领:两脚前后开立,脚间距稍比肩宽,约45度侧身站立,重心在两

脚之间,两膝微曲,两脚跟微提,左手在腹前轻轻搭扣在右手腕部,神态自然,呈自然戒备状态,目视对方侧身。(如图5－2)

使用前提:在基层警察入户访查等日常警务活动中常用的姿势,比较轻松自然。

三、提手戒备(三级戒备)

动作要领:在搭手戒备的基础上,两手成掌,屈臂抬起,置于胸前,两手掌心向前,拇指张开,余指自然并拢,略弯曲,呈自然戒备状态,目视对方。(如图5－3)

使用前提:对方有逼近的态势或动作,以及在人员较多的人群中处警时,也常用于盘查过程中。

图5－2

图5－3

第三节　攻防技术

攻防技术主要用于在近距离对轻微暴力的防范,要求充分运用和发挥膝、手、肘等人体部位的作用。

一、推掌

动作要领:提手戒备姿势站立,左手掌迅速用拇指内扣其他四指,并拢朝

上，掌心向前，迅速直线向前推出，击打目标后迅速还原。（如图5－4）

使用前提：对方离我一臂距离或经过步法调整后在一臂距离，其暴力程度达到我使用掌法攻击的条件。

二、盘肘（横击肘）

动作要领：格斗姿势站立，以左（右）脚脚掌为轴向内蹬转，扣膝，以腰部带动身体向左（右）转动重心迁移至左（右）脚，同时，右（左）肘上抬略高于肩，大小臂折叠。（如图5－5）

使用前提：对方离我方较近，小于一臂距离或经过步法调整后在一臂以内距离，其暴力程度达到我方使用肘法攻击的条件。

图5－4

图5－5

三、后顶肘

动作要领：格斗姿势站立，以左（右）脚脚掌为轴向内蹬转，扣膝，以腰部带动身体向右（左）转动重心略向后移，同时，右（左）肘贴身向后上方击出，力达肘尖。（如图5－6）

使用前提：对方在我后方贴身处或从我后方抱我，其暴力程度达到我方使用肘法攻击的条件。

四、顶膝

动作要领：格斗姿势站立，右脚蹬地，重心移至左脚，左腿屈膝支撑，右腿提膝，大小腿折叠，脚尖绷直，髋前送，小腿向前摔出，将脚向前下方踢出，右腿挺直，力达腿掌及脚跟，踢出后迅速还原。（如图5－7）

使用前提：对方离我方较近，小于一臂距离或经过步法调整后在一臂以内距离，其暴力程度达到我方使用膝法攻击的条件。

图5－6

图5－7

五、勾踢

动作要领：（以右勾踢腿为例）格斗式开始，左脚脚尖外摆，左膝微屈，重心前移至左腿；右腿后抬，脚尖勾起，以转腰、大腿带动小腿快速摆动的力量，由右后经下向左上方提出并上挑，勾踢对方的踝关节处。（如图5－8）

图5－8

使用前提：对方离我方一臂稍远距离或经过步法调整后在一臂稍远距离，其暴力程度达到我方使用腿法攻击的条件。

六、格挡

动作要领：格斗姿势站立，左（右）臂屈肘抬至头部左（右）侧，以左（右）小臂向外左（右）横向格挡。（如图 5－9）

使用前提：对方对我方进行摆拳进攻。

七、搂抓

动作要领：格斗姿势站立，当对方用左（右）手摆拳，我方右（左）手肘关节上提，拳变八字掌，掌心向外，由下至上搂抓对方的手腕或小臂，左手回收，含胸收腹。（如图 5－10）

使用前提：对方对我方进行摆拳进攻。

图 5－9

图 5－10

八、拍挡

动作要领：格斗姿势站立，以左（右）手掌心由左（右）往右（左）做横向拍挡。（如图 5－11）

使用前提：对方对我方进行直拳进攻。

图 5－11

九、下潜

动作要领：格斗姿势站立，双腿屈膝，收腹含胸，重心下降，两手紧护胸及头部，身体垂直下降，以闪躲对方的攻击。（如图 5－12）

使用前提：对方对我进行拳法进攻。

十、提膝

动作要领：格斗姿势站立，当对方用勾踢腿、横踢腿、扫腿等攻击下肢、裆部时，在迅速后移重心至右腿的同时，左腿屈膝迅速上提、稍向内扣，脚尖勾起，以防守对方的攻击；两手不动，防守后迅速落地、还原。（如图 5－13）

使用前提：对方对我进行腿法进攻。

图 5－12

图 5－13

第四节　解 脱 技 术

解脱技术主要用于摆脱违法犯罪行为人的肢体纠缠，需结合生理特征和力学原理。

一、抓腕解脱

(一)单手抓腕解脱

动作要领：当对方有一只手抓握住我方手腕部时，我方旋转手腕，使桡骨或尺骨一侧(大拇指或尾指一侧)转到对方手腕虎口处，手部迅速往自己方向运动，肘部往对方方向运动，使手腕从对方大拇指与其他四指的夹缝中溜出，离开对方的抓握控制。(如图 5 - 14)

图 5 - 14

(二)双手抓腕解脱

动作要领：当对方双手抓握住我方一边手腕时，我方迅速用另一只手抱住自己被抓的那只手的拳头，转腰带动手臂旋转，桡骨或尺骨一侧(大拇指或尾指一侧)转到对方大拇指和其他四指的夹缝处，手部迅速往自己方向运动，肘部往对方方向运动，使手腕离开对方的抓握控制。

当对方双手的大拇指在上时，一只手由上抱住被抓的手并向上旋转用力；当对方双手的大拇指在下时，一只手由下抱住被抓的手并向下旋转用力。(如图 5 - 15)

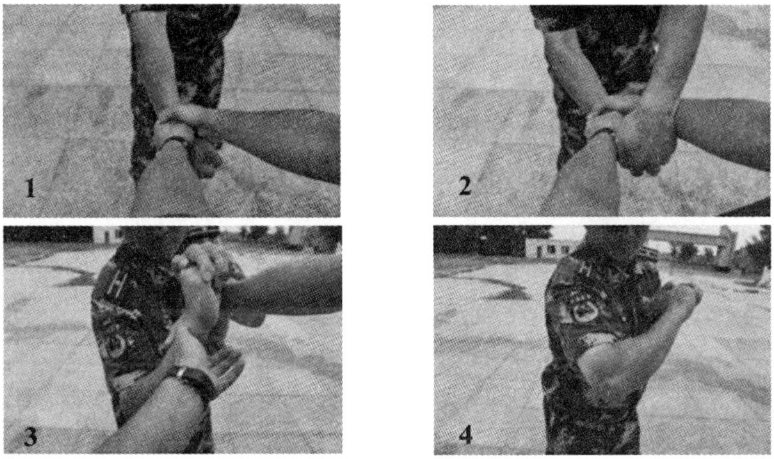

图 5－15

二、抓衣领解脱

(一)折腕折指解脱

动作要领:当对方一手揪住我方衣领时,我方应该先拉开距离,用双手掌刃切住对方腕部,把对方的手按在我胸口,使其腕部折呈 90 度,同时双手大拇指寻找对方手指并进行折指,迫使对方主动放手。(如图 5－16)

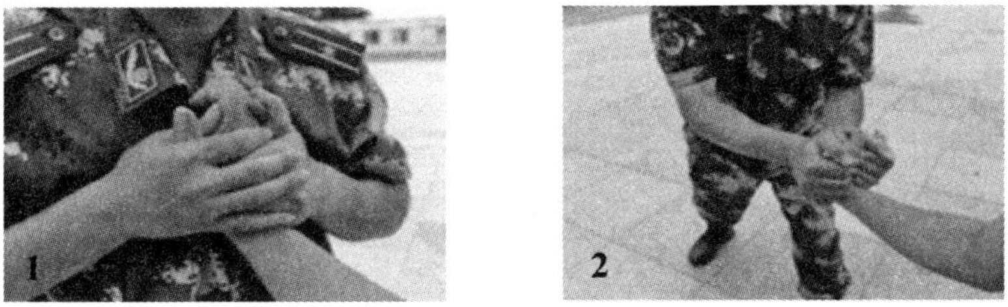

图 5－16

(二)卷腕解脱

动作要领:当对方一手掌心朝上揪住我方衣领时,我方应该先拉开距离,用双手掌刃切住对方腕部,迅速运用卷腕动作往外往下用力进行解脱。(如图 5－17)

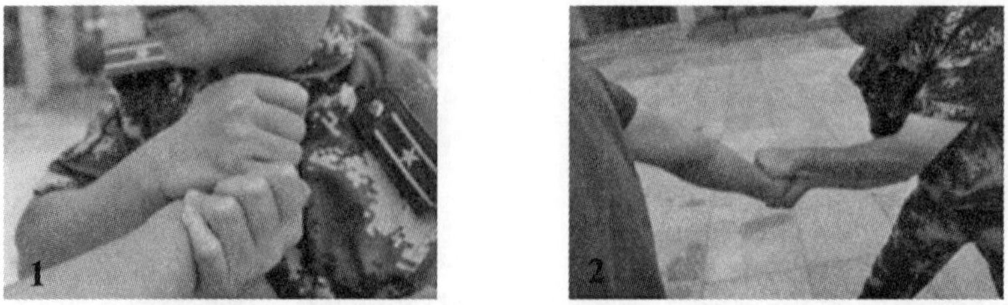

图 5－17

(三)控腕翻肘

动作要领:当对方右手掌心朝下或朝一侧揪住我方衣领时,我方应该先拉开距离,左手抓住对方右拇指向左旋,右手迅速托住对方右肘部,转跨、拧腰,运用向右转体的力量带动右手进行翻肘动作,拉曲其手臂;最后用我方右手压在其右肘上,使对方右肘向后翻,使其重心下降。(如图 5－18)

图 5－18

三、抱腰解脱

(一)抱腰不夹臂

动作要领:当对方由后抱住我方的腰(没有夹住手臂)时,我方应该先用双手按住对方的手,迅速降低重心避免被抱离地,同时可以用我脚掌狠跺对方的脚面或者用一手猛拍其裆部,也可以用肘部左右向后击其头部,影响其攻击力。在其受到影响的情况下,迅速找寻其手指,采取折指技巧,并且上步转身脱离其控制。(如图 5－19)

图 5－19

（二）抱腰夹臂

动作要领：当对方由后抱住我方的腰（并且夹住手臂）时，我方应迅速降低重心以避免被抱离地；臀部后撅使对方与我之间留出一点空间，以至于双臂能同时往前往里收拢，继而抽出左手由下往上推对方下颚，同时右手抱住对方右腿向上提拉。从而摆脱纠缠。（如图 5－20）

图 5－20

第五节 控制技术

一、压点控制

压点控制即利用肢体力量压制对方神经点和局部关节(如图5－21),迫使其疼痛或反方向运动,进而失去或放弃抵抗行为。该控制方式不会对当事人造成永久性伤害,却能够产生足以令其难受的压力和痛楚。属于温和的徒手控制,普遍适合于日常执法环境,特别适合在处理群体事件、纠纷中使用。

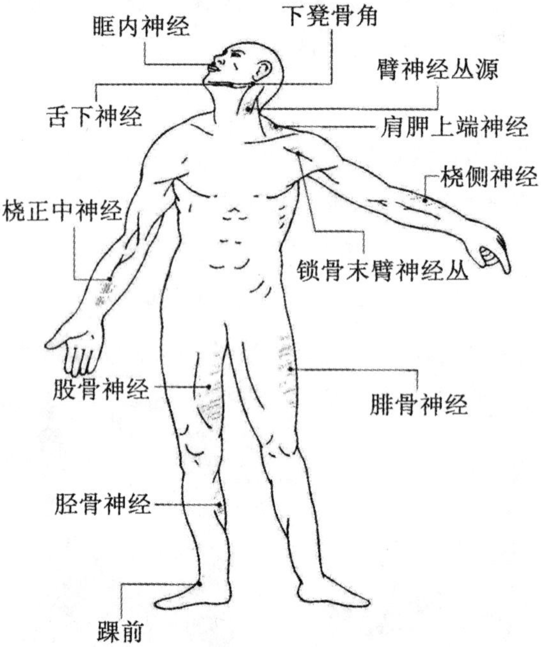

图5－21 压点及活动神经点

(一)压迫眶内神经点控制

压迫部位:眶内神经点——该点位于鼻子下方,人中穴的上方。

压迫方法:施压时用食指第一节及第二节关节处贴于其鼻子下方,由下朝上朝着头顶位置由外向内旋转发力。(如图5－22)

该方法对有吸毒史、过敏性鼻炎患者及部分人员可能不奏效。

（二）压迫舌下神经点控制

压迫部位：舌下神经点——该点位于下颌骨角往下颚方向凹陷处内侧的位置。

压迫方法：用大拇指或中指中节点由下朝上施压时朝着头顶中间位置发力。（如图5－23）

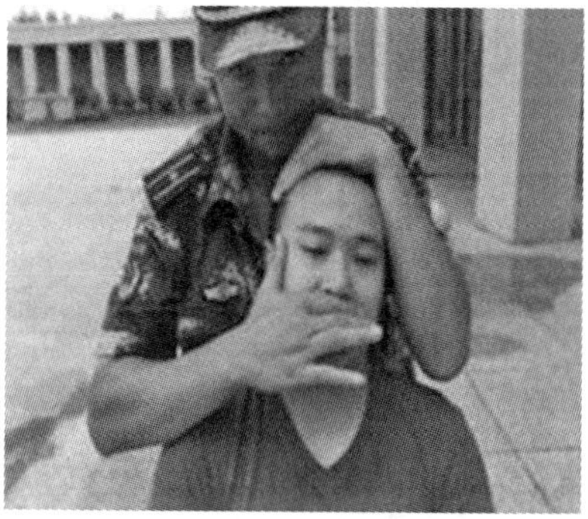

图5－22

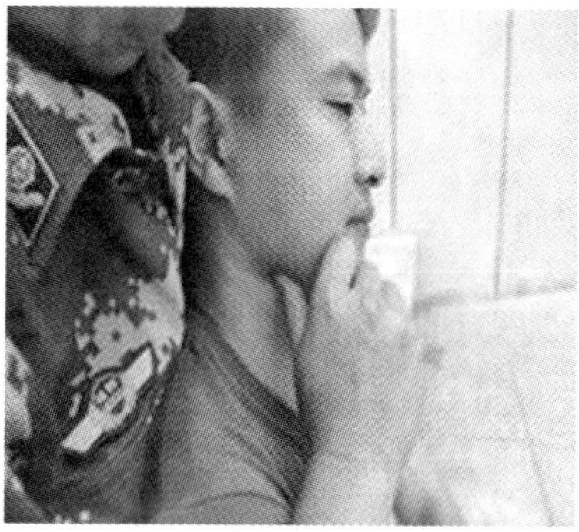

图5－23

（三）压迫下颌骨角神经点控制

压迫部位：下颌骨角神经点——该穴位在下颌骨后，耳垂正下方紧临耳垂。

压迫方法：用大拇指或中指中节点由下向斜上用力，施压时略偏向鼻子的角度朝着对角眼睛方向发力。（如图5－24）

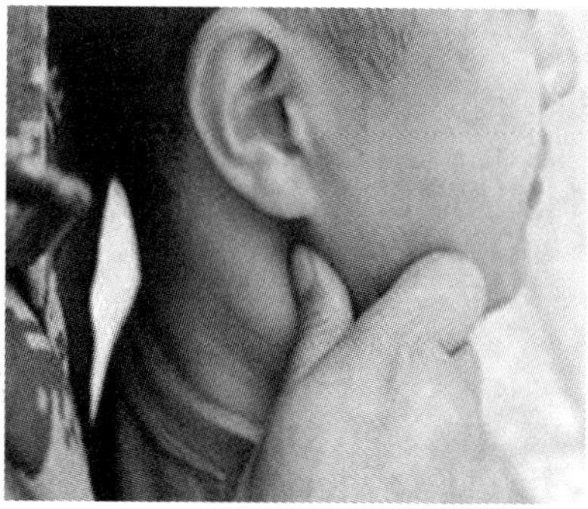

图5－24

对头部实施压点控制时需首先将对方的头部固定，重复语言指令，如"松手""站起来"；待对方服从时可停止施压，对方如果有反复可继续施压。

二、关节控制

关节控制是利用关节活动幅度有限的原理对关节实施反方向控制，从而达到以较小的力量便可控制对方的效果。使用时需注意用力的限度，避免造成不必要的伤害。同时应拉近与对方的距离，以保证控制能够奏效。

(一)腕指关节控制

1. 单手折指控制、双手折指控制

动作要领：我方单手快速抓握对方的一根或几根手指(单手控制时不要抓过多根)，或者我方双手快速抓握对方的手指(两只手分别抓握)，使对方掌心朝我方方向。用我方的掌刃切住对方的手指根部手背一侧并往我方方向下压，我方大拇指顶住对方手指尖并往对方身体方向下压。同时我方身体后撤一步，与对方保持一定距离，避免对方另一只手的袭击。(如图5－25)

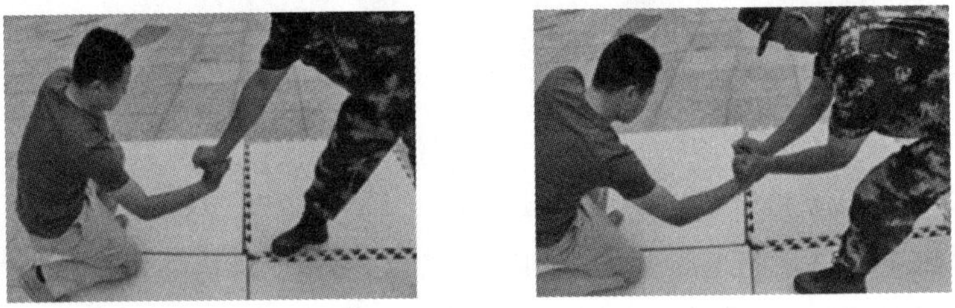

图5－25

2. 卷指控制

动作要领：我方左(右)手快速抓握对方的右(左)手一根或几根手指(单手控制时不要抓过多根)，使对方掌心朝上。同时我方用掌刃切住对方的手指根部掌心一侧并往外往下旋转，且我方右(左)手辅助旋转，同时我方身体后撤一步，与对方保持一定距离，避免对方另一只手的袭击。(如图5－26)

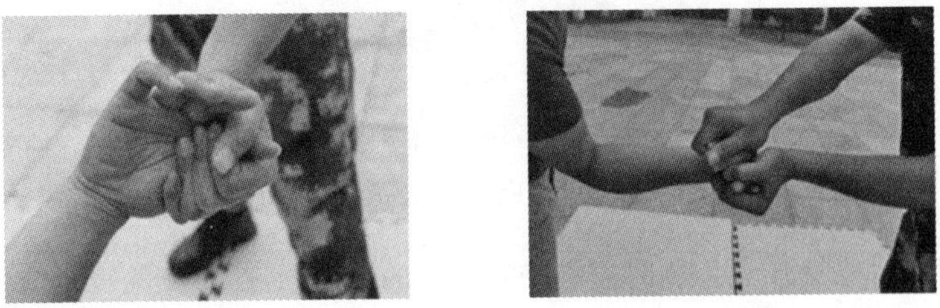

图5－26

3. 折腕控制

动作要领：我方双手快速抓握对方的一只手，使对方掌心朝我方方向。用我方的掌刃切住对方的手掌根部手背一侧并往我方向下压，我方大拇指顶住对方手指并往对方身体方向下压。同时我方身体后撤一步，与对方保持一定距离，避免对方另一只手的袭击。（如图 5－27）

4. 卷腕控制

动作要领：我方双手快速抓握对方的一只手，使对方掌心朝上，用我方的双掌掌刃切住对方的手掌根部手心一侧并合力往外向下旋转，同时我方身体后撤一步，与对方保持一定距离，避免对方另一只手的袭击。（如图 5－28）

图 5－27

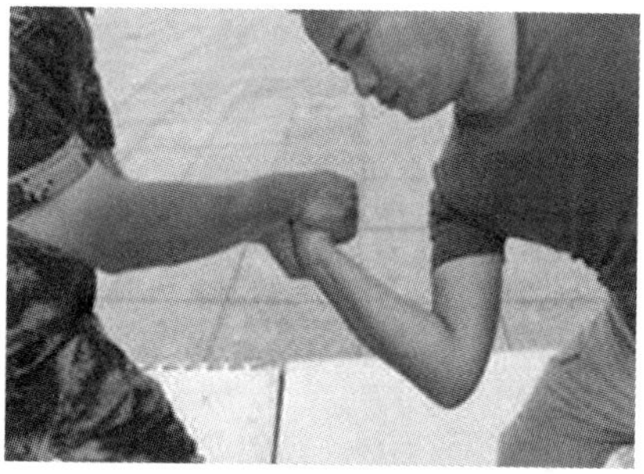

图 5－28

5. 扣腕控制

动作要领：我方右手快速抓握对方的右手，左手抓握住对方右肘，迅速地使用合力使对方肘在下掌在上且小臂垂直地面而掌心向下，用我方的右掌食指边切住对方的手掌跟部手心一侧，大拇指压住对方右手掌背并合力向下扣压，我方右手拖住敌肘部。同时我方身体后撤一步，与对方保持一定距离，避免对方另一只手的袭击。（如图 5－29）

（二）肘、臂、肩关节控制

1. 抓肘控制

动作要领：我方从对方右（左）后侧接近，右手抓住对方右肘部并往肘部推压使对方肘部直起来，大拇指扣住对方肘部神经点，可以结合左手抓腕技术。（如图 5－30）

图 5－29

图 5－30

2. 曲臂别臂控制

动作要领：当对嫌疑人别臂遇反抗时，迅速借对方之力猛击对方腹部，而后左手抽出来，从对方胳膊上方穿过，抓住自己右手腕，以两手之合力向对方右后方发力，使其倒地，抽出左手拧转对方肘部进行控制。（如图 5－31）

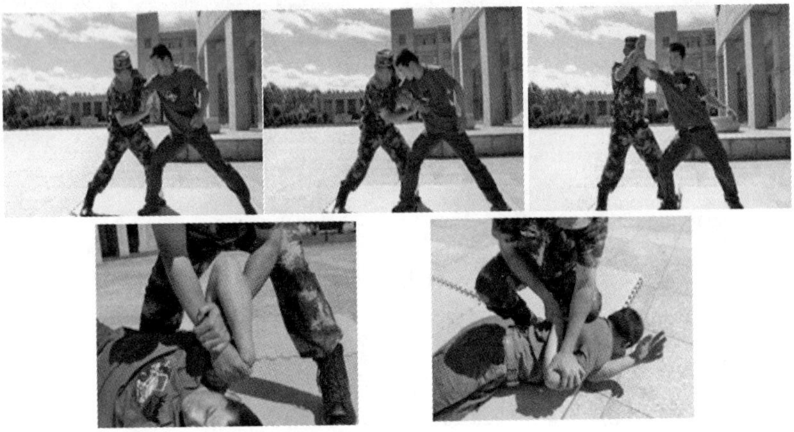

图 5－31

3. 跪压控制

动作要领：当对方呈俯卧状时，我方从对方右（左）侧接近并用右手抓握对方的右（左）手腕上提，将其手臂拉直，然后左手配合右手，抓握其右（左）手掌并折压拧转其手腕，与此同时我方用右（左）脚膝跪压其右（左）肩部，另一腿屈膝跪压对方的肩胛骨，使我方重心落双膝上。（如图 5－32）

4. 踩压控制

动作要领：当对方呈俯卧状时，我方从对方右（左）侧接近并用右手抓握对方的右（左）手腕上提，将其手臂拉直，然后左手配合右手，抓握其右（左）手掌折压拧转其手腕，与此同时我方左（右）脚踩压其右（左）肩关节处，另一腿直立，重心落在对方肩关节处。同时将对方手臂别靠在我小腿上，并且折腕。（如图 5－33）

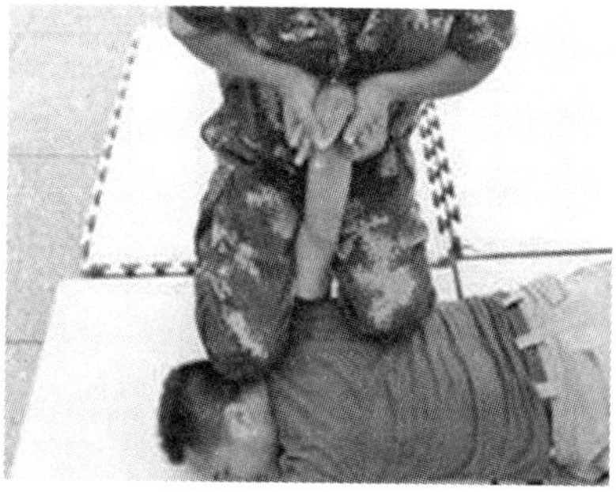

图 5－32

图 5－33

5. 坐压控制

动作要领：当对方倒地后呈俯卧时，我方快速分腿坐压在对方腰背上；同时双手分别抓住其两臂向前撅推，髋腹前顶，以抵住其两臂。另外，我方双大腿夹住对方手臂并拉直折腕，将其控制。（如图 5－34）

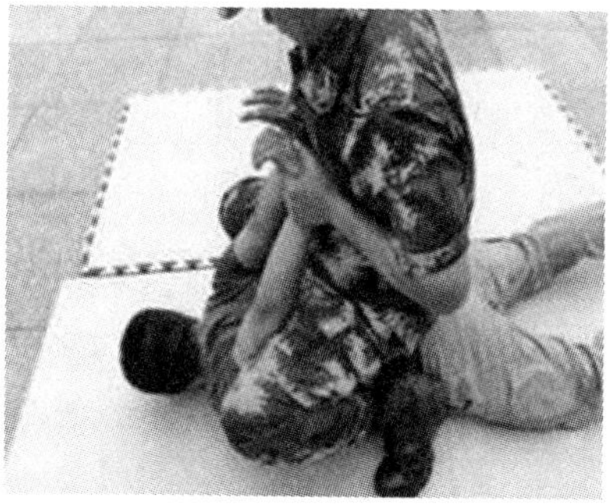

图 5－34

（三）膝关节、踝关节控制

动作要领：嫌疑人倒地仰卧时，以两腿夹紧其一条腿，同时胳膊夹住对方脚面，小臂顶其脚跟腱位置，对其踝关节和脚跟腱部位同时控制。嫌疑人倒地俯卧时，迅速上前将其左(右)腿折起放于右(左)腿膝盖窝位置，折其右(左)小腿，并利用膝盖顶压将其制服。如果嫌疑人力气较大，可结合折其脚踝，以身体前俯压的方式等动作对其控制。(如图 5－35)

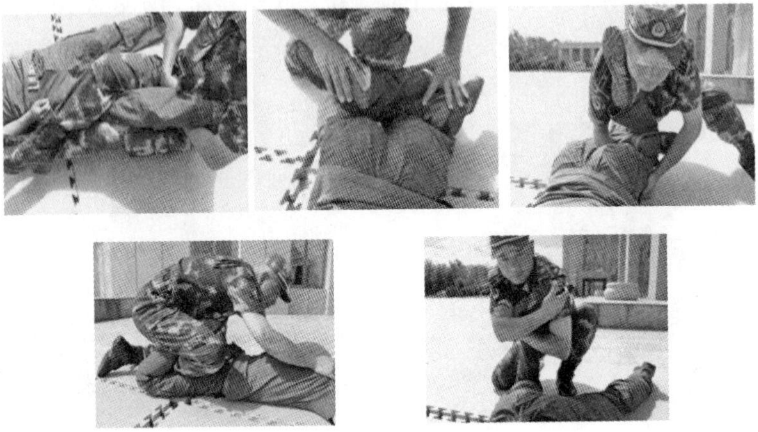

图 5－35

三、抱摔控制

抱摔控制是利用身体强制力将对方抱住或摔倒的控制技术。属于较强的徒手控制措施，使用中需注意环境因素，避免对方在摔倒瞬间被石块、尖锐物伤害。

(一)切别摔

动作要领：正面接近至嫌疑人右前侧，迅速上左步落于嫌疑人右腿外侧，右脚迅速跟进至其右腿右后侧，同时左手抓握对方右手腕并往我后下方用力拽拉，右手成掌切击对方喉部并向我左前下方用力切压，同时上右腿前插到对方右腿后，由前往我后下方用力绊击。(如图 5－36)

图 5－36

（二）抱腰摔

动作要领：背面接近，两手环抱对方腰（并且夹住手臂），重心稍下沉，左手抓握自己的右手碗，第一时间将对方抱离地面，破坏其重心并将其摔倒至地进行控制。（如图5－37）

图5－37

（三）抱腿顶摔

动作要领：背面接近，突然身体下潜，抱住对方双腿膝关节位置（根据现场情况，可能抱单腿），后拉肩顶使对方倒地，而后进行控制。（如图5－38）

图5－38

第六章　警械使用训练

第一节　基 本 常 识

一、警械的定义

《人民警察使用警械和武器条例》第3条规定“警械,是指人民警察按照规定装备的警棍、催泪弹、高压水枪、特种防暴枪、手铐、脚镣、警绳等警用器械”。警械是警察履行职责时依法所使用的专门器械,是保障警察履行职责的一种基本装备,即警械是指警察配备的、符合公安部标准的制式器械。

为适应不同的执法形势,近年来警械在种类、功能等方面都有较大发展,各单位可根据任务需要配备相应警械。需注意的是警械不等同于非致命武器或非致命器械,如果使用不当也会造成人员伤亡。

二、警械的种类

根据警械的功能,可将警械分为:

(1)驱逐性、制伏性警械:包括警棍(橡胶警棍、伸缩警棍、T型警棍、藤棍、电警棍等)、警用制式刀具、警用防暴喷射器(如化学作用的自卫喷射器有气体烟雾弹、催泪弹、麻醉弹;机械动能打击的发射器有弓弩、橡皮弹、木质弹、塑料弹、高压水枪;机械缠绕的警用捕捉网、物理作用的爆振弹、化学发光弹、声光弹、眩晕弹、闪光眩晕弹、染色弹）等。

驱逐性、制伏性警械具有较强的攻击性，易对人身造成伤害甚至生命危险，应当以制止违法犯罪行为为限度。

（2）约束性警械：包括手铐（分板式手铐、筒式手铐、多功能链铐、一次性手铐）、脚镣、电子脚扣、警绳、约束带、阻截器材（便携式遥控路障、穿刺式路障、简易路障）等。

约束性警械是对违法犯罪分子实行人身束缚的强制警械。警察依法执行任务，遇有违法犯罪分子可能脱逃、行凶、自杀、自伤或者有其他危险行为的，可以使用约束性警械。

（3）震慑性警械：如警笛、警报器、红色回转警灯等。

（4）自卫性警械：如防弹衣、头盔、盾牌等，也包括执勤时常用器具如警用腰带组件、警用水壶、急救包等。

三、警械制止的适用对象

根据《公安机关人民警察现场制止违法犯罪行为操作规程》第 23 条规定，警察遇有危害公共安全、社会秩序、公民人身安全等情形之一，经警告无效的，可以使用警棍、催泪喷射器等驱逐性、制服性警械。

四、使用警械的法定条件

（一）使用驱逐性、制服性警械的法定条件

《人民警察使用警械和武器条例》第 7 条规定，人民警察遇有下列情况之一，经警告无效的，可以使用警棍、催泪弹、高压水枪、特种防暴枪等驱逐性、制服性警械："（1）结伙斗殴、殴打他人、寻衅滋事、侮辱妇女或者进行其他流氓活动的；（2）聚众扰乱车站、码头、民用航空站、运动场等公共场所秩序的；（3）非法举行集会、游行、示威的；（4）强行冲越人民警察为履行职责设置的警戒线的；（5）以暴力方法抗拒或者阻碍人民警察依法履行职责的；（6）袭击人民警察的；（此处的袭击是指以非致命暴力手段攻击警察的行为）（7）危害公共安全、社会秩序和公民人身安全的其他行为，需要当场制止的；（8）法律、行

政法规规定可以使用警械的其他情形。”

（二）使用约束性警械的法定条件

《人民警察使用警械和武器条例》第8条规定，人民警察依法执行下列任务，遇有违法犯罪分子可能脱逃、行凶、自杀、自伤或者有其他危险行为的，可以使用手铐、脚镣、警绳等约束性警械：“（1）抓获违法犯罪分子或者犯罪重大嫌疑人的；（2）执行逮捕、拘留、看押、押解、审讯、拘传、强制传唤的；（3）法律、行政法规规定可以使用警械的其他情形。”

五、使用警械的程序

（1）发出警告。对需使用警械控制的违法犯罪行为人发出明确的口头警告：“警察，别动，否则使用警械！”现场嘈杂时，建议大声重复警告。同时命令无关人员闪躲。

（2）使用警械。警告无效或来不及警告时可对违法犯罪行为人依法使用警械。

（3）实施约束。制服违法犯罪行为人后，应当立即使用手铐、警绳等约束性警械将其约束。

（4）救护伤员。若造成人员伤亡，应立即采取医疗救护措施，并保护现场和证据。

六、使用警械的限度

使用警械不得故意造成人身伤害，应以制止违法犯罪行为为限度。《人民警察使用警械和武器条例》第7条规定：“人民警察依照前款规定使用警械，应当以制止违法犯罪行为为限度；当违法犯罪行为得到制止时，应当立即停止使用。”第8条规定：“人民警察依照前款规定使用警械，不得故意造成人身伤害。”

必须明确，人民警察使用警械的目的是制服和束缚违法犯罪行为人，在使用中不能故意造成其人身伤害。所谓人身伤害，是指造成人体器官、组织的损失或者功能障碍。所谓故意，是指明知错误地使用警械会造成嫌疑人人身伤害的结果，并且希望或者放任这种结果发生的心理态度。如果不是出于故意,而是过失造成人身伤害,或者由于嫌疑人的原因(如挣扎、逃跑、反抗)造成人身伤害的,不属于故意造成人身伤害。

七、警械制止的替代措施

《公安机关人民警察现场制止违法犯罪行为操作规程》第 28 条规定:“符合使用警械条件,但是现场没有警械或者使用警械可能造成更为严重危害后果的,公安民警可以使用除武器以外的其他物品对违法犯罪行为人进行控制。”

例如,在制止持械斗殴过程中,若没有警棍可用木棒、铁棍等就便器材代替。但使用程序、限度和警械制止的法律规定完全一致。

第二节　伸缩警棍

一、伸缩警棍的基本结构和性能

1. 伸缩警棍是一种驱逐性、制服性警械。主要通过击打嫌疑人的四肢神经点使其暂时丧失活动能力,或通过挥舞警棍取得并保持安全距离,达到制服或驱逐的目的。

2. 警棍的结构。伸缩警棍由棍头、前管、中管、握柄、卡簧(磁力端座)、尾盖构成。(如图 6 – 1)

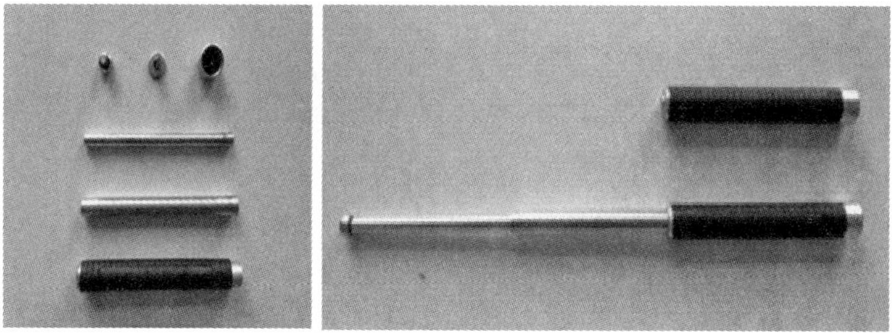

图 6 – 1

3. 警棍的主要技术参数:

(1)质量≤350g。

(2)长度:收缩状态 200mm ± 5mm;展开状态≥350mm。

(3)使用温度环境：-35℃ ~ +55℃。

(4)抗击打强度:1000 次。

(5)抗拉伸强度≥1500N。

二、伸缩警棍的佩带与携行

1. 检查

检查外观是否有所破裂及生锈;在确定安全的空间后,适度用力将警棍甩开,检查各节管间连接处和棍头,确认其连接卡锁牢固;将警棍的中管、前管收回,检查磁力端座及卡位螺丝,确认其卡锁牢固;使用伸缩警棍前必须检查伸缩警棍棍头、尾盖是否拧紧,防止使用时棍头和尾盖滑脱,致警棍各部件甩出。

2. 佩带

携带警棍通常是将警棍以收缩状态置于警棍袋内。若佩带在左侧,棍头向上;若佩带在右侧,则棍头向下,且应置于配枪后。(如图 6 - 2)

图 6 - 2

3. 持棍

握棍的手指直接影响持棍的稳固。拇指、中指及无名指为三根主要的握棍手指,可令警棍均衡地置于掌内。如用其他手指为主,持棍会感觉不自然,并且力度较弱。手掌持握握柄的位置也会影响握棍。手掌应握棍于握柄的平衡点,即握柄末端向上一个手掌位处。敲打时,为避免强烈的震荡使警棍从手中脱落,必须紧固地握棍。(如图 6 - 3)

图6－3

4. 伸缩警棍的展开和收回

展开：从棍套内取出警棍，强手握住握柄，顺势用力，使伸缩管受惯性向外展开到位并锁定。（如图6－4）

图6－4

收回：强手握住握柄，用棍头适度用力撞击坚硬物体，伸缩管完全收回；也可将棍头撞向硬物一次松开第一个伸缩锁，随即撞第二次将第二个伸缩锁撞开便可成功收缩警棍。（如图6－5）

图 6－5

三、伸缩警棍的戒备姿势

警察应根据现场环境和危险程度，选择不同的戒备姿势。按照危险程度从低到高的顺序依次为：腹前戒备、提棍戒备、肩上戒备。（如图6－6）

腹前戒备：在侧身戒备的基础上，不开棍，双手握住警棍，将警棍置于腹前腰带处，强手在内、弱手在外，将警棍置于手臂后隐蔽；也可以强手在下，弱手在上，弱手的拇指按在棍头上。

提棍戒备：在侧身戒备的基础上，强手持棍开棍后，将警棍自然下垂至后腿侧（也可置于腿后隐蔽），弱手在体前自然摆放或抬起，目视犯罪嫌疑人。

图 6－6

肩上戒备：在反击预备姿势的基础上，强手正握警棍开棍后，将警棍置于强手侧肩的上方，肘部自然下垂，棍尾指向目标方向。

警告:使用警棍必须依法进行警告。可在戒备的基础上发出语言警告:“警察！别动！否则使用警棍!”实战中,可根据情况反复警告。

四、伸缩警棍的击打部位

从伤害程度上看,人体大致可分为致命部位、永久性损伤部位和短暂性损伤部位。使用警棍时应当根据嫌疑人实施的危害程度对其相应部位进行击打。使用警棍的目的是让嫌疑人停止实施违法犯罪行为或解除恶意威胁。所以,在击打时应主要以目标的大肌肉组织内的活动机能神经中心为攻击目标,以使对方暂时失去反抗能力。(如图 6－7)在边防官兵和他人的生命没有受到严重威胁时,不能敲击对方的头部、颈部、裆部、关节及其他骨骼组织。(如图 6－8)击打上述部位被列为致命武力,只有当边防官兵本身或其他群众的生命安全受到严重威胁时才可以实施。

表 6－1

<table>
<tr><td rowspan="5">伸缩警棍首选打击部位(如图 6－8)</td><td>桡正活动机能神经中心,位于小臂内侧</td></tr>
<tr><td>桡侧中活动能神经中心,位于小臂外侧</td></tr>
<tr><td>腓骨活动机能神经中心,位于大腿外侧</td></tr>
<tr><td>股骨活动机能神经中心,位于大腿内侧</td></tr>
<tr><td>胫骨活动机能神经中心,位于小腿肌肉</td></tr>
<tr><td>伸缩警棍打击的医学原理及使用后果</td><td>在战术上有效、医学上安全的敲击部位时人体大肌肉组织内的活动机能神经中心(肌肉活动机能神经中心布满微细的神经组织,此类神经中心通常宽 8～13 厘米,而敏感区域的神经中心范围更大。注:极少数人会对该活动机能神经中心反应并不强烈)
攻击此类部位会产生活动机能失效。所谓活动机能失效,是指肌肉组织痉挛、麻痹并暂时失去活动能力而不会受到损伤的现象。敲击人体的此类部位可产生 30 秒至数分钟的活动机能失效。神经中心活动机能失效使民警有足够时间控制嫌疑人,而潜在的损伤只局限于身体某些部位淤伤或浮肿。另一个选择为敲击身体上的骨骼组织,但是敲击关节及骨骼通常会造成实质性永久损伤甚至死亡,民警在实战中要慎重使用</td></tr>
</table>

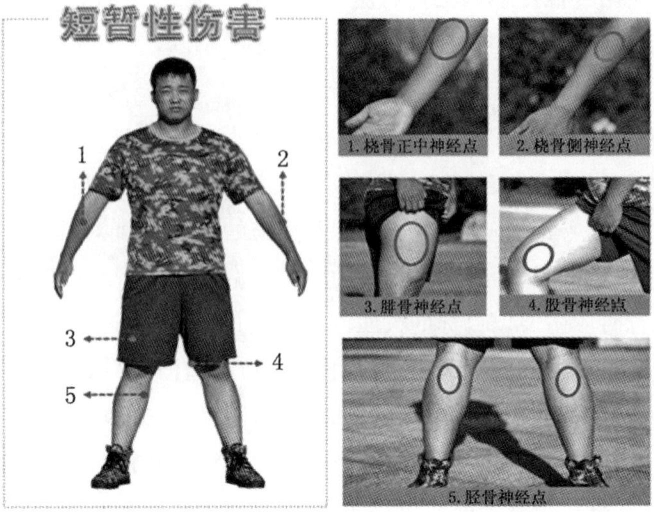

图 6－7

图 6－8

五、伸缩警棍的维护保养

(1)每次使用后,用干净的软布进行擦拭;

(2)受到海水或腐蚀性液体侵蚀时,应注意及时用清水擦干,保持棍身洁净;

（3）应储存在通风、干燥的场所，远离化学品及腐蚀性气体，长期不用时需涂抹防锈油；

（4）应经常对警棍进行清洁，确保使用顺畅。

第三节　手　　铐

一、基本操作

（一）手铐的基本结构和性能

（1）手铐是一种约束性警械。主要用于约束违法犯罪行为人，也可利用其结构进行战术性攻击或防卫。

（2）手铐的结构。手铐由铐环、铐链、锁梁、钥匙孔四部分组成。（如图6－9）

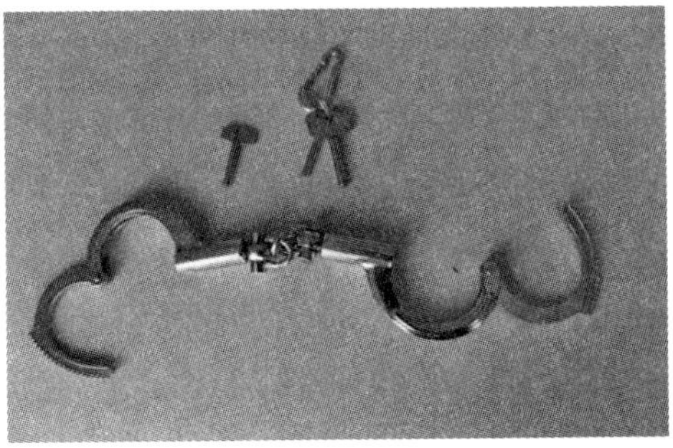

图6－9

（二）手铐的握法

用拇指与食指握住铐环尾部，用其余三指握住铐链，握紧夹住。将锁梁方向固定，以便于使用。（如图6－10）

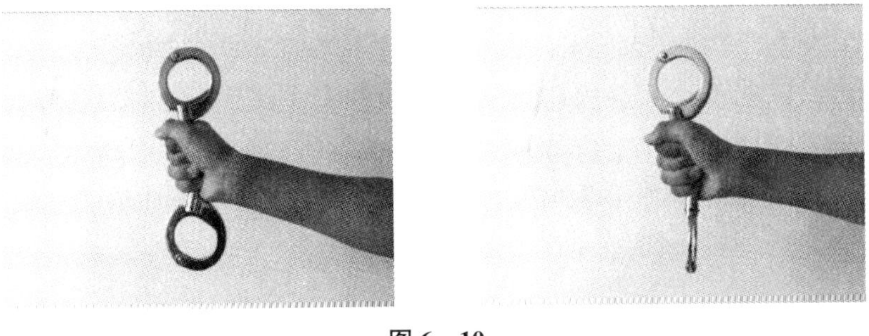

图6－10

(三)手铐的佩带方法

将手铐的铐环推入锁梁内至最后一格,使手铐体积处于最小状态,打开保险装在铐包内。可根据自己的作战需要考虑放置在腰带的弱手一侧或后侧。(如图6-11)

图6-11

(四)基本上铐方法(以右手持铐为例)

(1)压腕上铐。左手抓住对方右手腕部或手指,将手铐活动环抵住对方腕部,右手用力下压,活动环旋转一周完成上铐。(如图6-12)

(2)挑腕上铐。左手抓住对方右手大拇指并向右小臂方向用力,使右手大拇指尽量向小臂方向。将活动环由下至上上挑,完成上铐。(如图6-13)

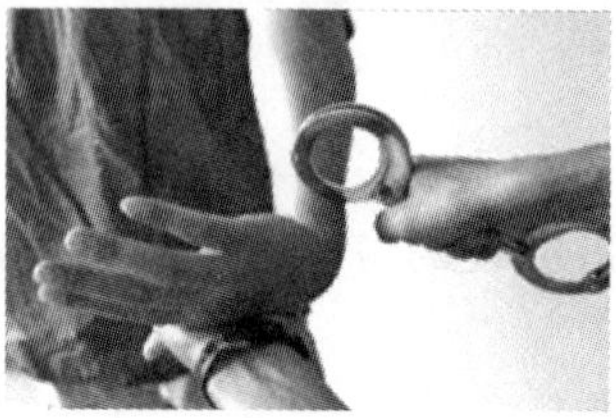

图6-12

图6-13

(3)开口上铐。将铐环打开,命令对方伸出手,将铐环套于其腕部,迅速上铐。(如图6-14)

(4)双向推锁。左手抓握对方右手拇指顺时针旋转的同时,右手持铐环逆时针旋转,迅速上铐。(如图6-15)

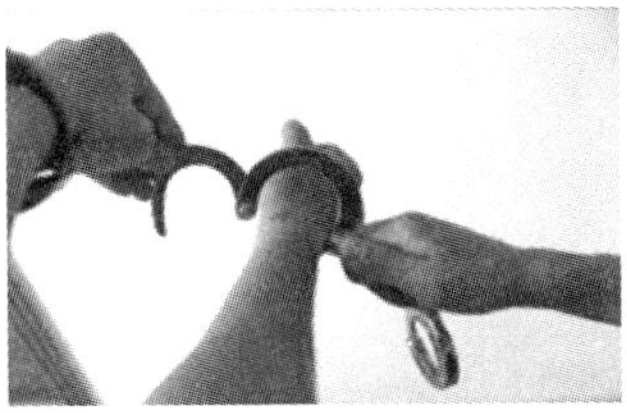

图 6－14

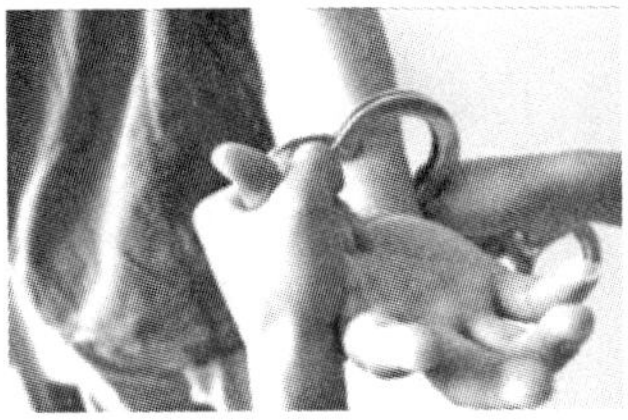

图 6－15

（五）使用手铐的注意事项

（1）上铐前要检查手铐是否完好无损，手铐的保险是否开启。

（2）上铐前应保持高度警惕性；嫌疑人应已被我方完全控制，并且嫌疑人的双手始终处在我方的视线范围内。

（3）一手持铐，握钥匙孔部位，另一手抓住嫌疑人手腕，逐个将铐戴上并扣紧；实际使用时，要让对方双手成反铐，即两手背成相对状而铐。而且最好是后铐，即双手铐在体后。

（4）上铐后，在押解带离过程中，应保持高度的警惕，随时检查手铐的安全使用情况。

（5）依法使用手铐，任何超出《人民警察使用警械和武器条例》等有关法律、法规规定的，都是非法的。

（6）使用手铐的主体必须具有执法权。在我国有权使用手铐的主体有公安机关、检察机关、法院、监狱的工作人员。没有执法权的个人拥有或使用手铐都是违法行为。

（7）人民警察依照法律规定使用警械，不得故意造成人身伤害。

（8）在执法中，要根据实际环境，灵活战术意识，根据不同执法现场、不同情况的嫌疑人而采取相应的上铐方法。

（9）手铐锁上后，不能太紧或太松，太紧容易造成嫌疑人的伤害，太松容易使嫌疑人轻易脱离。

（10）手铐锁上后，如未定位锁死保险锁，则犯罪嫌疑人将很容易找到开锁的方法，就起不到定位和保险作用。

（11）手铐锁上后，需定位锁死。将钥匙插入孔内，逆时针 45 度旋转后拔出，锁梁即被锁死，不能前后移动，起到定位和保险作用。

二、上铐的基本方法

以右手持铐为例说明常见上铐方法。

(一)举手上铐

我方首先用语言控制,令对方双手上举,双脚开立,脚尖外展,头转向一侧(以便看到警戒人员),然后侧面接近,迅速上铐。上铐过程中可用左膝顶住对方左膝窝,也可将左腿置于对方两腿中间。左手抓其左腕向下拉别臂,右手持铐迅速铐住对方右手;外旋下拉至左手旁,然后铐住左手,完成上铐动作。(如图6－16)

图6－16

(二)背手上铐

我方用语言控制对方,令其背向我们,向前弯腰,两腿分开,双手心向上并向后上举,头转向一侧(以便看到警戒人员)。从侧后接近后,利用双向推锁原理先铐住右手,再铐住左手。(如图6－17)

图6－17

(三)伏地上铐

对持械、暴力行为较重、体格魁梧等高危违法犯罪行为人可采取伏地上铐的方式。

(1)侧展上铐。我方首先用语言控制,令其伏在地上,脸朝向一侧(以便看到警戒人员),两腿分开,两脚内侧着地,双臂向身体两侧平伸,手心向上。我方从侧面接近后,将其右臂夹在我两腿之间向上拉,与地面垂直;右膝跪压对方肩颈部位,左膝跪压对方背弓部,然后完成上铐。(如图6－18)

图6－18

(2)俯卧膝顶上铐。我方首先用语言控制,令其伏在地上,脸朝向一侧(以便看到警戒人员),两腿分开,双臂向身体两侧平伸,手心向上。再令其双脚交叉,向上抬起。我方从侧面接近后,用左膝将其交叉的双脚反折并顶向头部方向,然后完成上铐。(如图6－19)

图6－19

三、手铐的战术性使用

以右手持铐为例说明手铐的战术性使用。

(一)推

手铐双环各扣一齿,反向合拢,手抓握,使锁梁向外即可用作推击。可与拳法结合对目标实施直击、摆击、勾击。(如图6－20)

（二）攻

将手铐一环合拢握于右手，另一环打开或闭合，上下左右挥动即可形成攻击。（如图 6－21）

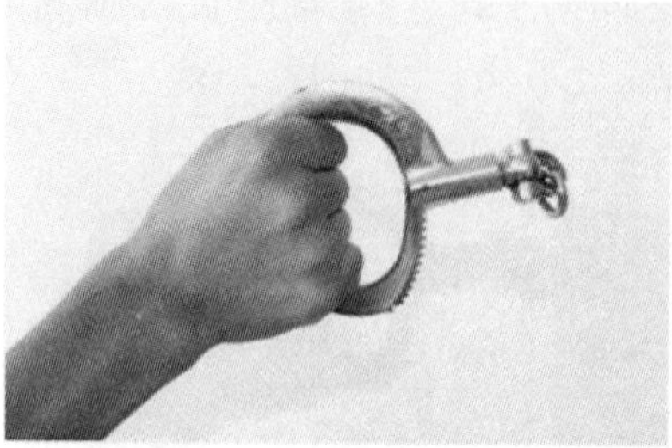

图 6－20

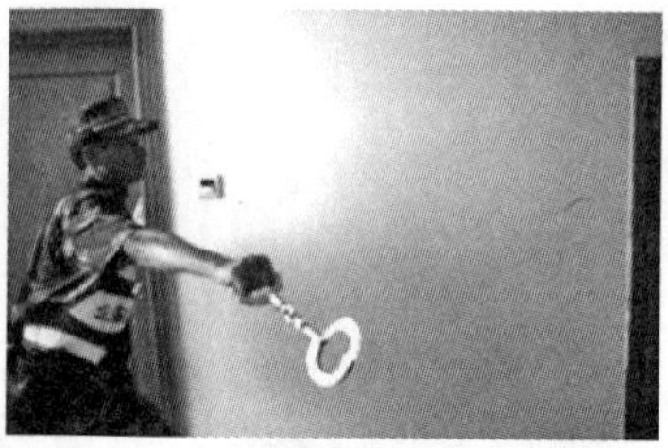

图 6－21

（三）防

将手铐双环合拢，左右手各握一端，拉直铐链，便可用于防卫。（如图 6－22）

图 6－22

第四节　警　　绳

一、警绳使用的基本要求

（1）捆绑前，必须实施有效的控制；

（2）捆绑时，应特别注意对方的反应（身体的动态），防止其突然反抗袭警；必要时可迅速后退，再拔枪控制；

（3）应尽量使犯罪嫌疑人的双手呈手背相对状，并在体后捆绑；

(4)在对颈部、手指捆绑时,应注意松紧适度,不宜过紧,时间也不宜过长,应以不能自行挣脱为标准,以免发生意外情况。

二、常用的扣套形成方法

(1)单结;

(2)活套。

三、常用的捆绑方法

(1)对手腕捆绑;

(2)对手臂捆绑。

四、简易器材的捆绑

简易器材捆绑,是指人民警察在控制犯罪嫌疑人后,由于没有携带专用警绳,临时选用的一些捆绑器材,如鞋带捆绑、腰带捆绑及领带捆绑等。

第五节　警用催泪喷射器

警用催泪喷射器是公安部《公安单警装备配备标准》规定的基本配备中"必配"类单警装备,供民警在执行公务时,快速制止违法犯罪行为,以及自身防身的警械。具有驱逐、制服的作用。在武力使用的层级中,属于警械控制层级。可用于单个目标,也可用于群体目标。

一、警用催泪喷射器的基本结构和性能

(一)警用催泪喷射器的组成结构

按照公安部《公安单警装备配备标准》,制式警用催泪喷射器的外观为圆柱形,由罐体、阀体、容器袋、喷嘴、喷射器、保险盖、保护帽、密封圈、溶剂袋等主要部件组成。罐体内充有额定的压缩气体,喷射剂罐装在由特殊复合材料制成的溶剂袋内而与罐体隔开,靠橡胶密封圈保证其密封。(如图6-23)

图6-23

(二)警用催泪喷射器的主要性能指标

目前,按照公安部《公安单警装备配备标准》,国内装备的

制式警用催泪喷射器以化学合成刺激剂(CS/CN)、天然辣椒素(OC)为主要成分。具有一定挥发性,无持续性危害,不产生环境污染。喷射到人体的面部、皮肤上后,会对人体皮肤、眼睛、皮肤等产生强烈的刺激作用。会迅速引起被喷射人出现流泪、流鼻涕、咳嗽、呼吸困难、皮肤灼痛等症状,并可能导致暂时性肢体功能障碍。如果使用染色型喷射剂,将会在人体皮肤或衣服上留下24小时内难以除去的染色标记。(如表6-2所示)

表6-2

简称	OC	CS
性质	天然辣椒素	人工合成化学物品
功效	令接触皮肤黏膜红热肿痛	刺激泪腺、眼睛和呼吸道以及神经系统的触觉细胞,引起刺激性痛楚
起效时间	1~2秒	3~7秒
对受酒精、药物影响者的控制	与常人一样有效	收效低或无效

主要性能指标如表6-3所示。

表6-3 国内常见警用催泪喷射器技术性能

基本尺寸	全长≤150毫米;外径≤35毫米
净重	95~105克
有效喷射距离	≥3米(最佳距离为3~4米)
喷剂种类	天然喷剂(OC)/化学合成喷剂(CN/CS)/染色剂
喷射方式种类	射流(水柱)式/喷射水雾式
喷射作用可靠率	刺激效果不低于不可耐浓度,有效率≥98%
喷射剂容量	40~50毫升(1秒10次喷射)
罐体材质	铝质(不易锈蚀)
正常储存温度范围	-30℃~45℃(摄氏度)

续表

正常使用温度范围	-4℃～45℃(摄氏度)
无损落高度	水泥地面自由落体高度为≥3 米
罐体抗压力强度	≥100 千克
正常储存年限	3 年

二、警用催泪喷射器的佩带与携行

(一)警用催泪喷射器的佩带

建议将警用催泪喷射器佩带于强手一侧靠近腰带扣的位置,便于快速稳定的取拿使用,也可根据使用者个人习惯做适当调整,佩带自动手枪和不佩枪两种状态的佩带方式基本相同。(如图 6-24)

(二)警用催泪喷射器的携行

当着警服时,将警用催泪喷射器的喷嘴向上插入罐袋内,喷口朝前。当着便服时,警用催泪喷射器的携行状态较为灵活,应尽量满足隐蔽携带和方便取用两个条件,但同时应尽量避免将罐体倒置。

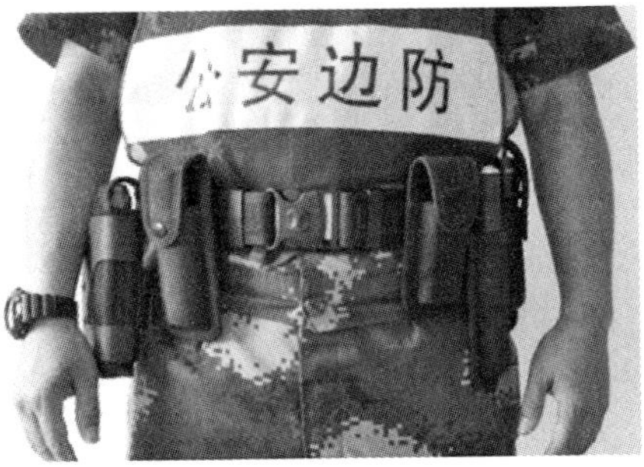

图 6-24

三、警用催泪喷射器的戒备姿势

根据现场警情、环境和武力使用的时机把握,可将警用催泪喷射器基本的戒备姿势分为扶腰戒备、双手腹前戒备、单手腹前戒备、双手肩平持握戒备、单手肩平持握戒备五种。

(一)扶腰戒备

用于敌情顾虑较低时。

戒备动作:将手扶于腰带上的警用催泪喷射器罐袋处,双眼注意观察可疑情况即可。(如图 6-25)

(二)双手腹前戒备

现场有可能涉及使用警用催泪喷射器,或需要隐蔽使用催泪喷射器的企图时使用。

戒备动作：强手握住催泪喷射器，大拇指轻轻挑开保险盖，弱手抓握强手背，双手将催泪喷射器置于腹前，眼睛盯住威胁方向。（如图 6－26）

图 6－25

图 6－26

（三）单手腹前戒备

现场因距离太近、需要使用弱手推开或格挡时，可使用单手腹前戒备。

（四）双手肩平持握戒备

现场情况较为紧迫、需要随时果断使用催泪喷射器时。

戒备动作：以右手作为强手为例，身体呈戒备姿势；右手持握催泪喷射器，用左手托握右手，或用左手包握右手（此姿势稳定性较好），或用左手反抓右手腕（此姿势威慑性较好），将喷口对准目标，用右手大拇指或食指挑开保险盖做好喷射准备，同时目视对方。（如图 6－27）

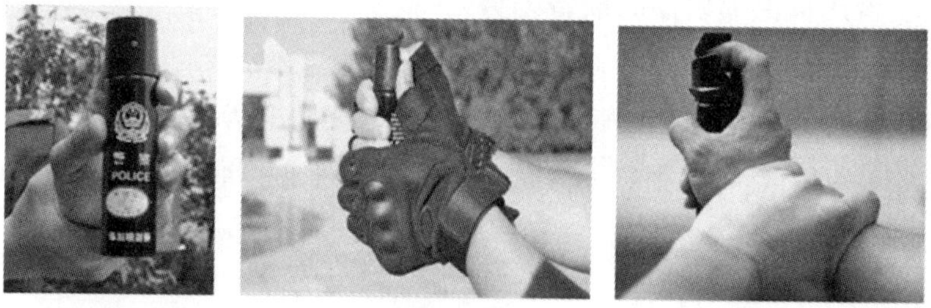

左手托握右手　　左手包握右手　　左手反抓右手腕

图 6－27

（五）单手肩平持握戒备

现场情况较为紧迫、需随时果断使用催泪喷射器，不便于双手持握，或因距离太近、需同时出左手推开或格挡对方时采用此戒备姿势。

戒备动作：以右手作为强手为例，右手持握催泪喷射器，右腿在后，右手前伸，腾出左手做其他辅助动作，将喷口对准目标，用右手大拇指或食指挑开保险盖做好喷射准备。（如图6－28）

图6－28

四、警用催泪喷射器的使用程序

警用催泪喷射器的使用程序包括如下步骤：

（1）控制距离。使自己距离目标3～4米，以便于喷射器能够产生作用。

（2）戒备：根据现场情况采取适宜的戒备姿势，判断风向并移动至上风向。

（3）警告：用语言指令无关人员躲避，向违法犯罪行为人发出警告“警察，别动，否则对你使用催泪喷射器。”

（4）喷射：对单个目标的头面部进行喷射，一般采取1秒/次的点射方式。若对方不服从警察指令可继续喷射。面对群体目标，为增强控制效果也可持续喷射。喷射结束后应盖好保险盖，收回催泪器。（如图6－29）

图6－29

（5）观察：喷射后移动位置与对方保持安全距离，并观察其反应，特别是注意其是否有伤、是否产生其他不良反应。

（6）控制：待催泪剂发挥作用后，应迅速采取其他控制措施，对违法犯罪行为人进行有效约束和控制。需搜身时，要做好警戒控制，及时搜身。

（7）清洗：为避免产生不必要的伤害和痛苦，在有效约束违法犯罪行为人后，应对其进行净化和清洗。先用语言告知："不要紧张，刚才对你使用的是警用催泪剂，没有器质性伤害。现在我帮你清洗，请配合。"然后告诉对方不要揉搓眼睛或面部，若佩带隐形眼镜需取出；将对方带至通风处或空气流通处；用大量清水冲洗对方受影响部位，可用非油性肥皂清洗并用纸巾擦拭，冲洗眼部时令其快速眨眼以快速清除眼内残留的喷剂。清洗时可询问对方有无哮喘、高血压、严重心脏病、糖尿病等，并严密观察对方的反应。催泪喷剂作用时间有限，剂量不大时，数分钟内不适感即可减轻。通常眼、脸部的不适感在 15～30 分钟内明显减退，呼吸道不适感 1 小时后可改善，红斑会在数小时后自动消退。如果对方的不适感持续或加剧，应立即就医。押送受感染者时不要让对方呈俯或卧姿势，以免增加胸部呼吸阻力。

（8）带离：使用手铐、警绳等约束性警械将其约束，然后带离现场。

五、警用催泪喷射器的使用注意事项

（1）每次出警前，应进行检查：摇晃瓶身，确认容器内仍有液体（约 1/2 以上）；检查喷剂是否在有效期内；检查喷嘴是否清洁，与瓶身的连接处是否牢固。

（2）风向会决定效果，决定使用喷射器前，一定要判明风向，切勿逆风喷射。

（3）喷射器的喷射口一定要朝前放置，因为在"拔"出罐体时，右手大拇指可迅速放在按钮上，随时下压喷射。

（4）应尽量避免对严重心血管疾病患者、严重呼吸系统疾病患者和神经系统疾病患者使用。

（5）一旦违法犯罪行为人停止违法犯罪行为、服从警察指令，或丧失继续犯罪的能力时，应立即停止使用。

（6）切勿对审讯对象使用该装备。

（7）使用前应对环境进行评估，防止行为人被喷射后发生滑倒、坠落、碰撞等意外；使用后应与其保持一定距离，防止行为人行为加剧给警察造成伤害。

（8）使用前应给同伴示意，以避免喷射到同伴身上。

（9）使用警用催泪喷射器的全过程应注意用执法记录仪等设备实时摄

录，以保留证据。

六、警用催泪喷射器的维护保养

(1)使用前应认真阅读喷射器使用说明书，或者参加使用培训。

(2)不同喷射剂的喷射器外观标志区分明显，使用前应了解是哪一种喷射剂。

(3)每次使用后应及时擦拭罐体，间隔一段时间应注意检查喷口是否堵塞。

(4)可在常温的库房中进行贮存，尽量避免暴晒、潮湿放置，避免倒置和重压，注意和易燃、易爆物品隔离存放。

(5)使用者查看生产日期和有效期，过期的应及时更换。

(6)一旦发现罐体严重变形，或有喷剂溶液泄漏，或喷出的喷剂颜色、气味有明显改变，应立即停止使用，并及时报废更换。

第六节　警用强光手电

警用强光手电，为警察在暗弱光条件下执法执勤提供了保障。其功能不局限于照明，也包括破拆、攻击、干扰、为射击提供光线等战术性功能。

一、警用强光手电的基本结构和性能

(1)灯泡：采用大功率 LED(发光管)，工作电压为 3.5 伏。

(2)光束亮度：100 流明。

(3)材质：强化铝合金材料，重量为 200 克。

(4)镜片：镀膜聚碳酸酯平面镜片。

(5)照明时间：强光持续照明 240 分钟；弱光持续照明 480 分钟。

(6)强弱光的使用：强光用于探远照明；弱光用于近距离的查看；闪光用于震慑或信号。

(7)充电时间：约为 8 小时，电池使用寿命循环充放约 1000 次。

(8)使用前需了解开关位置，有的手电开关在尾部，有的在侧面。(如图 6－30)

二、警用强光手电的佩带与携行

通常，警用强光手电佩带于警务腰带弱手一侧对讲机前，也可根据个人习惯进行调整。携带时手电头冲上。（如图 6－31）

图 6－30

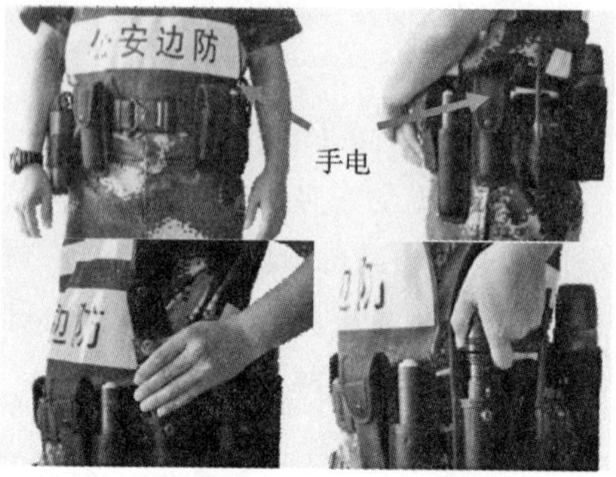

正手提取与回放　　反手提取与回放

图 6－31

三、警用强光手电的持握方式

（一）常规下以弱手持手电筒，强手持枪

注意：一般持握电筒的方法，用拇指控制开关，电筒尽量伸前、指向前方。反握手持电筒，电筒要放在肩前水平位置。（如图 6－32）

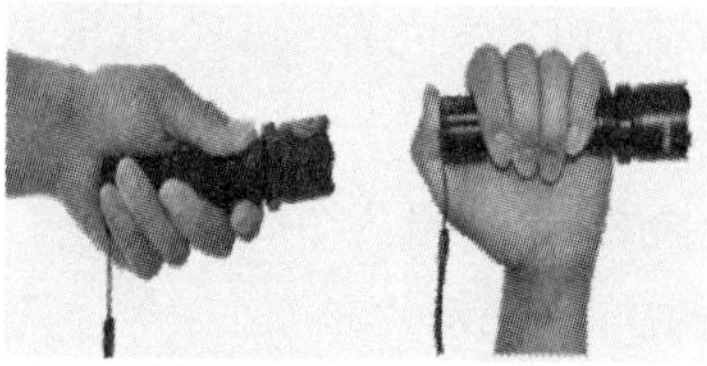

正握　　反握

图 6－32

（二）持枪状态下弱手持手电筒

情形危急时必须拔出手枪做戒备，持电筒弱手与持枪手互贴靠、相交叠锁紧。（如图 6－33）

正握（手腕靠拢式）　正握（手腕交叠式）　反握（手腕交叠式）

图 6－33

四、警用强光手电的功能

（1）提供照明，包括频闪、强光、弱光等不同照明模式。

（2）攻击，强光手电前段带有莲花状攻击头，可用于致痛、制服、破碎等场合。

（3）制造干扰，以强光照射目标面部可瞬间让其失去视觉。

五、警用强光手电的维护保养

（1）灯头不要经常拆解，以免造成反光杯或灯泡的损伤。

（2）每次用完后请用干净的软布对手电进行擦拭。

（3）手电不用时请将电池取出，放在阴凉处保存。

（4）当手电沾染海水或有腐蚀性液体时请用清水清洗，并用电吹风机吹干。

（5）若使用充电电池，需定期充电，以保证正常使用效果。

第七节　警用急救包

警用急救包是保证民警在执行勤务时，遇有自己或他人受伤或突发冠心病、心绞痛等伤病情况下的现场紧急救治的防护性装备。

一、警用急救包的基本配置

以 SDJJB－2 型警用急救包为例，其基本配置如图 6－34 所示。

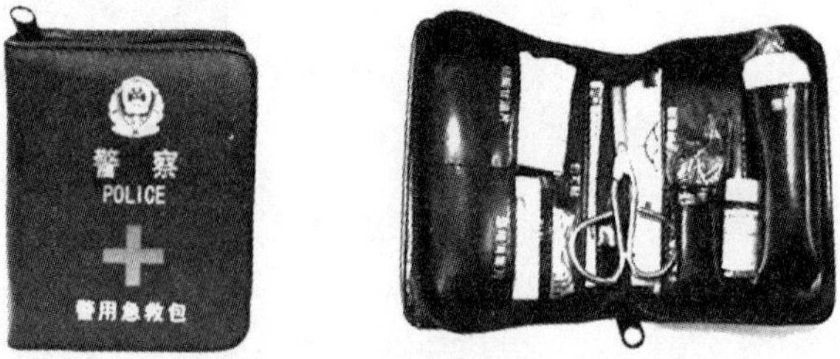

图 6－34 SDJJB－2 型警用急救包外观及内部构件

二、警用急救包的佩带与携行

着警服佩带单警装备时，警用急救包应和警务通、防割手套一起放置在警务工作包内，具体放置方式可结合警务工作包的内部结构灵活放置，只要保证便于方便取拿即可。

着便服时，警用急救包可灵活放置，只要确保隐蔽、方便使用即可。

三、警用急救包的维护保养

（1）创可贴撕封后，切勿用手接触中间药芯。

（2）硝酸甘油的用法用量。成年人第一次舌下含服一片，每 5 分钟可重复含服一片，直至疼痛缓解。如果在 15 分钟内，服药达到 3 片后，疼痛仍然持续存在，应立即就医。

（3）弹性绷带可拉长到 150 厘米，拉近绷带后，末端可塞进绷带边缘内。

（4）使用者应随时关注内部配件上的有效日期。到期后，应及时更换。

（5）在病情严重或严重外伤、创口过大等重大伤情情况下，应在采用必要紧急救助措施的同时，拨打“120”救助电话。

（6）急救包应在防水、通风、遮光、密封、阴凉的条件下贮存，还应注意远离化学品的侵蚀，定期检查皮质包是否有发霉现象，如有应及时擦拭。

（7）警用急救包的正常使用年限为 3 年，过期应整体更换。

第七章　武器使用

第一节　基本常识

本章所涉枪型以92式9毫米半自动手枪和95式5.8毫米自动步枪为主。

《人民警察使用警械和武器条例》第3条规定："所称武器，是指人民警察按照规定装备的枪支、弹药等致命性警用武器。"

目前警察配制及常用的武器有手枪、冲锋枪及步枪。手枪主要有54式手枪、64式手枪、77式手枪、92式手枪以及"转轮"手枪；冲锋枪主要有56式冲锋枪和79式轻型冲锋枪；步枪主要有56式半自动步枪、81式全自动步枪、85式狙击步枪和88式狙击步枪。目前我国新列装备的武器主要有95式自动步枪和95式班用机枪。（如表7－1所示）

表 7－1 我国手枪技术指标

指标＼枪种	54 式手枪	64 式手枪	77 式手枪	92 式手枪	转轮手枪
口径	7.62mm	7.62mm	7.62mm	9mm	9mm
有效射程	50m	50m	50m	50m	50m
发射方式	单动	单动、联动	单动	单动、联动	单动、联动
全枪重	0.85kg	0.56kg	0.54kg	0.76kg	0.7kg
瞄准基线	156mm	117.2mm	127mm	152mm	108mm
弹种	51 式 7.62mm 普通手枪弹	64 式 7.62mm 普通手枪弹	64 式 7.62mm 普通手枪弹	DAP9 式 9mm 普通、9mm × 19mm 巴拉贝卢姆手枪弹	9mm 转轮手枪弹和 9mm 转轮手枪橡皮弹
弹匣容量	8 发	7 发	7 发	15 发	6 发
寿命	3000 发	1500 发	1500 发	>3000 发	>3000 发

第二节 武器使用的法律规定

一、武器的适用对象

武器适用于正在实施严重暴力行为的犯罪行为人。《公安机关人民警察佩带使用枪支规范》第 11 条明确规定："人民警察在执行任务时，遇有危及公共安全、本人或者其他公民人身安全和合法财产、公共财产等暴力犯罪行为时，应当根据现场情况和危险程度，及时选择采取持枪戒备、出枪警示、鸣枪警告、开枪射击措施，有效预防、制止严重暴力犯罪行为，最大限度地避免人员伤亡、财产损失。"暴力犯罪行为包括杀人、投毒、纵火、爆炸、劫持等以暴力方式非法侵犯他人财产、人身安全或对公共安全构成威胁的犯罪行为。使用武器的对象具有严格的法律规定，其范围不得随意扩大。

二、使用武器的法定情形

（一）可以使用武器的法定情形

《人民警察使用警械和武器条例》规定，遇有以下 15 种情形之一的可以使用武器：

（1）放火、决水、爆炸等严重危害公共安全的；

（2）劫持航空器、船舰、火车、机动车或者驾驶车、船等机动交通工具，故意危害公共安全的；

（3）抢夺、抢劫枪支弹药、爆炸、剧毒等危险物品，严重危害公共安全的；

（4）使用枪支、爆炸、剧毒等危险物品实施犯罪或者使用枪支、爆炸、剧毒等危险物品相威胁实施犯罪的；

（5）破坏军事、通讯、交通、能源、防险等重要设施，足以对公共安全造成严重、紧迫危险的；

（6）实施凶杀、劫持人质等暴力行为，危及公民生命安全的；

（7）国家规定的警卫、守卫、警戒的对象和目标受到暴力袭击、破坏或者受到暴力袭击、破坏的紧急危险的；

（8）结伙抢劫或者持械抢劫公私财物的；

（9）聚众械斗、暴乱等严重破坏社会治安秩序，用其他方法不能制止的；

（10）以暴力方法抗拒或者阻碍人民警察依法履行职责或者暴力袭击人民警察，危及人民警察生命安全的；

（11）在押人犯、罪犯聚众骚乱、暴乱、行凶或者脱逃的；

（12）劫夺在押人犯、案犯的；

（13）实施放火、决水、爆炸、凶杀、抢劫或者其他严重暴力犯罪行为后拒捕、逃跑的；

（14）犯罪分子携带枪支、爆炸、剧毒等危险物品拒捕、逃跑的；

（15）法律、行政法规规定可以使用武器的其他情形。

（二）不得使用武器的法定情形

《人民警察使用警械和武器条例》第 10 条规定，人民警察遇有下列情形之一的，不得使用武器：

(1)发现实施犯罪的人为怀孕妇女、儿童的,但是使用枪支、爆炸、剧毒等危险物品实施犯罪的除外;

(2)犯罪分子处于群众聚集的场所或者存放大量易燃、易爆、剧毒、放射性等危险物品的场所的,但是不使用武器予以制止,将发生更为严重危害后果的除外。

《公安机关人民警察佩带使用枪支规范》进一步明确,以下三种情形不得鸣枪警告、开枪射击:

(1)发现实施犯罪的人为怀孕妇女、儿童的,但是使用枪支、爆炸、剧毒等危险物品实施暴力犯罪的除外;

(2)犯罪分子处于群众聚集的场所或者存放大量易燃、易爆、剧毒、放射性等危险物品的场所的,但是不使用枪支予以制止,将发生更为严重危害后果的除外;

(3)正在实施盗窃、诈骗等非暴力犯罪以及实施上述犯罪后拒捕、逃跑的。

三、使用武器行为的法律界定

《公安机关人民警察佩带使用枪支规范》对“使用武器”行为进行了界定,第3条第4款规定:“使用枪支,包括持枪戒备、出枪警示、鸣枪警告、开枪射击行为。”

第11条明确规定:“人民警察在执行任务时,遇有危及公共安全、本人或者其他公民人身安全和合法财产、公共财产等暴力犯罪行为时,应当根据现场情况和危险程度,及时选择采取持枪戒备、出枪警示、鸣枪警告、开枪射击措施,有效预防、制止严重暴力犯罪行为,最大限度地避免人员伤亡、财产损失。”

四、使用武器的程序

《公安机关人民警察现场制止违法犯罪行为操作规程》第31条对使用武器的程序进行了明确:

(1)判明现场情况;

(2)表明警察身份,出枪示警;情况紧急时,可以在出枪的同时表明身份;

(3)命令在场无关人员躲避;

(4)命令犯罪行为人停止实施暴力犯罪行为,或者鸣枪警告;

(5)犯罪行为人在公安民警口头警告或者鸣枪警告后继续实施暴力行为的,可以对其使用武器;来不及警告或者警告后可能导致更为严重危害后果的,可以直接使用武器;

(6)犯罪行为人停止实施犯罪,服从公安民警命令,或者失去继续实施犯罪能力的,应当立即停止射击,并持枪戒备;

(7)在未确定危险消除前,应当继续保持持枪戒备;

(8)确认危险消除后,应当关闭枪支保险,收回枪支。

五、使用武器的限度

武器具有极强的杀伤性、致命性,使用时必须严格遵守法律规定。依法使用武器的行为受法律保护,违法使用武器的行为要负法律责任。

(一)尽量减少人员伤亡和财产损失

《人民警察使用警械和武器条例》第4条明确规定:"人民警察使用警械和武器,应当以制止违法犯罪行为,尽量减少人员伤亡、财产损失为原则。"

《公安机关人民警察佩带使用枪支规范》第5条明确规定:"人民警察使用枪支,应当以制止暴力犯罪行为,尽量减少人员伤亡、财产损失为原则。"

(二)适时停止射击行为

《人民警察使用警械和武器条例》第11条规定:"人民警察遇有下列情形之一的,应当立即停止使用武器:犯罪分子停止实施犯罪,服从人民警察命令的;犯罪分子失去继续实施犯罪能力的。"

(三)对部分人员、在部分场合不得使用

《人民警察使用警械和武器条例》和《公安机关人民警察佩带使用枪支规范》明确规定,对以下人员不得使用武器:未使用枪支、爆炸、剧毒等危险物品实施犯罪的怀孕妇女、儿童;实施非暴力犯罪的行为人;在人群密集场所或有易燃易爆危险品场所实施暴力犯罪的行为人,但不使用枪支予以制止,将发生更为严重危害后果的除外。

在群体性事件一线中处置民警不得佩带枪支。根据现场情况二线民警可以佩带枪支进行戒备,只有在出现严重暴力犯罪行为时才能依法使用。若在处置群体性事件需使用防暴枪,应当按照现场指挥员的命令,根据现场实际情况确定适宜的弹种和射击安全距离,进行开枪射击。

六、使用武器后的措施

根据《公安机关人民警察佩带使用枪支规范》规定,人民警察使用枪支造成犯罪行为人或者其他人员伤亡的,应当及时抢救受伤人员,保护现场,防止证据灭失。

人民警察使用枪支后,应当立即向所属配枪部门主要负责人口头报告,并在完成任务后24小时内,向所属配枪部门提交书面报告。报告应当包括以下内容:

(1)使用枪支的地点、时间;

(2)使用枪支时的现场情况;

(3)使用枪支时采取的警告措施;

(4)使用枪支理由及造成的伤亡情况;

(5)弹药消耗情况;

(6)使用枪支后所做的处置工作。

人民警察在所属公安机关管辖区域外使用枪支的,应当同时向事发地县级公安机关"110"报警台口头报告。

七、使用武器的注意事项

(一)佩带枪支的时机

根据法律规定,警察在执行以下任务时应当佩带枪支:

(1)处置、侦查暴力犯罪行为;

(2)抓捕、搜查、押送、拘传、拘留、逮捕犯罪嫌疑人;

(3)执行武装巡逻任务;

(4)在公安检查站、卡点执行武装警戒、处突任务;

(5)在车站、机场、码头、口岸等重点部位、区域执行武装定点执勤任务;

(6)在重点地区执行入户调查、核查情况等反恐防暴任务;

(7)省级以上公安机关依法规定的其他情形。

(二)枪支的佩带状态

(1)子弹未上膛时,打开枪支保险,子弹上膛时,关闭枪支保险;

(2)着警服佩带手枪时,应当使用制式枪套、枪纲;

(3)着便装佩带手枪时,应当选用便携式枪套;

(4)着警服佩带长枪时,应当使用制式枪背带采取肩枪、背枪或者挎枪方式。

(三)佩带枪支时的纪律

(1)携带人民警察证、持枪证(执行特定侦查任务的除外);

(2)除因执法办案需要外,不得进入娱乐场所;

(3)严禁饮酒或者参加非警务活动;

(4)发生枪支丢失、被盗抢或者其他事故,应当立即向所属配枪部门、事发地县级公安机关报告;

(5)省级以上公安机关依法作出的其他规定。

八、武器制止的替代措施

《公安机关人民警察现场制止违法犯罪行为操作规程》第 34 条明确规定:“符合使用武器条件,但是现场没有武器或者使用武器可能造成更为严重危害后果的,公安民警可以使用其他必要强制手段制服犯罪行为人。”

第三节 安全要求

一、安全规则

(1)将所有枪支视为子弹已上膛待发状态;

(2)除非得到命令射击或决定射击,击发扳机的指头应贴靠于扳机护圈外面;(如图 7-1)

(3)除非得到命令射击或决定射击,否则不能将枪口指向任何一个不能

图 7－1

射击的人或物件，更不能将枪口指向身体某一处；

（4）除非得到命令射击或执法行动需要，否则不能拔枪、拉枪机上膛、据枪（转轮手枪不能下压击锤）；

（5）如果没能确定目标，切勿开枪；

（6）验枪、退弹和交收枪时，必须检查弹膛内以确认已无子弹；

（7）使用枪时不能粗心大意，一定要熟悉使用枪械的规范程序，必须严格按照使用枪支的规范程序操作，严防意外情况出现。

二、枪支的性能检查

枪支的性能检查是保证枪支安全使用的必要环节和重要措施。

检查程序：（以国产 64 式、77 式手枪和左轮手枪为例）

第一步：将枪指向安全的方向，并检查弹膛是否有子弹，安全后再进行具体检查；

第二步：检查枪身表面是否有裂痕、生锈或损坏（在没有将枪涂上过量的枪油时）；

第三步：卸下套筒（打开子弹轮），检查弹膛、枪管内是否有过量的油垢、裂痕或阻塞物；

第四步：检查退弹突笋（退弹杆帽）是否坚固，有无磨损，确保机件完好；

第五步：检查抓弹钩（退弹钩）及簧是否完整，确保抓弹钩（退弹钩）里面没有污垢或阻塞物；

第六步：确保弹夹卡笋（子弹轮卡笋螺丝）稳固，确保弹夹能顺利装卸（子弹轮能顺利地打开或锁上）；

第七步：击发前，应检查击锤或击针是否能正常运作，同时应检查击针尖是否断裂（检查子弹轮能否正常转动，并与弹膛和枪管呈一条直线）；

第八步：扣动扳机，看清击针是否能够正常穿过击针孔，并检查击针槽内的击针簧是否完好，有无污垢。

第四节　手枪基本操作

一、领枪和交枪

枪支的领取及交还都应注意枪支的安全,实际操作中应注意枪口的方向和及时对枪支的检查。

(一)领枪

(1)接枪;

(2)检查枪;

(3)枪入套。

(二)交枪

(1)枪出套;

(2)检查枪;

(3)交枪。

二、验枪动作

验枪动作包括以下步骤:

(1)卸弹匣检查;

(2)打开保险;

(3)扳击锤向后;

(4)拉套筒检查弹膛;

(5)击发检查;

(6)关保险;

(7)装弹匣;

(8)双手持枪戒备。

三、手枪的携带

(1)着警服携带;

(2)着便装携带。

四、出枪和收枪

(一)出枪

(1)解枪套扣;

(2)拔枪、出套;

(3)腰间到据枪;

(4)双手持枪戒备。

(二)收枪

(1)持枪到腰间;

(2)枪入套;

(3)扣枪套。

五、持枪的基本姿势

(一)手枪的基本持握

(1)单手持握;

(2)双手持握。

(二)持枪的戒备姿势

1. 双手据枪射击姿势(平肩戒备)

适合控制已锁定的目标,双手持枪向前保持和肩水平稍下位置,不阻碍视线,可迅速提升到视线射击水平位置,视线与身体转向一致,时刻留意嫌疑人的双手。(如图 7 – 2)

2. 高姿持枪(高戒备)

适合较狭窄及向高点地方,双手持枪向上微向前,肘、肩弯曲,肘及大臂内侧紧贴侧肋部,手腕固定,离面颊 10 ~ 15 厘米,视线与身体转向一致,不要过高及阻碍视线。(如图 7 – 3)

图 7－2　平肩戒备

图 7－3　高戒备

3. 低姿持枪(低戒备)

适合较宽阔地方,双手持枪指向前方约一米处,腕、肘固定,肩关节活动,较大观察范围,视线与身体转向一致。(如图 7－4)

4. 双手腰间持枪(双手抵腰戒备)

适合近距离及较长时间持枪,双手持枪在强手边腰前、枪的上平面和前臂平行于地面的位置,视线与身体转向一致。(如图 7－5)

图 7－4　低戒备

图 7－5　双手抵腰戒备

5. 单手腰间持枪(单手抵腰戒备)

适合近距离及接近嫌疑人,单手持枪在强手边腰侧(如没有其他办法,但必须要接近嫌疑人,可将枪贴近髋旁),枪的上平面平行于地面的位置,可用弱手作其他用途(如格挡、推开或开门等)。(如图 7－6)

六、装、退子弹及更换弹匣

（一）装子弹

1. 卸弹匣动作

双手握枪指向安全区域，用左手拇指按压弹匣卡笋取出弹匣。

2. 压子弹动作

领取子弹，左手持弹匣，用右手拇指按压将子弹装入。

3. 装实弹匣动作

右手持枪，枪口指向安全区域，用左手拇指向上推顶将实弹匣弹装入。

4. 上膛动作

左手食指和拇指控制套筒上端，以后拉、前推之合力将子弹上膛。（如图7－7）

图7－6　单手抵腰戒备

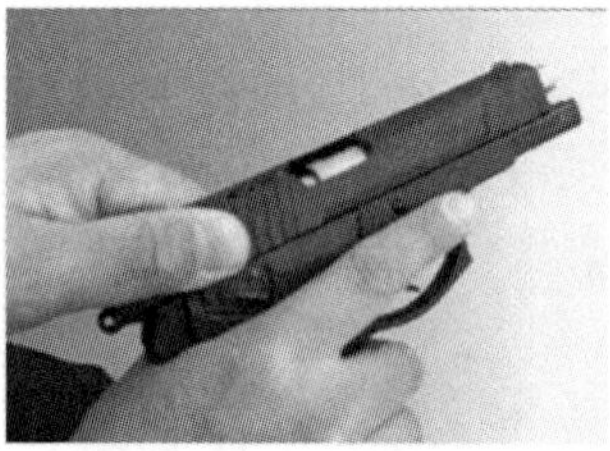

图7－7　上膛动作

（二）退子弹

1. 卸弹匣

双手握枪指向安全区域，用左手拇指按压弹匣卡笋取出弹匣。

2. 拉套筒退弹膛

左手食指和拇指控制套筒上端，以后拉、前推之合力将膛内子弹退出。

3. 空枪击发

双手握枪指向安全区域，按规范的操作程序击发。

（三）更换弹匣

1. 卸弹匣动作

（空仓挂机状态下）双手握枪指向安全区域，用左手拇指按压弹匣卡笋取出弹匣。

2. 装另一弹匣动作

右手持枪，枪口指向安全区域，用左手拇指向上推顶将实弹匣弹装入。

七、分解（以64式手枪为例）

（一）卸下弹匣；

（二）打开保险和扳机锤向后；

（三）拉护圈向外至于枪体一侧；

（四）卸下套筒；

（五）卸下复进簧。（如图7－8）

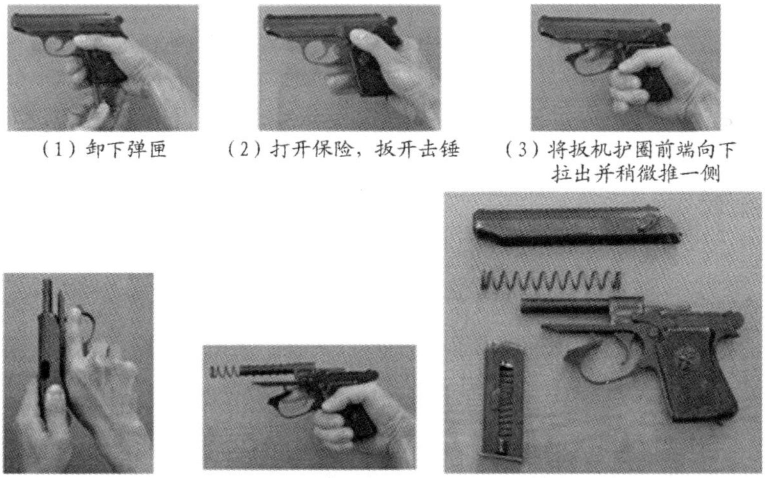

（1）卸下弹匣　（2）打开保险，扳开击锤　（3）将扳机护圈前端向下拉出并稍微推一侧

（4）向后拉套筒到位并向上，向前卸下套筒　（5）取出复进机　（6）分解结束

图7－8

八、结合

（一）装上复进簧；

(二)装上套筒;

(三)拉护圈前端放入缺口内;

(四)空枪击发;

(五)装上弹匣关上保险。

九、清洁擦拭枪支

为使枪支经常保持完好状态,有效预防故障的发生,民警必须对枪支勤检查,勤擦拭。枪支射击后,应用浸透枪油或碱水(肥皂水)的布擦净烟渣、污垢,并用干布擦干净后再上油。在日常的执勤和训练中,应适时用干布或油布进行擦拭。枪遇有盐水(海水),或遭受毒剂和放射性物质的侵蚀后,应先用淡水冲洗干净后,再擦拭上油。擦拭枪支前,应分解枪支并准备好相关的用具。擦拭枪膛时,先在通条孔内穿上布条,然后由枪管后端插入枪膛。沿枪膛整体来回擦拭擦净后再上油;擦拭其他部件时,应先擦净表面的烟渣和污垢;对孔、槽、沟等细小部位,可用刷子刷,或者用木(竹)签缠上布条进行擦拭,然后薄薄地涂上一层油。(如图 7－9、图 7－10、图 7－11)

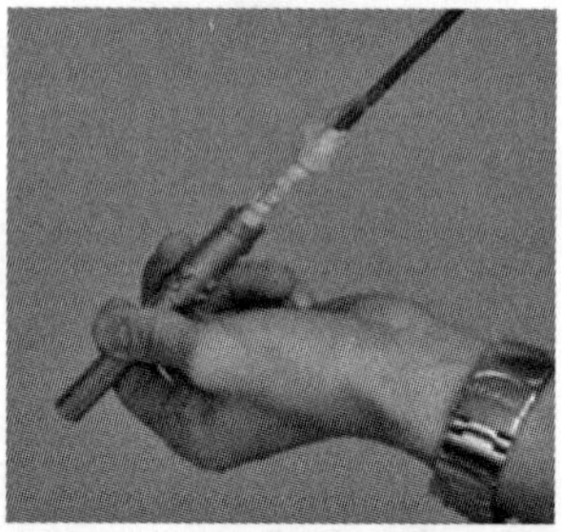

图 7－9

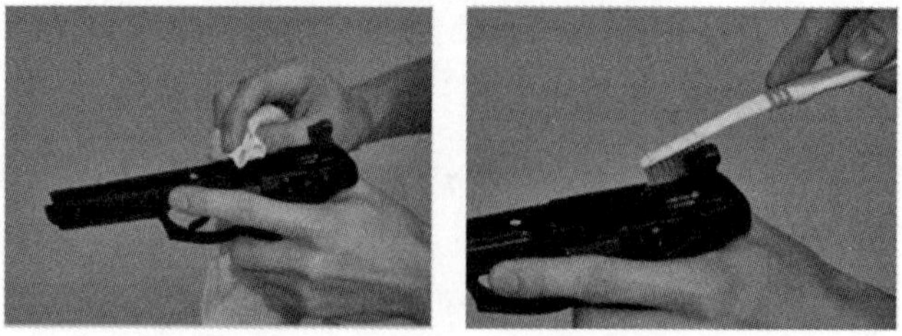

图 7－10

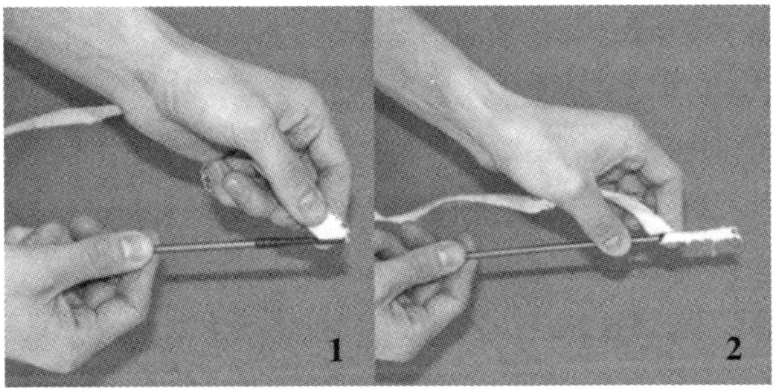

图 7－11 擦拭机件

十、常见的违规操作

（一）非指向射击目标时，食指扣压扳机上；

（二）枪口指向超过安全射界；

（三）双手握枪时，左手拇指错放在右手虎口处；

（四）拉套筒时，食指抓在枪口上。

第五节 手枪基础射击

一、射击姿势

（一）立姿射击姿势

（1）等腰三角射姿；（如图 7－12）

（2）侧身双手射姿。（如图 7－13）

图 7－12 等腰三角射姿

图 7－13 侧身双手射姿

(二)跪姿射击姿势

(1)高姿;(如图7－14)

(2)低姿,有依托。(如图7－15)

图7－14　高姿

图7－15　低姿,有依托

二、瞄准

瞄准是使瞄准基线准确地指向目标所做的各种动作。正确的瞄准动作应通视缺口与准星,使准星尖位于缺口中央,并与上沿平齐构成平正准星,再将已平正好的手枪指向瞄准区(如图7－16)。正确的瞄准景况是:准星与缺口构成的平正关系要看得清清楚楚,而目标则看得模模糊糊。(如图7－17)

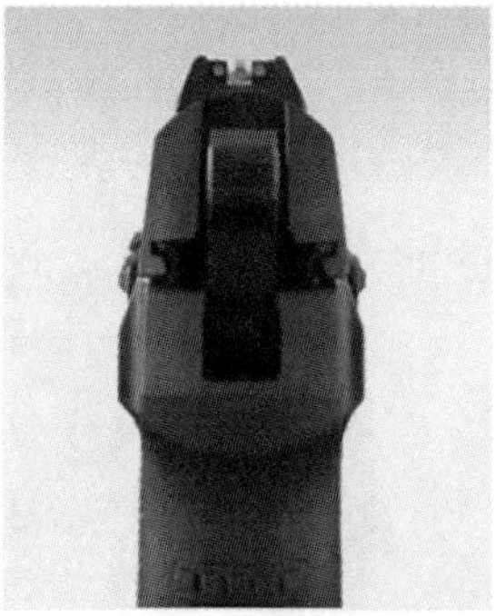

图7－16　正确的平正关系

图7－17　目标与瞄准具的关系

易犯的错误动作提示:

(1)盯住目标而忽略准星缺口;

(2)苛求瞄准点；

(3)瞄准时间过长；

(4)怕枪响或憋气时间过久，而心里急躁；

(5)太想打好而分心；

(6)思想不集中。

三、击发

击发是射击最关键的一步，良好的击发应用强手食指第一指关节根部单独地、均匀地、正直向后地扣压扳机，其余四指力量不变。

易犯的错误动作提示：

(1)猛扣(胆怯、抢时间)；

(2)意识超前；

(3)注意力不集中；

(4)扣扣停停；

(5)时间过长；

(6)过于紧张；

(7)视力不在平正关系上；

(8)注意力在“枪就要响了”。

四、常见的据枪错误动作

(1)耸肩：为了保证射击姿势的自然和舒服，应该放松肩部，做到既稳固又持久地保持好射击姿势。

(2)手腕松动：持枪手腕的不稳往往影响准星平正的构成，击发时也容易产生干扰的附加力量。

(3)握枪力度过大或过小：手握枪把的力量过大会造成据枪手臂的肌肉紧张，击发时会使枪支产生角度摆动，增大射弹散布。握力过小、松弛、握不实，不仅枪面不正，难以进行精确瞄准，且击发时也不易做到食指单独用力，所以，基础射击时的握枪力度应适中。

(4)拇指过于用力“夹枪”：拇指的过力夹压会对枪支形成侧面的压力，使枪面不平。

(5)持枪瞄准时过于低头收下额(用眼睛找枪的高度):在持枪准备射击时,应首先看好目标,然后举枪用枪去找眼睛的高度。

五、常见故障及排除

(一)警察自己能排除的故障

发生以下故障时,在判明情况后,慎重予以处置。

1. 不发火

往往由于子弹受潮、底火不敏感所致。在训练时,一般重新扣动扳机就能击发;如果仍不能击发,应拉套筒向后,弹出子弹,重新装弹再击发。在实战中,直接排除不能击发的子弹,重新装弹击发,以节省射击时间。

2. 不抛壳

不抛壳的主要原因是子弹或套筒过脏、弹膛或抓弹钩过脏,将子弹或机件上的污垢擦拭干净即可解决问题。对膛内未抛出的空弹壳可以拉套筒用抓弹钩抓出,也可以卸下弹匣、用通条捅出膛内弹壳。

3. 子弹不能自动上膛

子弹不能自动上膛主要是由于弹匣过脏、弹匣损坏或子弹变形等原因所致。针对不同情况,可分别采取擦拭弹匣脏物、拉套筒人工上膛或更换弹匣排除以及更换子弹等方法予以解决。

4. 套筒前进不到定位

如果是弹膛、套筒、复进机簧过脏或复进机簧弹力不足,向前推套筒或推枪机到定位即能排除,可以重新射击,但应尽快擦拭过脏的机件或更换复进簧;如果是子弹或弹匣口变形就应更换子弹或弹匣。

(二)警察自己不易排除的故障

发生以下故障必须送修械所修理或更换零件。

(1)击锤断裂;

(2)击针断裂;

(3)击针损坏或击锤簧弹力不足;

(4)抓弹钩损坏;

(5)弹壳卡死;

(6)弹头留膛,枪管被堵;

(7)压杆折断、击发阻铁磨损或击发阻铁簧弹力不足;

(8)缺口松动。

第六节　手枪应用射击

一、快速出枪

快速出枪的基本动作要领是,强手扶枪戒备、打开枪套扣、握住枪柄、将枪抽出,弱手卡握套筒协助强手推子弹上膛并迅速成射击姿势,将枪口指向目标。

二、快速射击

(一)概略瞄准

概略瞄准是在快速出枪的基础上,用双眼紧盯目标,双手握住使枪面保持平稳,并使之处于强眼的视平线上。这样枪口就指向了目标,准星和缺口也就基本平正。在视觉上,目标清楚,缺口模糊。

(二)击发

在枪口指向射击目标并形成概略瞄准的基础上,握枪手的食指快速果断,正直均匀地向后扣压扳机;用准星瞄准,边调整边扣压,使之击发。

(三)连续击发

在保持正确概略瞄准的基础上,击发后边调整边实施连续的第二次击发、第三次击发,即击发后扣动的食指随扳机的引力向前快速松开,到位同时再快速预压扳机,实施第二次击发……以连续的动作达到快速连续击发的目的。

扣扳机的特点是"两快一慢",即预压扳机要快,松开扳机要快,击发瞬间稍慢,扣压板机要快而匀速。在实战中,要做到快速连续击发,还必须要做到快速概略瞄准。

连续击发应注意强手腕挺(手略用力握实),弱手回抱,协助强手以稳定枪的平正关系；持枪手臂的肘部要绷直，肩部要前顶。

三、易犯错误动作及纠正方法

第一，猛扣扳机，破坏准照关系，造成射弹（弹着点）偏差太大。应强调快速均匀、正直向后用力扣压扳机。

第二，枪支颤动。应强调握枪时不要用力过大，两臂肌肉用力要协调。

第三，手腕挺不住，造成弹着点偏低。应多练习臂力、腕力，握枪时，强调手腕用力挺直。

第四，弱手用力不当。应强调弱手拉握强手与强手臂形成前推后拉之势（强手臂前顶），注意弱手后拉不要用力过大，保持枪的稳定性。

第五，射击姿势不正确，重心不稳固。应强调立姿和跪姿的正确角度，保持身体稳定性。

第六，握枪要领不正确。应强调强手前后捏握枪柄和弱手的拉握力度，不要击发一次调整一下，要连续射击完毕后再调整。

第七，射击姿势所构成瞄准基线不正确，用眼睛找准星。应强调头部要摆正，用瞄准基线找眼睛的视平线。

第八，成射击姿势后，构成瞄准基线慢，影响首发射击速度。应强调射击姿势的快速形成、稳固定位，不要忽高忽低。

第九，射击时，扣扳机的食指不灵活，松开扳机时离开扳机。应强调多加强食指“两快一慢”的练习，松扳机时随扳机向前的引力松开，食指不要有意识的向前弹开。

第十，射击时，弹与弹之间的连续忽快忽慢，没有节奏感。应根据需要和可能，合理分配每次击发时间，做到心中有数，节奏明显。

第十一，出枪或更换弹匣时眼睛看枪。应强调眼睛始终盯准射击目标，通过反复练习，形成凭手感完成动作的习惯。

四、掩护物后射击

掩护物后射击应首先根据掩护物的形状，采取相应的姿势。其次，应尽可能在掩护物侧面而不是在其顶部瞄准射击，因为在掩护物侧面射击可减少身体暴露的面积。最后,射击时不要让枪接触到掩护物的任何部分,如果需要掩护物作支持,可用弱手或前臂贴靠掩护物的表面而配合。

(一)立姿射击(如图 7-18)

(二)跪姿射击(如图 7-19)

图 7-18

图 7-19

(三)易犯错误

(1)枪接触掩护物;

(2)身体暴露过多;

(3)火力控制与观察方向不一致。

第八章　掩体利用与小组行动

第一节　选择、利用、转换掩体

一、选择掩体

（一）掩体的定义

掩体是警务实战中能有效隐蔽并保护民警安全（防枪击）的各种地物的总称。在警务实战中掩体的选择与利用对于行动者个人的安全起着至关重要的作用。有效的掩体利用也是战术中的“防身三宝”之一。

（二）选择掩体的原则

选择掩体应符合防弹、就近、选高三大原则：

1. 防弹原则

根据掩体的密度、形状、体积大小，选择最有利于保护自己，抵挡子弹能力的物体。如选择较粗的树木，坚固的砖块，电线杆，消防栓，邮政信箱，汽车发动机和轮胎等比选择普通的木制门、车窗玻璃、朔料制品等要安全和有效。

2. 就近原则

就掩体的位置而言，最近的掩体是第一选择。选择最近的掩体能够争取在最短时间内尽快到达掩护物的影区，保护自己。如选择较近的电线杆与较远的建筑物相比较，虽然建筑物比电线杆更能起到防护作用,但是就近的电线杆会更加的安全。

3. 选高原则

就掩体的体积、形状而言,选择高的掩体要优于选择低的掩体。主要考虑到更有效地利用掩体,转移掩体,如选择高墙比选择土坎更有利于防护、机动和打击犯罪嫌疑人。

常见的掩护物如图 8－1、图 8－2 所示。

图 8－1

图 8－2

室外的树木、电线杆、汽车、金属垃圾箱、电话亭、消防栓、建筑物等;室内的墙壁、拐角、箱柜、体积大密度高的物品等也可充当掩护物。

二、利用掩体

(一)利用掩体的原则

正确利用掩体的三大原则:首先要充分利用掩体保护自己;其次充分利用掩体打击犯罪嫌疑人;最后是充分利用掩体进行机动。

(1)充分利用掩体保护自己。把自己的大部分身体隐蔽在掩体的后面,尽量减少身体暴露面和被动打击的可能性,如利用树木根部。(如图 8－3)

(2)充分利用掩体打击犯罪嫌疑人。根据持枪的习惯,正确选择好据枪和射击的位置。例如,以右手持枪为例,通常会选择拐角的右侧,窗户的左下角以及高层建筑的顶端。

图 8－3

(3)充分利用掩体进行机动。依据情况变化,适时更换隐蔽位置,机动灵活转移掩体。

注意:尽量不要两人共用一个掩体,如只有一个掩体时,可选择不同射击姿势占领掩体。

(二)利用掩体观察

1. 观察技巧

"切饼观察","切饼"是一种对建筑物拐角进行观察和搜索的技巧。

其动作要领为:以墙角为轴心,眼睛和枪口呈垂直线,眼睛通过墙角边缘观察拐角的另一面。(如图8-4)

警察利用墙角逐渐扫视隐蔽区域,脚步慢慢地向危险区域做圆弧运动,直至将整个拐角切完或发现嫌疑人为止。(如图8-5)

图8-4

图8-5

"切饼"运动中注意的几个问题:

(1)身体重心落于要"切饼"方向的脚下。

(2)持枪的手要45度角向下,以保没有盲点。

(3)眼睛要不停地改变焦点距离。

(4)脚步要平行移动,不得有交叉步。(如图8-6)

(5)远离墙角等于远离危险。(如图8-7)

(6)在切右拐角时应用强手持横枪,左眼观察和瞄准。(如图8-8)

(7)发现嫌疑人及时通报队友或采取相应措施。

图8－6

图8－7

图8－8

(8)注意身后的光源将身影投向危险区域。

2. 快速窥探

快速窥探是在侦察活动中我侦察员隐蔽于隐蔽物后,利用隐蔽物两侧对隐蔽物后的危险区域进行快速观察的动作。该动作多用于危险点离我较远、观察场所较宽广时采用。

其动作要领为:在队友的掩护下,轻轻移至隐蔽物边缘,双手上弯举紧贴隐蔽物表面以稳定身体,腰部用力将头迅速伸出隐蔽物外观察,而后迅速缩回到隐蔽物后方。(如图8－9)

快速窥探中应注意的几个问题:

(1)快速窥探时不要将脚伸出隐蔽物外或抓住隐蔽物边缘。(如图8－10)

(2)窥视时可采用立或蹲两种姿势。

(3)窥视时的动作要快,以能看清嫌疑人的手上动作为准。

(4)发现嫌疑人时及时通报队友或采取相应措施。

(5)注意光源的方向将身影投向危险区域。

(6)注意随身装备与身体、墙体摩擦发出的声响。

3. 反光观察

反光观察是搜索队员在通过建筑物拐角门、窗时,利用反光物体对隐藏在危险区域的嫌疑犯进行观察的一种战术技巧。

图 8－9

图 8－10

其动作要领为:搜索队员接近拐角、门、窗时,将身体紧贴墙面慢慢蹲下,利用随身携带的反光物体(镜子、警棍、宾馆钥匙插片等)或利用建筑内的镜子、不锈钢制品(垃圾桶、墙柱、扶手等)、墙体光滑的表面,对危险区域进行细致的观察。(如图 8－11)

反光观察时应注意的几个问题:

(1)镜子的反射光不能投向危险区域。

(2)反光观察最好在夜间进行,这样你的身影不易投向危险区域。

(3)手中武器时刻进入战斗状态,警惕来自拐角处的危险。

(4)注意随身装备与身体、墙体摩擦发出的声响。

(5)发现嫌疑人及时通报队友或采取相应措施。

4. 手电筒的战术使用

手电筒是夜间战术行动中用于观察和射击的有效工具。

手电筒的几种使用方法:

(1)双人配合法

队员 A 隐蔽于隐蔽物后,用手电筒高位或低位向危险区域照明,队员 B 躲避于光线外持枪进行观察。(如图 8－12)

图 8－11

图 8－12

（2）单人持握法

① 反手持握：以右手持枪、左手反手方式握电筒，将右手架于左手上，两手手背相抵，手电筒的光束接近瞄准线，便于观察与射击。（如图 8－13）

② 托握法：右手持枪，以左手拇指和食指握电筒，大拇指控制开关，其余三指由下而上托住右手。（如图 8－14）

图 8－13

图 8－14

③ 并握法：右手持枪，左手握住电筒，左手大拇指控制开关，双臂在胸前伸直，类似于三角形据枪。

④ 单手持握法：用强手持枪，弱手握电筒，高举或远离身体进行照明。（如图 8－15、图 8－16）

图 8 – 15

图 8 – 16

三、转换掩体

(一)转换掩体的原则

转换掩体是为了进攻和避免被动挨打。危险区域转移原则:第一,移动前应选择好将要到达的位置;第二,保持在掩体后移动;第三,在开阔地进行不规则移动。

(二)转换掩体的方法

移动前选择好将要到达的位置。转移是为了选择更好的掩体,以利于更好的进攻。固而,移动前首先要选择好将要到达的位置和路线,选择好下一个要占领的位置。

1. 最好躲在掩体后进行转移。在条件允许时,应隐蔽在掩体后面从一处转移到另一处。在室内移动,可利用屋内物件,压低身体进行移动;在室外,可利用建筑物之间的空当进行转移;在野外,可以利用土坎、树木、土堆,借助相应的运动姿势进行移动。

2. 没有掩体的开阔地的转移战术。一是尽量在有同伴掩护下压低身体进行快速跑动;二是面对犯罪嫌疑人时,最好做横向移动,尽量避免成为瞄准的目标;三是如果不得不沿着一条与犯罪嫌疑人的枪口呈一线的方向运动,要以"之"字形的路线和不规则的速度奔跑。

警组之间转移掩体时,要求:(1)必须在有火力掩护,或压制的前提下进行转移;(2)警员必须在指挥员统一指挥下,有组织地依次转移或攻占掩体。

3. 在可能发生危险或情况变化时要迅速转移掩体,有效地保障自身安全,同时保持对对手的戒备或攻击态势。在转移过程中也要保持与队友的及时沟通，防止发生火力重叠，同时争取其他队员的掩护。

第二节　小组掩护与移动

在实际工作中，不同单位的小组由于任务性质的不同，人数不等，受训程度不一致，装备上存在差异等原因，所应采取的战术性推进与移动都不可千篇一律，应该根据实际情况采取不同的做法，但总的原则是不变的。

一、小组推进与撤退的原则

（一）掩护原则

掩护原则，是指小组成员在推进与撤退时一定要有掩护。小组无论以何种形式推进，除非远离危险，否则不要集体共同推进。在接近危险区域或危险点时，小组成员之间应该有组织地互相掩护和推进。每一个人想要推进时都应该用适当的方式通知同伴并得到回应后才推进，绝对不要独自在无人掩护的情况下向危险点推进，否则一旦有危险，只有看自己的运气如何了。反过来，如果自己的同伴想向危险点推进时，除非自己确实能提供掩护，否则不要轻易回应允许同伴推进。

（二）火网原则

火网原则，是指推进时千万不可进入自己同伴的火力覆盖范围。由于小组推进时人员多、枪多，情况多变，再加上如果没有经过良好的训练，很难养成一个好的习惯，即时刻注意避免自己的枪口指向自己不想射击的人。因此在小组推进时要注意自己推进时的幅度、纵深和角度，不要处于自己同伴的火力覆盖范围，否则一旦出现危险，同伴想为你提供掩护又怕误伤你，等于用你自己的身体为疑犯作挡箭牌。（如图 8 – 17）

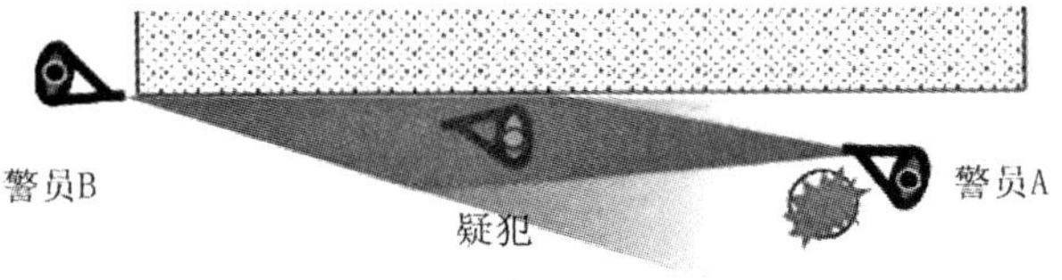

图 8 – 17

此外,还要注意避免面对面地将疑犯夹在中间,一旦疑犯拼命反抗,开枪就难免会误伤同伴(如图8-18)。当自己的同伴不可避免地要进入自己的火力范围时,可以尝试转移位置,从另一个角度为同伴提供掩护,或者提醒同伴尽快离开自己的火力覆盖区。

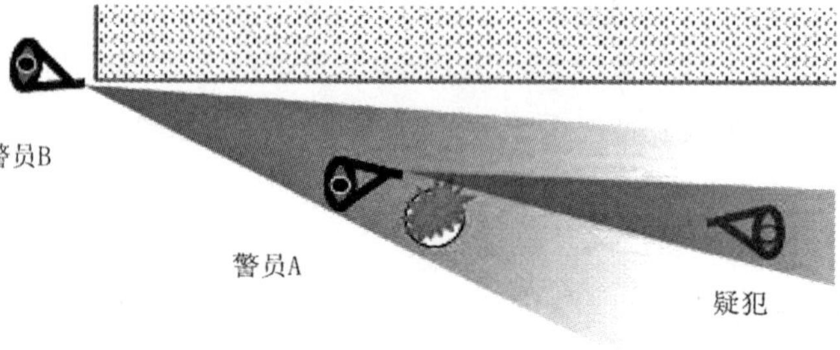

图8-18

(三)职责原则

职责原则,是指在小组推进与撤退的过程中,每个小组成员均应各司其责,不要越俎代庖。在小组推进与撤退的过程中,由于危险点来自不同的方向和位置,每个成员都必须按照事前的分工各司其责,只有每个人都做好自己的工作才能形成一个有着强大战斗力的小组。要相信自己的同伴能胜任他的职责,但并不是见死不救,如果危险极大地威胁到了小组成员的安全,也应该在相对安全的情况下为其他成员提供援助。

(四)火力优势原则

优势原则,是指在小组推进与撤退时,应该发挥每个人的作用,形成火力优势。在推进的过程中,采取的队形应根据现场环境和任务性质等情况来定,但不论采用什么队形,都应该尽量避免与危险点或危险区域形成一条直线,这样不利于发挥我方的火力优势。

(五)安全推进原则

安全推进原则,是指当危险点没有排除时,不要轻易推进,只有在确定安全的情况下才能推进。在推进时,每一个危险点都应认真对待,不可以想当然地认为不是危险点就不注意。因此一定要在推进过程中从安全区域开始逐个排除危险点。否则当危险突然出现在自己身后时是很难避免伤害的。

(六)相互警告原则

相互警告原则,是指如果遇到危险的突发情况,在时间来得及的情况下应该先大声警告自己的同伴,而不可以只顾自己处置而忽略了与同伴的沟通,否则一旦危险情况超过自己的处置能力时,其他同伴可能由于不了解情况而提供不了任何帮助。

二、小组推进方法

由于每一个任务的不同,现场环境也不一样,因此推进和撤退的方法也不可一概而论。这里只列举几种最基本的方法,但在实际工作中一定要根据当时的情况采用相对安全而有效的方法。

一个小组要想安全地执行任务,应该根据人数的多少来确定每个人的职责。一般来说,小组通常会由 2 ~6 人组成,其中应该有一个组长,负责指挥全组行动,他的位置往往会在前锋队员的后方,一方面是由于在这个位置可以兼顾指挥全组人员,另一方面是由于危险往往都来自前方,在这个位置可以及时了解前方发生的事,并迅速做出反应。在小组中还应该有 1 ~2 名前锋队员,前锋队员的职责是观察和发现危险点,并且根据情况果断处置。此外如果人员充足还可以有 1 ~2 名警员担任警戒队员,他们一般位于队伍的最后方,一方面可以警戒来自后方的危险,另一方面在必要时也可以为前方的其他队员提供掩护。如果还有警力则可以作为机动队员跟在指挥员的后方,根据情况的变化进行应变。

小组的职责分工一定要明确,但并不代表一定是固定不变的,很多时候都会由于现场情况的变化而由后方警戒队员变为前锋队员。因此一定要灵活机动。

小组推进时采用的方法也要灵活机动,不要一成不变,只有根据现场情况采取最适宜的推进方法才能安全地达到战术目的。

(一)远离危险区域时的推进

在远离危险区域时,以小组为单位的推进应该尽量集体快速前进,推进的过程中应该根据地形保持一定的队形(如一路纵队或两路纵队),相互之间不要离得太远，确保每一个队员都能收到指挥员的指示。

在推进时要注意的一点是自己的枪口指向。在一些地面比较松软的地方可以将枪口指向地面，但是要留意方向，因为在小组集体行动时很容易指向自己同伴的脚（如图8－19所示是错误的，而图8－20是正确的）。而如果将枪口向上时要考虑如果走火会不会打中高楼上的群众，或者在比较低矮的楼层里会不会从天花板上反弹回来伤人。

图8－19

图8－20

（二）接近危险区域时的推进

当小组接近危险区域时，应该根据现场情况采取较为松散的队形。这样一方面可以更好地利用掩护物，分散疑犯的注意力和火力，另一方面还可以发挥自己的最大火力，而且在推进过程中不要有太多人同时离开掩护物。

在接近危险区域后，所有人员都应尽快隐蔽在掩护物后方，将枪口指向危险点。危险点不是说一定要有危险才叫危险点，只要队员认为有可能成为危险点就一定要留心。我们应该保障每一个危险点在没有被排除之前都有队员对它进行警戒。对危险点进行排除的过程中，最好是由观察角度比较大的队员担任警戒。这样可以提前发现危险，尽快做出反应，为其他队员提供最大的保护。

所有队员都应根据指挥员的指示进一步行动。当指挥员下达推进的指令后，担任前锋的人员应该在后方掩护队员的掩护下逐步向前推进。前锋队员在推进的过程中注意尽量不要进入后方掩护队员的火力范围，也可采取将身体的姿势放低等方法使同伴能提供实在的掩护。也可以采取两个前锋队员相互掩护的方法进行推进，这样做的好处是掩护的队员可以尽早发现危险，并以最快的速度提供掩护，而撤退的队员会很快脱离同伴的火力范围。

缺点是担任掩护的队员离危险点太近，危险系数比较高。

另外如果现场比较狭窄(如楼道)时，前锋与后面队员之间一定要有一定的空间，否则一旦有危险，前锋队员后撤时将会被自己人挡住。

如果还不清楚疑犯的位置，一定要步步为营地逐步推进，对危险点逐个进行排除。如果已经清楚疑犯的位置了，应该迅速在相对安全的地方找到掩护物并对危险区域进行控制。

在具体的小组推进中可以根据现场情况选择不同的推进方法，下面介绍两种简单而且相对安全的推进方法：

1. 蛙跳式推进

蛙跳式推进，是指两个或几个队员之间形成有一定正面宽度的推进队形，从而有默契地相互掩护相互推进的一种方法。这个方法安全之处在于每一个队员在进行推进的时候都有一个或几个同伴为自己做掩护，而且一旦有危险情况发生需要开枪还击的话，队员可以发挥最大的火力，而不至于由于前方有自己人而受到影响。这种推进方法的要点在于每个队员对自己推进距离的把握和相互之间的默契配合。

当两名队员在直行通道中推进时，如果直行通道中无任何掩护物，两名队员也可以采取蛙跳式的推进方法。

如图 8－21 所示，当警员 A 静止做掩护时，将枪口指向观察角度比较大的危险点Ⅱ，警员 B 在警员 A 做好掩护后可向前推进，推进时警员 B 的枪口可指向自己观察角度比较大的危险点Ⅰ。

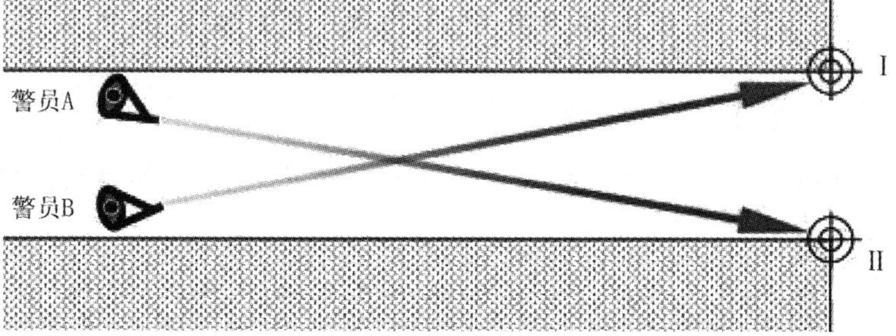

图 8－21

推进的速度要根据现场情况具体确定，如离危险点近，则要减慢推进速度;若离危险点远,可稍加快速度。警员 B 向前推进的距离可根据直行通道的宽度来确定。一般来说,每次推进超过掩护警员的距离大约与楼道宽度相同。(如图 8－22)

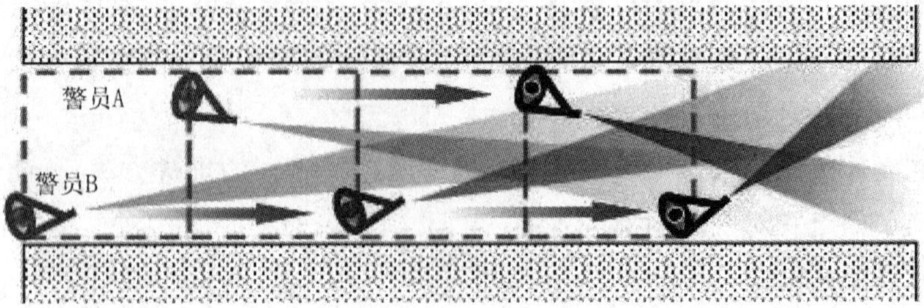

图 8－22

原因在于如果警员 B 此时再向前推进超过楼道宽度的距离时,由于警员 A 重点观察的危险点是警员 B 一侧的通道尽头,因此警员 B 将有可能进入警员 A 的枪口指向范围,从而使警员 A 发挥不了警戒与掩护的作用。

接下来,当警员 B 完成一定距离的推进,停下来后,可以用某种事先约定的手语或其他沟通方法提示警员 A,自己已经完成推进并做好掩护了,让警员 A 向前推进,此时警员 A 可向前推进,如此交替向前推进。

当环境发生变化时(如在开阔地),有时会出现两个以上的警员以有一定正面宽度的队形向前推进。此时可以采取同样的推进方法,与两人蛙跳式推进的原则基本不变,而且可以有很多变化。比如,可以每次推进的人数不一,有时一个,有时两个。但有人推进就一定要有人掩护,而且每次推进的距离不可太深入,这样会使自己队形变成一个角度较大的锯齿形,不利于后方警员发挥掩护火力。

2. 引导式推进

引导式推进是多人警组常采用的一种推进方法,通常是在警组推进队形成一路纵队时采用。

这种推进方法的好处在于通常危险比较大的只有第一名前锋队员,而后续队员由于主要是为第一名队员提供掩护,推进时基本按前方队员的推进路线前进,因此安全系数会相对高一些。缺点在于如果后续队员和前锋队员与危险点呈一直线时,后续队员无法为前锋队员提供掩护。此外由于所有队员都是按相同的路线推进,容易为嫌疑人所察觉。

这种推进方法的要点在于,作为前锋队员的第一名警员一定要具有非常高的警觉性以及良好的判断力和观察力,素质要非常全面。但如果是长时间以这种方法推进的话,由于处在第一个前方位置的警员精神压力会很大,时间长了容易疲惫,因此最好有其他前锋队员与第一前锋队员定时交换位置。

例如,当多人警组在一个有一系列房间的走廊中推进时,可以用引导式的方法推进。

首先,当后续警员在后方房间内隐蔽并形成掩护后,第一名前锋队员根据自己的观察与判断选择路线推进到下一个掩护物后方;当紧随其后的警员看到前锋队员已经到达掩护物并已对危险点形成戒备时(或者由前锋队员发出信息),可以按相同的路线推进到前锋队员离开前的掩护物后方隐蔽,而后后方的警员可以顺序跟进。

值得注意的是,作为第一名的前锋队员不必等警组所有人员都向前转移到下一个掩护物了才推进,因为如果警组人数太多的话,可能会使整个警组推进的速度非常缓慢,因此前锋队员可以根据实际情况(如离危险点的远近等)自行决定是否继续推进。

三、小组撤退方法(战术撤退)

在很多警务工作中,要求警员有战术性撤退的观念。首先应该强调的是撤退并不等于软弱和退缩,而是为了更安全地完成任务而采取的一种迂回方式。特别是当危险突然出现,而警务人员出于对自身或其他人员(如人质)的安全考虑而必须采取暂时撤退以免造成更大的伤亡。

战术性撤退并不等于逃跑,所以必须有组织地撤退。一般来说,最先撤退的人员应是离危险最近的人员。当人员撤退时,一定要有其他人提供掩护;而当前面的人员撤离到相对掩护人员而言更为安全的掩护物后时,必须立即为刚才提供掩护的人员提供掩护,并用大声的喊叫(或使用对讲机等工具)通知他撤退。

每一个队员撤退时都应尽量避开同伴的火力范围,并尽可能地利用掩护物进行撤退,或者在撤退时采取较低的身体姿势(如屈身前进)。而提供掩护的队员可以采取立姿等较高的身体姿势(甚至可以站在台阶或其他物体上),以避免在需要开枪掩护时误伤自己人。

在撤退的过程中,如果确认自己后方的同伴正提供掩护时,应尽快撤离,且不需要将枪指向危险区域而做后退式的撤退。这样做的缺点是后退的速度很慢,使自己暴露在危险区的时间大大增加,而且就算是有危及生命的危险,由于自己本身在移动中,在移动中开枪命中的机会也是微乎其微的。因此除非没有人提供掩护,否则应该转身(背向危险区域)以最快的速度跑到一个相对安全的掩护物后方。并且在撤退时,应事先选择好下一个掩护物,但注意不要选择距离自己太远的掩护物。

当全部队员已经撤离到安全的地方时一定要重新对危险区域进行封锁控制,避免危险进一步扩散,并尽早通知指挥中心要求增援。

第三节　行动中的沟通与联络

在行动中,执行任务的小组应与所属单位的指挥员及控制中心保持良好通讯,以交换最新的消息和情报,而在紧急情况下,可要求增援。在两人或小组行动时,队员间的通讯尤其重要。因为这关系到相互之间的合作及配合是否默契,是否能安全有效地执行任务。

沟通与联络的方法有很多种,应视乎现场情况与环境采取相应的方法。如当小组人员距离较近时可以直接用语音沟通,距离较远时可以用手势或通讯器材进行沟通。

一、通讯联络

(一)利用通讯器材进行沟通联络的原则

在警务战术行动中,通讯联络的畅通与否往往直接决定了战术行动的成败,因此在利用通讯器材进行沟通联络时应该把握熟、试、记、简、密几个基本原则:

1. 熟——熟悉通讯器材的功能及使用方法。

各个单位由于多种原因,所采购的对讲机在型号、功能都不一样,因此在加入本单位时就要尽快熟悉本单位所使用对讲机的使用方法,了解对讲机的有效距离。使用对讲机要注意及时充电,不要关键的时候没电了。

2. 试——执行任务前一定要调试频道,确保通讯畅通。

每次执行任务前都要养成习惯,检查对讲机频道是否符合规定,与小组其他成员的对讲机试通。音量旋钮调校到合适的位置,音量不可过大,防止通话时泄密或暴露目标,音量太小听起来不清楚甚至会根本听不到。

3. 记——参与行动的队员应熟记指挥中心和小组各成员之间的呼号。

对本部门或本单位的指挥中心以及其他有关人员的呼号一定要牢记、熟记并且要经常练习,在实际工作中才能运用自如。

4. 简——使用通讯器材时要注意语言的简练,保持频道清洁。

在没有必要的情况下不要占用频道,使用对讲机沟通时一定要注意保持语言的简洁,抓住重点,这样通话会节省很多时间。讲话时最好用一些短语句,尽量少用长语句,否则接收信息一方听起来往往会觉得很辛苦,有时可能还会要求重复。这样就会浪费时间,贻误战机。

在用对讲机讲话时咬字一定要清楚,语速适中,声音不要过大或过小。如果小组成员都是同一个地方的人,相互之间比较熟悉的话,也可以用方言进行沟通。但无论用什么话沟通,语言清楚、表达准确、不产生歧义是原则。

5. 密——如果使用的不是保密频道,尽可能采取密语沟通。

目前公安部门的大部分单位所采用的无线通讯设备以对讲机为主,而普通对讲机保密性比较差,因为无线信号的开放性,只要有频率相同的接收器就可以获取全部信息。因此在平时的工作中,本部门的成员应该形成一些本部门特有的密语,而且对这些密语要严格保密,这样在工作中可以在很大程度上避免因使用明语而导致泄密。这些密语不一定要非常特别,也不要特别难掌握,只要自己人能听懂,不易产生歧义就可以了。

(二)利用通讯器材进行沟通的优点和缺点

利用通讯器材进行沟通的优点在于:

(1)沟通距离视乎对讲机功率大小可以达到 3 ~ 10 公里,因此在远距离和超视距的情况下也可以进行沟通联络。

(2)可以将指令同时下达给多人,且不容易分散接收信息者的注意力。

(3)发出的指令明确、详细,相对于手势沟通来说,更不容易产生歧义。

缺点在于：

(1)如果频道公开，则很容易泄密；

(2)在一些密闭的空间可能会被屏蔽而没有信号，甚至会受无线电波干扰而失效；

(3)如果没有耳机配合使用，对讲机的声音容易使自己暴露目标。

(三)利用通讯器材进行沟通联络的技巧

在利用通讯器材进行沟通的过程中应注意掌握以下技巧：

(1)在对讲机的使用中，不要在按下 PTT 键(通话键)的同时就说话。这样在对方听来往往开头几个字会听不见，因为在按下 PTT 键的时候，对讲机才开始接通电流，这需要 1 秒左右的时间，这时候是不会发出信号的。同样的道理，一定要等通话完毕后再放开 PTT 键。

(2)目前大部分单位使用的对讲机都不是全双工的，因此如果一次说的时间太长，其他人根本插不进来。要想保证通讯的畅通，每一次讲话的时间不应过长。

(3)在用对讲机通讯的过程中，一定要指明此次通话的对象是谁，因为一部对讲机讲话，只要是频率相同的其他对讲机都能听到；如果不说明指令是下给谁的，往往会引起误会。因此在通话的开头一般要讲出希望接收信息方的呼号(代号)。

(4)此外小组成员之间应该熟悉彼此的讲话方式，最好能预计到对方什么时候说完。而且要等对方说完后才可以回答，否则如果在对方还在说话时回答，对方是根本听不到的。最好的办法是在每一次通话的最后加上一句“完毕！”或使用其他任何你们小组事先约定好的词语来代表自己说话完了，对方可以回答了。在整段对话结束后，还应用一些语言作为结束语(如通话结束！)，以使对方明白通话告一段落。

下面是一个简单的规范化通讯语言示例，其特点是简洁、明了、准确。按以下方法进行沟通能减少通讯阻塞并避免不必要的信息误解：

民警 A：“×××(对方呼号)，我是×××(自己呼号)，听到请回答！完毕！”

民警 B：“我是×××，听到，请讲！完毕！”

民警 A:“目标嫌疑人离开住所,上了一辆红色出租车,车牌号×××××,请指示,完毕!”

民警 B:“继续跟住,完毕!”

民警 A:“明白,继续跟住,通话结束!”(对于重要指令最好重复一遍,以免错误。)

民警 B:“收到,通话结束!”

这个只是个简单的例子,其中的一些固定语言不是不可更改的,如“完毕!”甚至可以用“可乐!”或“月亮!”等语汇来代替,只要部门内部事前约定好了就可以。不过要注意的是最好不要用动词。一般来说,用现场不会出现的名词来做密语,这样就不太容易出现误解现象。

二、手语联络

在很多警务活动中,特别是在一些非常危险的情况下,要求执行任务的人员尽量不要发出声响。但此时如果需要进行相互沟通的话,就可以利用手势以及身体语言来进行沟通与联络。如果能熟练地掌握并运用自如的话,这也是一种简单有效的沟通方法。本节内容中所提及的手语不仅仅指手势,还包括了一些肢体或身体语言。

(一)利用手势及身体语言进行沟通联络的原则

在手语联络中,一定要坚持两个原则:

(1)简单明了。手势与身体语言要简单、明确,而且要有一定的动作幅度,保证在一定的距离上也能看得见。如果动作太小的话,可能会被忽略。

(2)熟练掌握。以手语进行联络一定要经过专门训练,并等到能熟练掌握后才可在实际工作中运用,否则一旦由于手语掌握不熟练引起信息传递错误,将有可能导致极其严重的后果。

(二)利用手势及身体语言进行沟通的优点和缺点:

优点在于:

(1)可以无声沟通,保证在进行沟通时不会暴露目标或泄露机密。

(2)不受任何器材限制,只要看得见就可以使用。

缺点在于:

(1)一定要相互看得见才能用手语,而当光线暗或现场烟雾较浓厚时相互看不清楚,甚至完全看不见时,用手语无法沟通。

(2)当小组队形受现场环境限制,只能形成一个细长形的队形时,用手语沟通可能会存在障碍。当前方队员面向危险区域用手语与后方队员沟通时,如果不转身面向后方队员,则手语有可能被身体遮挡,造成信息无法传递,甚至造成误解;就算手语能被后方队员看清楚,但如果前方队员不转身,而后方队员和他又有一定距离的话,前方队员也无法知道后方队员是否对自己发出的信息有回应。但如果前方队员转身面向后方队员做手语沟通的话,就可能会分散注意力而失去对前方危险区域的控制,一旦有危险根本无反应时间。

(3)如果是多部门多单位合作执行任务的话,相互之间的手语表达方式可能不同,甚至有可能同一个手势表达的是完全相反的意思。如果在这种情况下进行手语沟通,可能会因为误解信息而造成更大的危险。

(4)手语沟通需要本部门或本单位有组织地进行约定和训练,并且需要一定的训练时间才能保证被正确运用。而在普通民警中,由于训练时间以及训练组织不能得到很好保证的原因,因此比较难以形成战斗力。

(5)手语表达的信息内容比较简单,不可能表达出复杂的意思,因此不能只依赖手语。手语沟通只能作为一种联络的辅助手段加以利用。如果要传递相对复杂的信息,则可能需要大量的训练时间才可以做得到。

(三)利用手势及身体语言进行沟通联络的技巧

利用手势及身体语言进行沟通联络时应掌握以下技巧:

(1)手势要根据传递目的的远近以及自身的战术位置来决定动作的幅度,不能一成不变;只要能达到准确传递信息的目的,动作不规范也不是问题。但一定不能只求标准动作而使自己暴露在掩护物外。

(2)在做手势时,不要只顾做手势而忽略了对前方危险点的警戒,最好以强手持武器,弱手做手语。但在进行手语沟通时,不可避免地会分散注意力,因此手势应尽可能地少做,更多的应该靠相互之间的默契和通讯设备。

(3)接收者对信息的理解一定要准确无误,如果不确定,千万不能靠想象去理解。

(4)从工作特点及保密的角度出发,不同的部门应要根据任务的性质与特点发展适合本部门的手势语言。

(5)本部门的手语联络技巧形成以后要注意保密,不可泄露给其他人员。

(6)手语要有一定节奏,避免与你的本能动作或无意动作相混淆,致使同伴误认为你在使用手语。

(四)简单手语示例

(注意手势一定要朝向接收目标做,否则从别的方向看可能会看不清楚。)

数字(如图 8－23 至图 8－32)

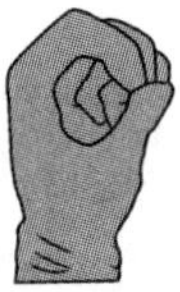

0

图 8－23

1

图 8－24

2

图 8－25

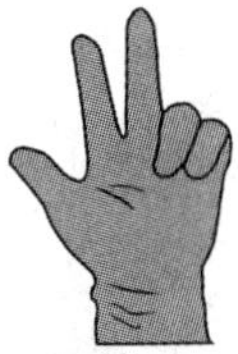

3

图 8－26

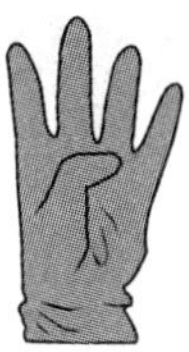

4

图 8－27

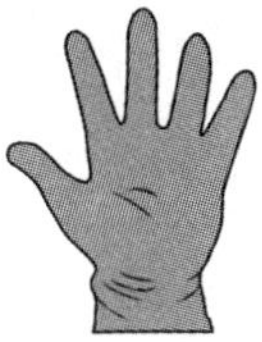

5

图 8－28

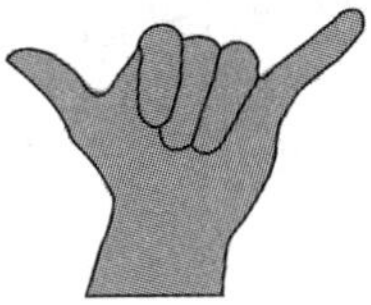

6

图 8－29

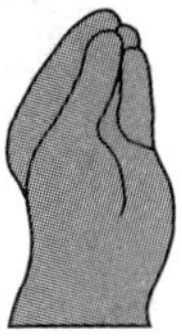

7

图 8－30

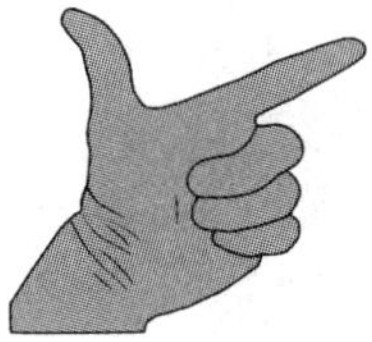

8

图 8－31

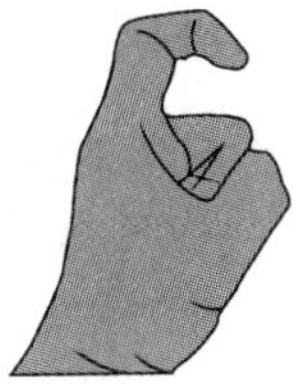

9

图 8－32

你(指向接收信息人,如图 8－33)

我(指向自己头部,如图 8－34)

图 8－33

图 8－34

爆炸物(如图 8－35);手枪(如图 8－36)

图 8－35

图 8－36

停止(如图 8－37);观察(如图 8－38)

图 8－37

图 8－38

前进(如图 8－39、图 8－40)

图 8－39

图 8－40

听见（如图 8－41）；听不见（如图 8－42）；用催泪弹（如图 8－43）

图 8－41

图 8－42

图 8－43

（五）常用战术手语组合示例

你掩护我（如图 8－44 至图 8－46）

图 8－44

图 8－45

图 8－46

第四节　建筑物内搜索

当前警务工作的特点是以城市为重点,城市中很多案发现场除了街道以外,更多的就是建筑物内部。而楼房内部由于结构的特点,视线盲点非常多,人数众多时不利于展开,相对于街道来讲更为危险。在建筑物内的搜索无论采取什么方法,一定要把握两个原则:一是在搜索过程中对所有危险点都有所警戒;二就是只有排除了危险点后才能继续推进。

楼房一般都是由走廊、楼梯(或电梯)、房间几部分组成的,楼房中的各个单元,各个房间都是由走廊、楼梯来连接的,而警组推进的路线往往都只能沿着走廊和楼梯推进,因此本节将重点讲述行动组如何在楼道内搜索推进。

在楼道推进中,要注意推进时不要靠墙太近,因为一是如果贴墙太近,身上所携带的装备有可能被墙上的突起物勾挂;二是容易造成不必要的声响,可能会导致暴露目标;三是被击中的机会大大增加。

为什么贴墙太近会增加被子弹击中的机会呢?原因在于如果贴墙太近的话,歹徒发射的子弹打在离警员有一定距离的墙上会形成跳弹,从而折射击中警员的身体。根据实验统计,子弹以一定角度(0~45度)击中一些坚硬的物体(如水泥地面)表面时,形成的大部分跳弹会以30度左右的角度折射。

如图8-47所示,如果警员离开墙有一段距离的话,虽然也存在跳弹的危险,但除非歹徒是瞄准可以形成跳弹的区域A发射才可以击中人体,不过这时区域A与人体这两个可能被击中的目标区域之间会有一个空隙。如果警员紧贴着墙的话,人体和可能形成跳弹的区域A就会连在一起。众所周知,用枪打一个大的目标要比打两个较小的目标要容易得多。而且从弹着点分布的一般规律来说,如果歹徒瞄准的只是人体的话,图8-47中的警员A被击中的概率也会比警员B大。

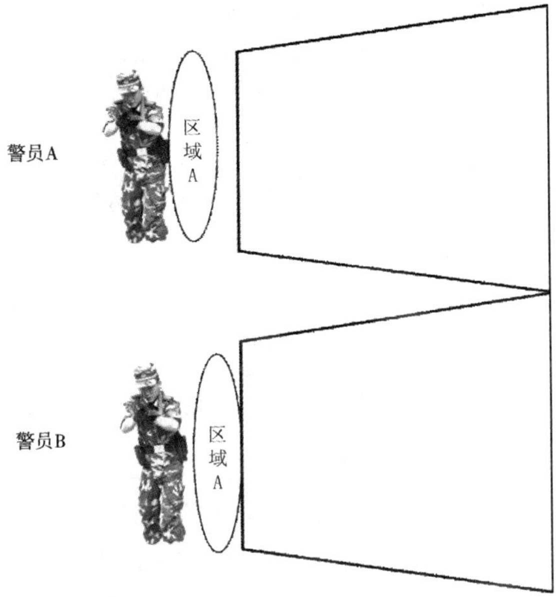

图 8－47

此外在楼道和房间搜索中一定要留意灯光或阳光造成的投影，有时这些投影可以帮助自己确定嫌疑犯的位置，有时也有可能会暴露自己的位置。因此一定要留心避免自己的影子投向危险区域。（如图 8－48）

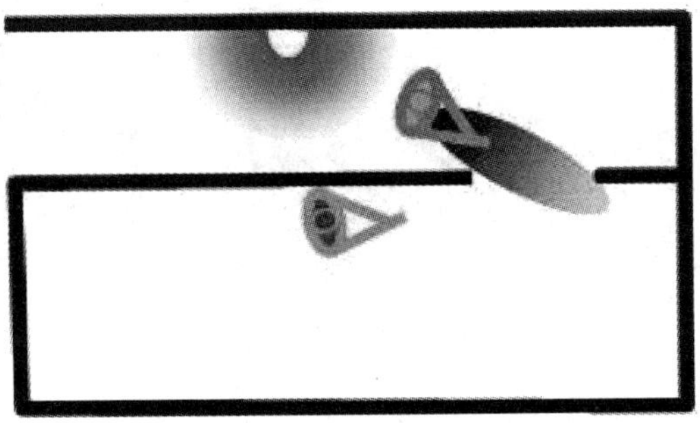

图 8－48

一、走廊推进

在一般楼房的结构中，走廊有很多类型，但一般来说可以分为直行通道、

“L”形通道、“T”形通道、“＋”形通道。下面逐一讲述小组在这些通道中的推进方法。需要注意的是下面列出的这些方法也不都是完全没有漏洞的，因为战术无绝对，这些方法只是在某些特定情况下相对安全，在实际工作中一定不要完全照搬。

直行通道的推进方法我们在前面已经讲过了，一般可以采用蛙跳式推进和引导式推进，这里就不再赘述。

（一）“L”形走廊的推进

“L”形走廊中，如果不考虑走廊中可能存在的房门，危险点一般只有一个，就是“L”形走廊的拐角后方。因此在推进中，无论采取什么方法，始终要有人对这个危险点进行警戒，而且只有确定拐角后方无任何危险了才能继续推进。

如图8－49所示，当警员A和警员B通过直行通道来到“L”形拐角前准备继续推进。在这个过程中，两人的枪口始终指向危险点（拐角后方），当警员A到达离拐角2～3米的Ⅰ号位置时，先停下来对拐角继续警戒，而后：

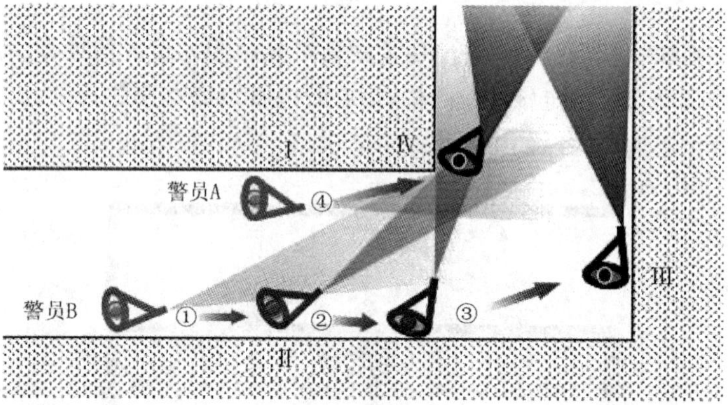

图8－49

（1）由警员B推进到远离墙拐角一侧的Ⅱ号位置；

（2）以“切角”的方法，慢慢地对拐角后进行观察，逐步排除危险；

（3）当警员B确认安全后，可以向前推进到Ⅲ号位置；

（4）警员A看到警员B到达Ⅲ号位置，可以确认拐角后安全，于是推进到Ⅳ号位置，然后警组可根据任务或现场情况选择下一步行动。

这种推进的方法最大的好处就是两名警员离开危险点都有一定的距离，如果有危险发生会有一定的安全距离以及反应时间来应对。这种方法也有一个问题就是当警员 B 进行“切角”观察的时候，有可能有的地方不能全部看到；另外由于观察角度的差异，如果有危险的话，警员 A 看到危险会比警员 B 晚一点，不能提供很好的掩护，需要警员 B 有很高的反应速度和应变能力。

因此我们也可以选择另一种方法：如图 8－50 所示，当警员 A 和警员 B 通过直行通道来到“L”形拐角前准备继续推进时，首先还是由警员 A 推进到离拐角 2～3 米远的Ⅰ号位置，停下来对拐角进行警戒，而后：

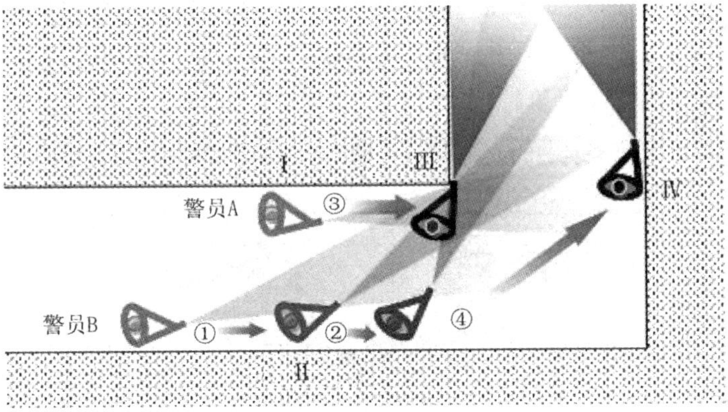

图 8－50

（1）由警员 B 推进到远离墙拐角一侧的Ⅱ号位置；

（2）以“切角”的方法，慢慢地对拐角后进行观察，当切到一定角度时（不一定能完全观察到拐角后的情况），停下来给警员 A 一个信息，并保持对拐角后方的警戒。

（3）警员 A 在接到信息后，推进到离墙拐角约 1 米距离的Ⅲ号位置，然后面对墙壁跪下，用不持枪的手轻扶墙壁，持枪手收于腰间，枪口指向前方，而后保持跪姿缓缓移动靠近墙角（之所以用跪姿是因为在墙角观察时会进入警员 B 的火力范围，用跪姿可以避开大部分危险），用快速窥视法对墙角后进行观察，确认安全后快速将枪指向前方，此时注意不要过快离开墙角。

（4）当警员 B 看到警员 A 确认安全后，可以通过拐角向前推进到Ⅳ号位置，但推进时应给警员 A 一个讯号（如用不持枪的手轻触警员 A 的肩膀），通知警员 A 自己已经向前推进。警员 A 在接到讯号后可离开墙角向前推进。

此方法最大的好处是警员 B 由于观察的角度比警员 A 大,因此能提供比较好的掩护,缺点在于由于警员 A 离危险点较近,受到攻击的概率会高一些。

在实际工作中,不是说只要是"L"形通道就必须采用这两种方法通过,警员应该根据实际情况以及自己对危险的判断,选择其中一种或其他更为安全的方法。

(二)"T"形走廊的推进

在"T"形走廊的推进中,危险点比"L"形走廊多了一个危险点,即在直行通道的尽头两侧都有可能存在危险,因此对于两人警组来说,危险点的控制就要进行分工。按照观察角度最大化的原则来说,应该是两个警员分别控制另外一侧的危险点(墙角后)。

如图 8－51 所示,在直行通道阶段,两人可以按照蛙跳式推进的方法。而后:

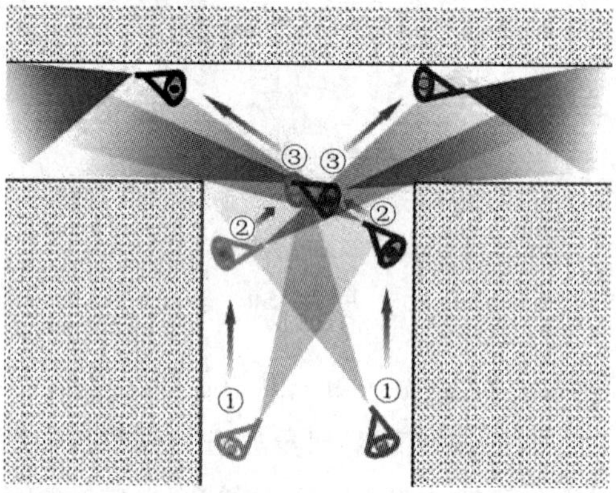

图 8－51

(1)推进到离墙角 2 米左右的位置以后,两名警员应成平排,同时将枪指向异侧的危险点,然后同时以切角观察的方法沿着墙(不要紧贴)慢慢横移。当移动到一定位置(两名警员的枪口互相指向对方之前)时,由于受自己人身体的遮挡,不可能完全观察所有危险区域。

(2)此时可由其中一指挥员下指令(可以用手势,也可用其他方法),两人慢慢保持枪口指向并向通道中间靠拢。然后其中一名警员降低重心变为跪姿,另一名保持立姿,两人可以靠拢但不要贴得过紧,否则会相互影响。然后两名警员可以先沟通好，然后同时以快速窥视的方法将墙角后的危险区域扫描清楚。

(3)确认没有危险并相互通告后，根据情况选择同时向“T”形走廊的两个方向推进或向其中一个通道推进。要注意的是：立姿的警员应让跪姿的先行，跪姿的警员前移时不要突然站立，应保持低重心离开立姿警员后再提高重心，避免互相碰撞。

这个方法的好处是始终不会失去对危险点的控制，而且对危险区域的观察比较彻底，一般不会留下死角。但这个方法也有一个缺点，就是当两人在走廊中间时由于靠得比较近，而且其中一个还是跪姿，如果此时受到攻击可能两人都比较危险，而且撤退的速度也会受到影响。

此外“T”形走廊还有一个推进方法，如图 8－52 所示，即当两名警员从直行通道推进到离墙角 3 米左右的距离时：

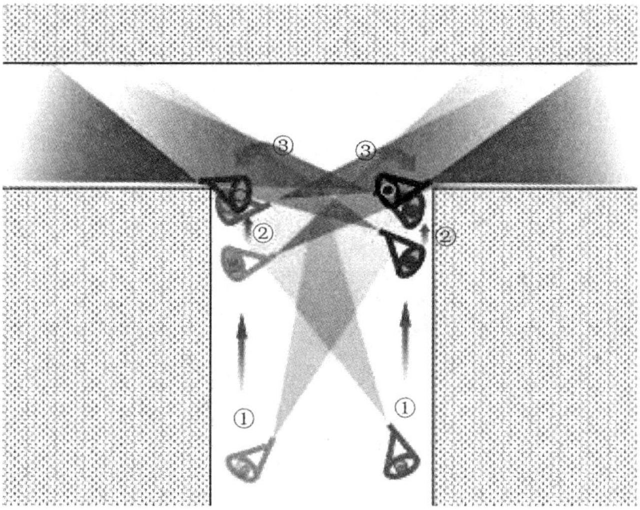

图 8－52

(1)和上面的方法一样以“切角”的观察方法沿着墙慢慢横移。

(2)当两人的枪口指向快要指向对方时，由指挥员下指令，其中一名警员成跪姿，另一警员保持立姿，继续向墙角方向切角。当两名警员都已靠近墙角时，可由其中一名警员下指令同时做快速窥视的观察。

(3)确认危险区域被清除后,两名警员同时转身将枪指向自己一侧的通道方向,对通道实施控制。然后根据情况选择下一步行动。

这个方法最大的优点是如果其中一个方向有危险时,两名警员中至少有一名警员是在掩护物后方。最大的缺点是由于两名警员处于一条直线上,对危险区域的观察不够彻底,而且由于两人有一定距离,枪口互相指向的机会比较多,相对比较危险。

(三)"+"形走廊的推进

"+"形走廊由于危险点比较多,不考虑房间因素的话,至少有三个,即正前方,左侧和右侧通道。由于这三个危险点完全不在同一方向,要想安全地对其进行控制,至少每个危险点应该有一名警员对其进行警戒。同样的道理,如果要想安全地通过"+"形通道,至少要有三名以上的警员相互配合。

从理论上来说,"+"形走廊真正需要排除的危险点是左右两侧的通道,而正前方的通道只需要有一个警员始终对其有所控制就行了。因此我们可以将"+"形走廊分解开来,由两名警员(A、B)以前述"T"形走廊的推进方法推进,而第三名警员C在前两名警员的身后跟进。在直行通道推进阶段,由于前方三个危险点方向基本一致,因此警员C可以负责后方警戒。(如图8-53)

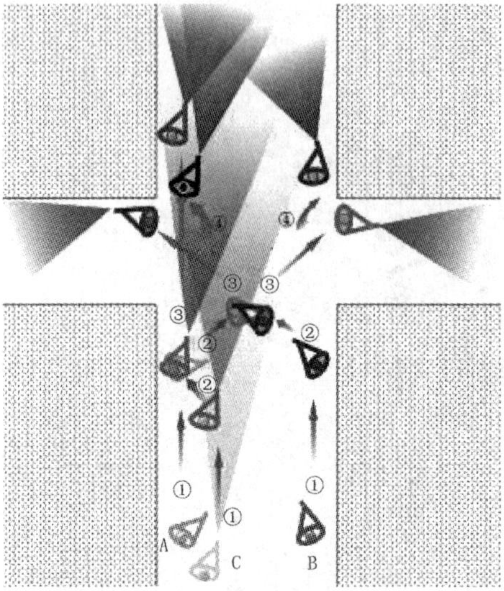

图8-53

(1)当前警员A、B准备进行左右两侧危险点排除时,警员C应位于其中一名警员的身后,并接手负责对正前方危险区域的控制;

(2)当警员A、B按第一种"T"形走廊推进方法移往通道中央时,为了确实能为这两名警员提供掩护,警员C应站在靠墙的位置(任意一侧),以免自己的枪口指向自己的同伴;

(3)当警员A、B排除左右两侧的危险点并对左右两侧通道进行控制后,警员 C 可向前推进通过“十”字路口；

(4)然后三名警员根据情况选择继续向前或向左、向右推进。如果选择向前推进，警员 C 则成为前锋队员，而处于通道另一边的警员 A 与警员 C 一起按蛙跳式推进方法向前推进，而警员 B 可尾随其后并对后方进行警戒和控制。

二、进门技巧

在处置建筑物内部的任务中，因为房间是一个相对独立的空间，对里面的情况外面不一定能全部掌握，就算是能通过调查了解到房间的基本结构，但也不一定了解房间里的家具摆设，嫌疑人位置等情况。因此除非是为了搜索嫌疑人的位置而进入房间，否则最好不要进入有持枪或持爆炸物犯罪嫌疑人的房间，除非有更危险的情况发生，如人质正在受到伤害等。

（一）进门前的准备工作

1. 一定要首先确定房门的开向

通常金属合页在室外可见的往往是外开门，而在室外看不见金属合页的大都是内开门；普通住户如果有两道门的话，往往外面一道是外开门，而里面一道是内开门；另外公共场所一般多采用外开门，私人住房一般采用内开门。其次，要明确门锁的类型，根据门锁的牢固程度采取不同的开门方式。

2. 要确定开门的方式

通常开门的方式有三种。第一种是诱骗开门，即以各种借口诱骗室内的人将门打开；第二种是技术性开门，即用开锁工具将锁打开；第三种是强行开门，即以暴力的方式，如用脚踹门或撞门工具（如攻门锤）等强行将门打开。

第一种方式往往是在室内人员不知情的情况下采用，但诱骗的借口一定要合情合理，不能让室内人员产生怀疑，否则会打草惊蛇，使室内人员更加警觉。第二种方式一定要有专业人员的配合才能奏效，但有时难以很快找到专业开锁人员，而且开锁时由于锁的类型不同，有可能开锁的时间比较长，危险程度也随之加大。第三种方式往往是在前两种方法不可行，而且门的牢固性不够的情况采用。这种方法可以迅速地开门，但要注意的是这种方法往往对内开门比较适用，而外开门则比较难以发挥力量。

3. 要侦查确认房间结构

如果对房间内的结构一无所知的话，在进入房间后将会需要时间来做前进路线、方向的决定，将会拖慢自己的脚步。因此最好能了解清楚将要进入的房间的基本结构，如果可能的话应该连家具的摆放位置都搞清楚。

4. 要确定进门前的准备队形

在进入之前，往往需要有一个基本的队形，而不能乱哄哄地一窝蜂往门内挤，一是由于乱会影响进入房间的速度，二是如果有危险，前面的人会被后面的人挡住而无法后退。

进门前的队形往往要根据门外的场地环境来确定，有时现场门两边可以各站一路纵队，有时只能站在一边。在只能站在门一侧的情况下，当门是外拉门时，开门人员应站在金属合页一侧，而其他准备进入的人员在门锁一侧沿着墙站成一路纵队；当门是内开门时，开门人员就应该反过来站在门锁一侧，其他准备进入的人员在金属合页一侧。

当然这也不是不可改变的，一定要根据现场情况来灵活运用。只要便于开门人员发力以及开门后快速隐蔽，并且不会妨碍准备进入的人员就可以。而准备进入室内的人员成一路纵队时，前后距离不要太远，距离太远会造成进入室内的时间过长，不易快速形成压制火力。

因此在 SWAT(Special Weapons And Tactice)等西方国家的特警队中运用了一种通过房门的技巧，称为“Snake”，即“蛇”队形。它要求所有准备进入室内的人员成一路纵队排列，而且用不持武器的手搭在前方队员的肩上，并且都左脚在前(或右脚在前，统一就可以)，然后一旦房门打开，同时右脚跨前快速前进，以最快的速度通过房门。这种方法有一个好处就是进入房间的速度很快，但缺点是，在人数较多的情况下(超过 4 个人)，如果没有人下口令让所有人同时迈步的话会出现混乱。有人曾提出可以用打开门的声响作为信号，但这也只是一厢情愿的想法，因为没有人知道门会在第几次撞门声中被打开。因此最好是在门已经打开或确认能打开的情况下使用这种技巧。

5. 应该确认进入房间队员的责任分区

通常进入房间的队员不应太多，以搜索为目的的情况下，只需要进入 2 到 3 名就足够了。在进入房间之前，应该根据房间的大体结构大致划分各自的责任分区。为了便于理解,以及任务过程中的沟通,通常用时钟方向来划分目标房间的方向。

如图 8－54 所示,我们通常将目标房间的门口作为时钟的中心点。这样站在门口面向房内时,左手方向为 9 点钟方向,而右手方向为 3 点钟方向,正前方则为 12 点方向。

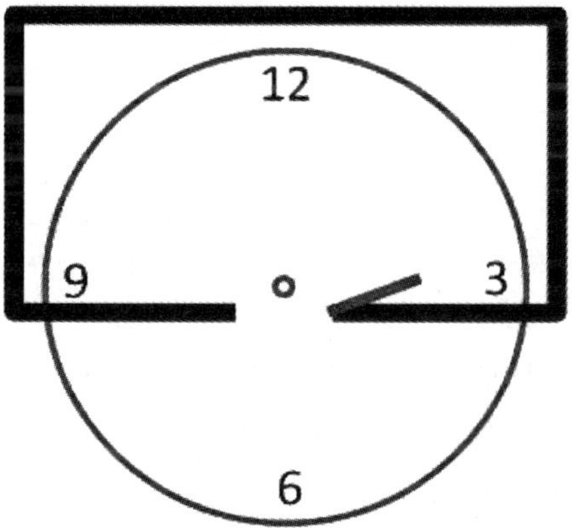

图 8－54

而当房间结构不同时,也可以用同样的方法来表达方向,如图 8－55 所示。一进门的正前方可表述为 12 点钟方向;右前方的墙角 X 可以表述为 1 点半方向;后方的墙角 Y 可以表述为 4 点半方向。

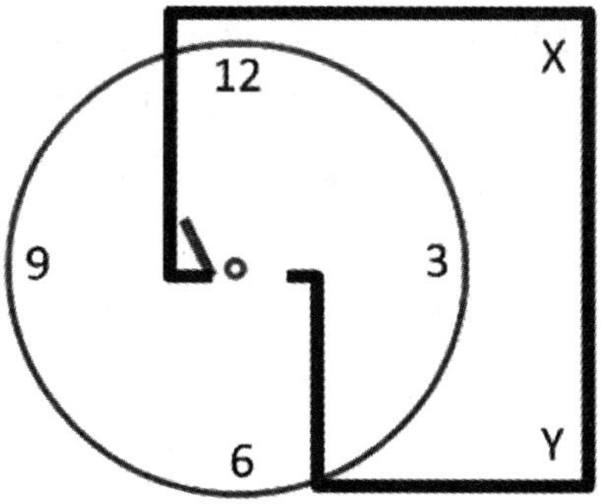

图 8－55

在责任区分上,进入房间的队员离开门口的位置以后,通常负责扫描房门所在那面墙壁靠自己这个方向的墙角,而后转向扫描至房屋中心;与他同时进入或紧随其后的队员则应负责另一方向的墙角,最后也扫描到房屋中心;如果有第三名入屋警员的话,可以负责整个房间的观察与控制,但要注意的一点是进入之后同样不能待在门口,而应随任一队员离开门口区域,同时从房间中心向两侧左右扫描排除危险点;其他人员视情况先在室外警戒,但应注意不要在未排除危险时从门口向室内观察,因为这时你的剪影将成为最好的目标。

(二)进门的方法与技巧

不论用什么方式开门,进门时都应该以惊动室内人员到门打开的时间长短来选择不同的进入方法。一般来说,如果室内人员已经被惊动,而且开门用的时间比较长,这种情况下往往不宜采用快速进入的方式,而应该采取先观察,后进入的相对谨慎的方式进门。但不是所有开门时间短的情况都一定要快速进入。如果不是室内嫌疑人要加害于人质的情况,只是普通的室内搜索的话,完全可以先观察清楚,确认安全了再进入。

而如果在惊动室内人员的同时门就打开了,甚至没有惊动室内人员就已经将门打开,这种情况下往往可以迅雷不及掩耳之势快速进入。由于这时室内人员没有反应过来,伴随着强大的气势,往往可以将室内人员吓得目瞪口呆而收到奇效。但要注意在开门之前不要让自己的影子过早地投影到门的方向,这样室内的人很容易就可以从门下面的缝隙中发现门外有人。

在进入房门时,要考虑到室内外照明的问题,因为如果人突然从明亮处进入到黑暗处,往往会需要一段时间才能够适应黑暗,但从黑暗处到明亮处的适应时间却短得多。因此最好是使室外比室内的光线要暗,如果行不通也可以使室内和室外的光线度一样,如果室内的光线一定比室外黑暗的话,也可以采取一些方法来缩短适应的时间。一个方法是在进入之前将眼睛闭上几秒钟,甚至可以用手蒙住眼睛避免光线透过眼皮进入眼睛,而在进入室内前的一刹那再睁开;另一个方法就是一旦进入黑暗的室内,不要用眼睛直接看目标方向,而应该将视线焦点看向目标旁边 1 ~ 2 米的地方,这样会比较容易看见目标。

如果一旦决定要进门,则所有人都要注意一点,就是绝对不要在房间门口停留。因为如果房门打开而室内光线比较暗的话(大多数情况都是这样),从室内看去,在门口的目标是最清晰的。而从门口向室内扩展开来的一个漏斗形区域被称为“死亡漏斗”(如图8-56),意思是说这个人在这个区域内是最容易成为枪击的目标。要想避开这个“死亡漏斗”,最佳的选择是从漏斗的颈口处快速向两侧移动,这是离开“死亡漏斗”的最短路线。

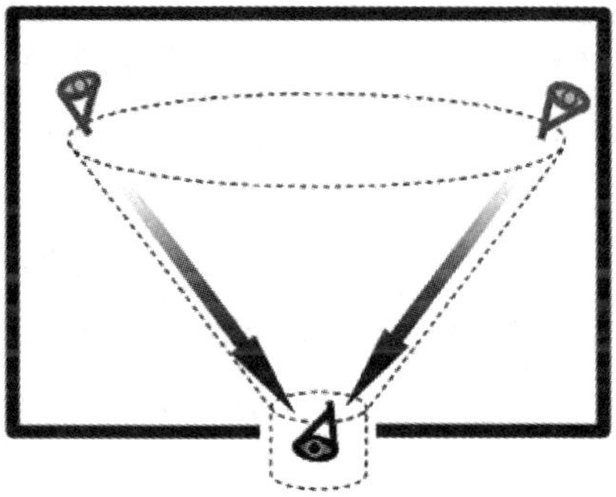

图8-56

在把握住基本原则的前提下,可以有多种进入的方法可供选择。下面是一些常见类型的门以及相应的进入方法。

1. 交叉进入法

交叉进入法通常是在门的宽度不大,两个人不能同时通过的情况下采用。另外要注意采用这种方法时往往门的两侧都应该可以站人,至于门向内开还是向外开倒不是很重要。所谓交叉指的是前两名警员进门时的路线是交叉的,因此而得名。(如图8-57)

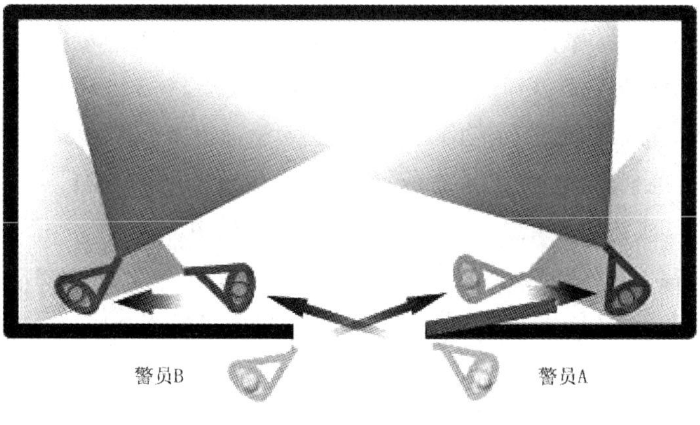

图8-57

进入室内之前一定要确定好谁先进谁后进,否则容易出现两人卡在门口的现象，这是非常危险的。确定了进入的先后顺序之后（假定由警员A先进入），由警员B发出指令，警员A以平肩戒备的持枪姿势和快速的步伐越过门口直线向前推进，同时扫描9点钟方向的墙角位置，确认安全后立刻顺时针转动身体，顺序扫描目标房间的10点钟到1点钟位置。这个过程用语言描述需要很长的文字，但在实际操作中必须在2～3秒内就做完，否则会因为速度太慢而成为枪击的目标。

在警员A通过房门的同一时间，警员B应该将枪口上抬或下沉避免指向警员A，而后在警员A进入的同时紧随进入并直线向前推进，以同样的持枪动作和步法前进，并逆时针转动身体，从房间的3点钟方向扫描至11点钟方向。

这个方法要求警员A和警员B都以最快的速度推进，除非确认房间安全，否则一定不要停下脚步，即使遇到危险必须开枪也不能停下。因为打过靶的人都知道，在相同距离上打中移动靶的难度大大高于固定靶，应该没有人愿意停下来做固定靶。有的人可能会认为移动当中自己的命中率也不高，如何能保证打中匪徒呢？应该说，移动当中想打中靶确实不容易。但是在一般的房间中，射击距离可能只有3～5米，只要是掌握了基本射击技能的人，在这种距离上打中一个人体大小的目标应该不是太难的事情。

2. 背绕进入法

背绕进入法（也称为双钩进入法）通常是在门有足够宽度，可以让两个人同时通过房门的情况下采用。同样，这种方法也要求门的两侧都可以站人。所谓背绕是指前两名警员进门时背向绕过门框而进入房间，因此而得名。

如图8－58所示，在进入之前，最靠近门位置的两名队员A和B以低姿戒备或高姿戒备的持枪方法面向门的方向站好（建议最好采用低姿戒备持枪，因为如果采用高姿戒备的话，持枪手会遮挡自己一部分视线）。同样由一个人发出指令，警员A和B同时将远离门一侧的脚跨入门内，迅速蹬转身体，同时持枪至肩平位置（平肩戒备姿势），另一脚迅速向门内前方跨步并向前推进，然后与交叉进入法一样在向前移动的同时，分别逆（顺）时针转动身体从3点（9点）钟位置扫描到11点（1点）钟位置。在确认没有危险的情况下才停下脚步。

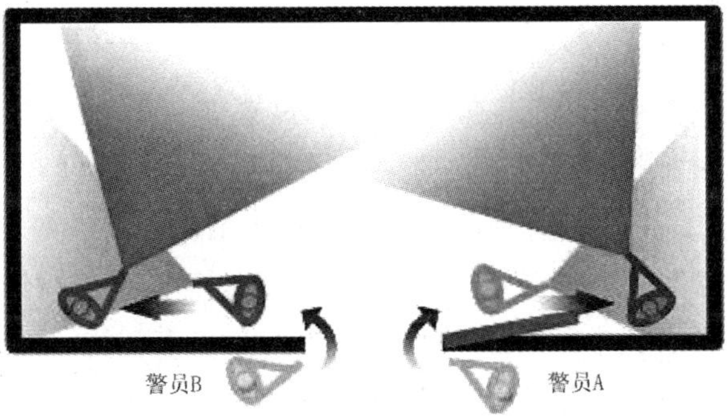

图 8 – 58

3. 单钩进入法

不是所有的房间都可以同时从门两侧进入的。有时面临一些门开在走廊尽头的情况，这时用交叉或双钩进入法都不太合适，因此可以用另外一种方法，叫作单勾进入法，也叫直勾进入法（如图 8 – 59）。这也是由于两名警员进门时的路线一个是直线，另一个是钩形，因此而得名。

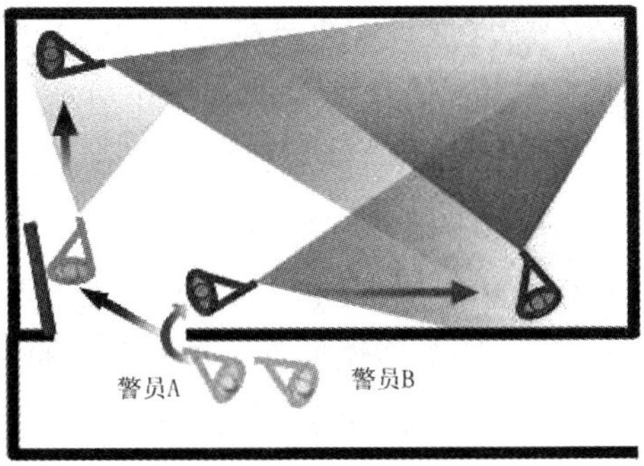

图 8 – 59

这种方法和前两种方法没有太大的区别，只是进门时有些变化，一是要顺序进入，二是先进入的警员 A 直线向前往 12 点钟方向推进，同时顺时针转身持枪扫描至 3 点钟方向；跟进的警员 B 绕门框向 3 点钟方向推进，同时逆时针转身持枪扫描至 12 点钟到 11 点钟方向，确认安全后可停下脚步。

三、上下楼梯

在建筑物搜索中,除了走廊与房间之外,还有一个非常重要和常见的部分——楼梯。楼梯在现代建筑中的式样千变万化,有螺旋形的,有“之”字形的,有“回”字形的;材质上有木质的,有水泥的,有钢化玻璃的;作为楼梯重要组成部分的扶手也是种类繁多,有水泥的,有铁条的,有不锈钢管的,甚至有的楼梯根本就没有扶手。这么多种类的楼梯,我们不可能一一详尽。警务人员在工作时应该根据实际情况,把握住最基本的原则来灵活运用才能安全有效地完成任务。

在建筑物搜索中,建议在对建筑物外围已经实施封锁的情况下,最好从建筑物顶部开始逐步向下搜索,避免将嫌疑人逼上天台而作困兽斗。

在通过楼梯的过程中,由于楼梯的结构特点,视线受到很大程度的限制,会有很多盲点。这些盲点很可能被嫌疑人利用,从而增加对警员的威胁。因此在通过楼梯时,不论是从上向下还是从下向上,最重要的是对每一个危险点的确定、控制与排除。“确定”指的是要了解在楼梯的哪些位置可能存在威胁;“控制”指的是在没有确定是否真的存在危险时要对危险点有所警觉,有所预防,有所控制;“排除”指的是要对危险点逐个进行清理和排除,确保安全。

从楼梯结构来看,靠近楼梯中央扶手的区域被称为危险区域(如图8-60)。由于这个位置很容易从相隔一层甚至几层的地方看到,因此在通过楼梯时要尽量避开这个区域。这个区域的大小往往是根据楼梯中间相邻两道扶手在地面上投影的距离来决定的,距离越宽,这个区域越大(如图8-61);如果中间相邻的两道扶手之间是紧贴着的,这个区域会相应地缩小很多。

有的楼梯扶手是通透的,这样的楼梯搜索时视线盲点会少很多,但也不利于自身的隐蔽;有的楼梯扶手是水泥或其他材质的,这样的楼梯在搜索时会增加很多盲点,但搜索时由于有利于自身的隐蔽,实际操作中可能更安全一些。

在通过楼梯时,由于危险点比较多,而且来自不同的方向,因此通常需要2~4名警员共同推进。

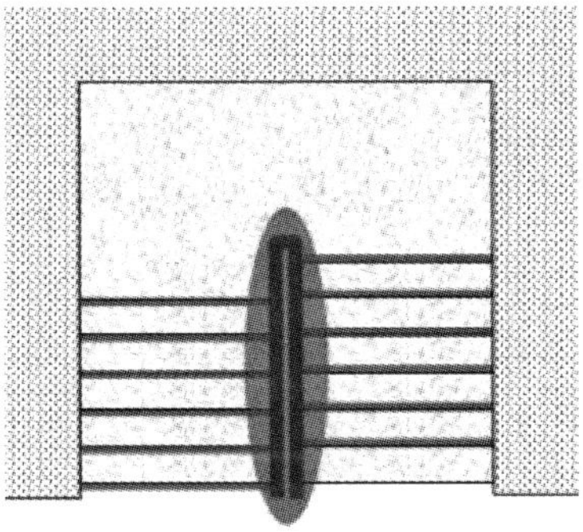

图 8-60

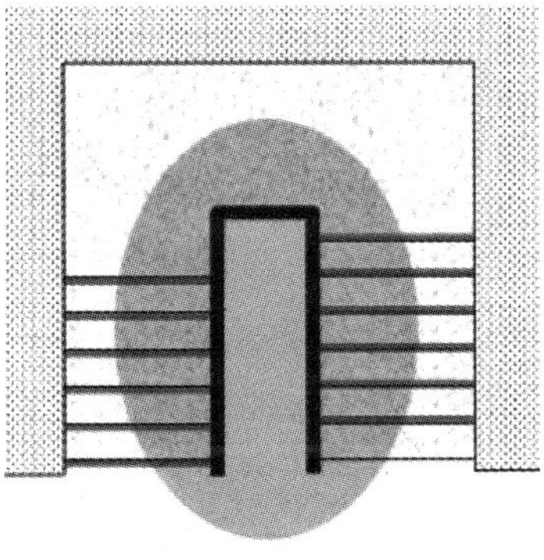

图 8-61

由下向上推进时,主要由两名警员负责楼梯上方危险点的控制及排除,另外一名对楼下警戒。如果还有一名警员,则可以机动配合前两名警员的搜索,当危险点较多时,可以协助控制危险点。

推进时要控制好速度,通常用剪步的步法慢速推进。在推进时最好靠近两侧墙壁,但不要贴着墙移动。

前两名警员推进时可以采取并排站立的方法共同推进,各自将枪指向自己观察角度大的危险区域进行控制与观察。通常靠近墙壁的警员会观察控制上一段楼梯,而靠近扶手的警员会观察控制前方平台上楼梯间的出口或头顶上面的平台。第三名警员应该间隔一段距离(1~3 米,视情况而定),对后方或楼梯下方进行警戒。

由上向下推进与由下向上推进相比,由于可以将楼梯作为掩护物,因此相对安全。而且由于枪口是指向下方,双臂不需要持久抬高,因此不会感觉太累,适合长时间搜索。而与由下向上推进不同的是,当两名警员推进时,通常会由靠近扶手的警员将枪指向下一段楼梯,因为他的观察角度会比靠近墙的警员大。但由上向下推进时,一定要注意自己的重心和视线都要适当降低,否则可能会让下方的人先看到你的腿部而导致危险。

第九章　控制嫌疑人

人民警察在执法过程中，无论接近什么样的违法犯罪嫌疑人，都必须假设对方为可能反抗的人，以增强心理准备来面对各种各样的反抗，同时保证自身的安全。因此警察在执法过程中必须对违法犯罪嫌疑人先实施有效控制，后采取相应的措施。主要有控制检查和搜身；控制上铐；控制押解。

第一节　控制检查和搜身

一、检查和搜身的法律规定

(一)检查的法律规定

根据《人民警察法》第9条规定："为维护社会治安秩序，公安机关的人民警察对有违法犯罪嫌疑的人员，经出示相应证件，可以当场盘问、检查；经盘问、检查，有下列情形之一的，可以将其带至公安机关，经该公安机关批准，对其继续盘问……"

这里讲的检查包括人身检查、物品检查和车辆检查。检查时一般应先进行人身检查，再进行物品检查和车辆检查。本章着重讲人身检查。

检查，是指人民警察在执法活动中，为了发现或排除违法犯罪嫌疑人员的嫌疑而依法对其证件、人身、行李以及相关物品所进行的查看行动。包括仪器检查和徒手检查。

（二）搜身的法律规定

根据《刑事诉讼法》第134条规定："为了收集犯罪证据、查获犯罪人，侦查人员可以对犯罪嫌疑人以及可能隐藏罪犯或者犯罪证据的人的身体、物品、住处和其他有关的地方进行搜查。"

搜身是指人民警察执法活动中，在犯罪嫌疑人已被有效控制或缉捕了的前提下，为了排除犯罪嫌疑人身上的危险和获取证据而进行的全面细致彻底的搜索和检查。

二、检查与搜身的关系

检查和搜身是两个不同的执法行为。主要区别是：(1)适用的法律规定不同，检查是根据《人民警察法》的相关规定，搜身是根据《刑事诉讼法》相关规定的法定程序严格进行。(2)适用执法的对象不同，检查适用执法的对象是有违法犯罪嫌疑的人员；搜身适用执法的对象是犯罪嫌疑人。(3)执法目的不同，检查的目的是发现或排除嫌疑；搜身的目的是排除犯罪嫌疑人身上的危险和获取证据。(4)执法行动中控制程度不同，检查是在适当限制违法犯罪嫌疑人员活动的前提下进行；搜身必须在犯罪嫌疑人已被有效控制或缉捕了的前提下进行。(5)涉及人身范围不同，检查应以重点部位为主（如腋下、腰部、腿部等）；搜身必须全面细致彻底，不留任何隐患。

检查和搜身的相同之处：(1)两个执法行为的基本要求相同：①行动民警之间分工应明确，站位警戒应合理；②行动民警的语言控制必须准确、清楚、言简意赅、通俗易懂；③行动中必须保持高度警惕，规范操作，防止被执法对象的反抗发生；④当被执法对象为女性时，应由女民警执行。(2)检查和搜身时手法基本相同：①拍触，是轻拍的同时触及感觉身上的异状物；②挤压，是手掌不时用力按压；③轻捏，是触及身体时用手指轻抓掐；④翻撩，是将被执法对象的衣服撩开或将其衣裤口袋翻开进行查看。

三、控制检查和搜身的目的与要求

(一)控制检查的目的、要求

人民警察在执法过程中,对可能有违法犯罪嫌疑的人员要进行证件、人身、行李以及相关物品和处所的检查,目的是通过检查发现或者排除其嫌疑。这就要求执法民警在检查过程中做到:(1)分工明确;(2)要有安全意识;(3)要有证据意识;(4)要有程序意识;(5)要有规范的意识;(6)按先人身检查后其他检查的顺序进行;(7)对物品检查应按一问、二看、三听、四闻、五轻解的顺序进行;(8)先易后难;(9)由近到远;(10)先检查相对危险的地方后检查一般的地方;(11)语言控制必须准确、清楚、言简意赅、通俗易懂;(12)被检查对象为女性,则应由女民警执行。

(二)控制搜身的目的、要求

人民警察在执法过程中,对有犯罪嫌疑的人员或犯罪分子进行有效控制或缉捕后要立即进行搜身,目的是通过搜身发现并清除藏匿在犯罪嫌疑人或犯罪分子身上的凶器,防止其反抗伤人或自伤、自残;查获犯罪嫌疑人或犯罪分子身上携带的犯罪证据,防止其销毁罪证。这就要求执法民警在搜身过程中做到:(1)搜身必须在犯罪嫌疑人或犯罪分子已被有效控制或已被缉捕的前提下进行;(2)行动民警必须分工明确,站位合理;(3)要有安全意识;(4)要有证据意识;(5)要有程序意识;(6)要有规范的意识;(7)以腰部为界先上后下;(8)搜身手法拍触、挤压、轻捏、翻撩;(9)语言控制必须准确、清楚、言简意赅、通俗易懂;(10)搜身必须全面细致彻底,不留任何隐患;(11)被检查对象为女性,则应由女民警执行;(12)对危险程度较大和被协查、通缉的犯罪嫌疑人或犯罪分子应先上铐后搜身;(13)需要搜身的对象为多个时,应该对他们分别搜身。

四、控制人身检查和搜身的程序

人民警察在执法过程中,对违法犯罪嫌疑人或犯罪分子采取控制人身检查和搜身在程序上基本相同。

(1)控制喊话,按指令做动作。即执法民警在先有效控制违法犯罪嫌疑人或犯罪分子后，向其喊话发出动作指令。如命令违法犯罪嫌疑人或犯罪分子原地不动、双手抱头、慢慢转身、跪地、趴在地上、扶墙等，语言控制必须准确、清楚、言简意赅、通俗易懂。如果嫌疑人不服从指令，则可以持枪械威慑强制其服从，但要保持安全的距离。

图 9－1

(2)明确分工，合理站位，侧后接近。在执法过程中，控制人身检查和搜身的警察应先明确各自的职责，合理规范站位；待违法犯罪嫌疑人或犯罪分子在民警的指令下做出相应动作后，应从其侧后方慢慢接近，并与嫌疑人保持一定的距离。距离被检查和搜身对象1米左右时，应停顿一下，以防违法犯罪嫌疑人或犯罪分子可能做出反抗。(如图 9－1)

(3)实施接触性控制。执法警察必须对违法犯罪嫌疑人或犯罪分子进行有效的接触性控制，并在此前提下进行检查和搜身。对违法犯罪嫌疑人或犯罪分子身体接触性控制的方法主要有：勾腿控制(如图 9－2)、抵腿控制(如图 9－3)、抓手控制(如图 9－4)、抓臂控制(如图 9－5)等。

图 9－2　勾腿控制

图 9－3　抵腿控制

图9-4 抓手控制

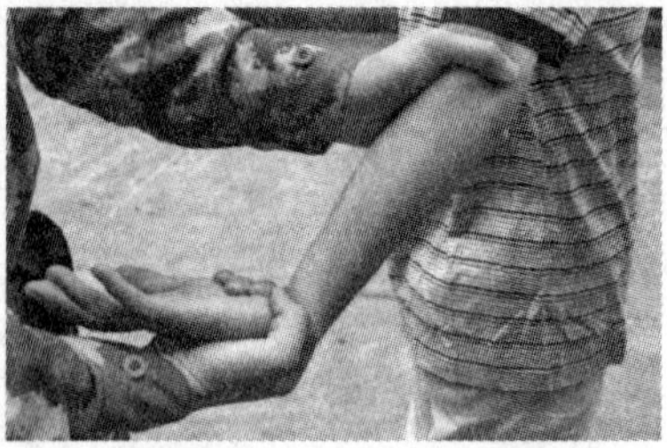

图9-5 抓臂控制

(4)控制人身检查和搜身应以腰部为界先上后下进行。一般情况下,违法犯罪嫌疑人或犯罪分子习惯将一些反抗用的物品藏匿于上身(因为便于拿到),且民警在控制时,对上半身先进行检查和搜身较为容易。

(5)控制人身检查和搜身必须仔细、认真、彻底。先重点部位,后全身。如重点有腰部、腋下、后背、手臂、手心、手腕、裆部、大小腿内外侧等部位,以及穿戴的帽子、衣领、腰带、鞋,等等。控制检查和搜身时可采用拍触、挤压、轻捏、翻撩等手法。

五、控制人身检查和搜身的方式

人民警察在执法过程中,对违法犯罪嫌疑人或犯罪分子采取控制人身检查和搜身在方式上基本相同。

(一)站姿控制人身检查和搜身

站姿控制人身检查和搜身主要有两种姿势:一是无依靠站姿控制人身检查和搜身;二是有依靠站姿控制人身检查和搜身。一般针对危险较小的违法犯罪嫌疑人或犯罪分子而使用。

1. 无依靠站姿控制人身检查和搜身

人民警察执法过程中,在违法犯罪嫌疑人或犯罪分子被有效控制的情况下,指令被检查和搜身的对象双手抱头、十指交叉、两腿尽量分开(以不宜反抗为限),执行检查和搜身的警察侧后接近。若检查和搜身其右边时,指令被检查和搜身的对象头转向警戒的警察,用左手抓住其交叉手指和头发后拉,利用肘关节抵住其后背,用左脚钩其右脚形成弓步,用右手进行搜身(如图9-6);反之亦反。(如图9-7)

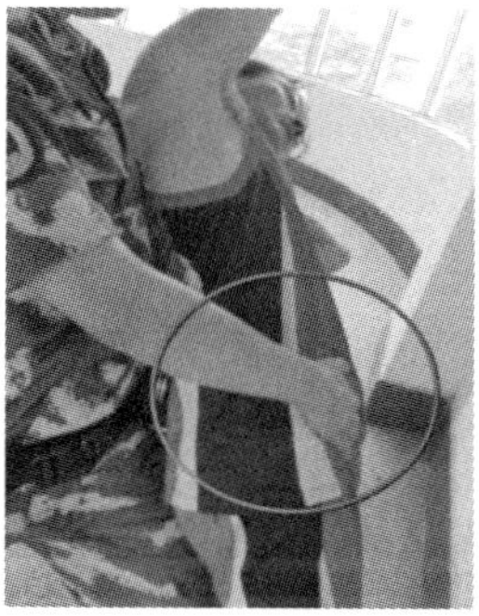

图9-6　右手搜身

图9-7　左手搜身

2. 有依靠站姿控制人身检查和搜身

人民警察执法过程中，在违法犯罪嫌疑人或犯罪分子被有效控制的情况下，指令被检查和搜身的对象双手抱头、十指交叉，面向一定的依靠物（如墙、树、车等），若靠墙时也可以令其双手斜上举（或平举），贴压在墙上，手心向后，两脚离墙一定的距离，两腿尽量分开（以不宜反抗为限），同时指令被检查和搜身的对象头转向警戒的警察，而执行检查和搜身的警察则侧后接近；若检查和搜身其右边时，左手抓住其交叉手指和头发后拉，利用左肘关节抵住其后背，或者利用左肘关节抵住其后背，左手抓压其右手臂，并用左脚钩其右脚形成弓步，用右手进行搜身。（如图9-8、图9-9）

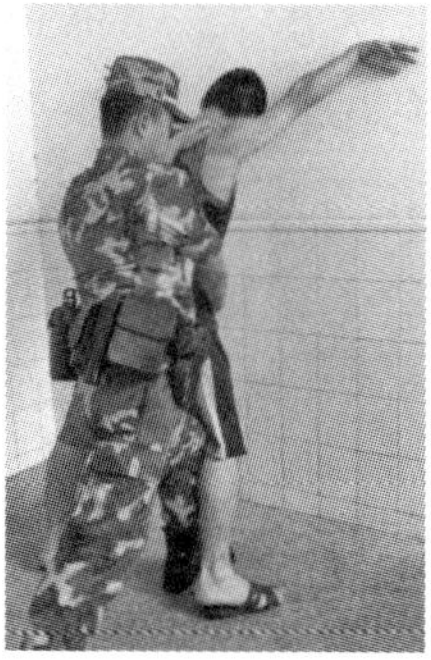

图9-8　依靠墙站姿控制人身检查和搜身

图9-9　依靠车控制人身检查和搜身

(二)跪姿控制人身检查和搜身

人民警察在执法过程中,遇有较危险的违法犯罪嫌疑人或犯罪分子被控制时,可用跪姿控制人身检查和搜身。具体操作是:指令被检查和搜身的对象双手抱头、十指交叉、双膝跪地、两小腿交叠。警察若检查和搜身其右边时,左只手抓住嫌疑人交叉的手指和头发、用左脚踩(别)住嫌疑人交叠的双腿,形成弓步,略往左侧拉,令其头转向警戒的警察,用右手进行搜身;有依托物时,可令其双手掌心向外扶墙,一手按压其肩颈部,一手搜身。(如图9-10)

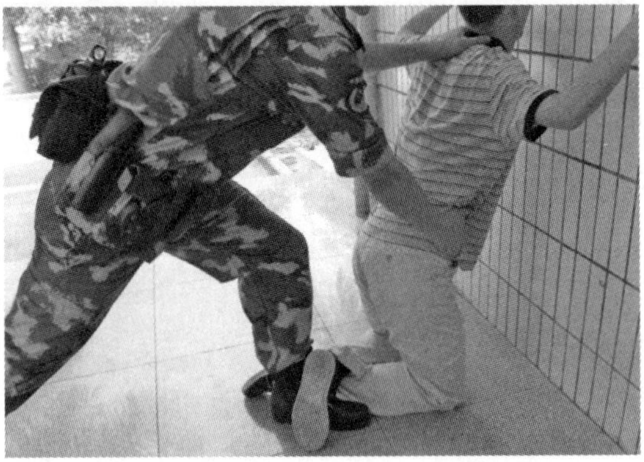

图9-10　跪姿控制人身检查和搜身图(有依托)

(三)卧姿控制人身检查和搜身

人民警察在执法过程中,遇有很危险的违法犯罪嫌疑人或犯罪分子被有效控制时,或者在缉捕过程中将违法犯罪嫌疑人或犯罪分子打倒在地的情况下,可用卧姿控制人身检查和搜身。具体操作是:命令嫌疑人趴在地上、双臂平伸直、掌心向上、双腿分开,执行检查和搜身的警察对其采取压肩或压臂控制上铐后再用膝跪压控制,用双手从上到下对其进行全面检查和搜身。

六、控制人身检查和搜身时对几种情况的处置

(1)当嫌疑人暴力反抗时,应迅速拉开距离,尽可能利用掩护物出枪控制。

(2)当嫌疑人突然逃跑时,警察应及时沟通(或呼叫支援),迅速占据有利位置,出枪对其控制,上铐后对其检查和搜身。

(3)当多名违法犯罪嫌疑人或犯罪分子突然逃跑时,切忌分头追击,应集中警力追缉为首的或持有赃物的违法犯罪嫌疑人或犯罪分子。

(4)检查和搜身发现凶器时,应立即对其进行上铐,然后继续对其进行搜身。

七、控制人身检查和搜身时应注意的问题

(1)要有较强的证据意识,防止破坏痕迹、证据。

(2)对违法犯罪嫌疑人或犯罪分子进行检查和搜身时,执行检查和搜身警察的背后不能无人警戒。

(3)对违法犯罪嫌疑人或犯罪分子检查和搜身时,警戒警察不能忽视对周围环境的控制。

(4)检查和搜身必须仔细、彻底。不要因为搜出一件凶器后就停止了检查和搜身。

第二节　控 制 上 铐

一、控制上铐的法律规定

人民警察在执法过程中,为了控制、抓捕、押解违法犯罪嫌疑人,必须将其约束。根据《人民警察使用警械和武器条例》第 8 条规定,人民警察依法执行下列任务,遇有违法犯罪分子可能脱逃、行凶、自杀、自伤或者有其他危险行为的,可以使用手铐、脚镣、警绳等约束性警械:“(一)抓获违法犯罪分子或者犯罪重大嫌疑人的;(二)执行逮捕、拘留、看押、押解、审讯、拘传、强制传唤的;(三)法律、行政法规规定可以使用警械的其他情形。人民警察依照前款规定使用警械,不得故意造成人身伤害。”

手铐是警察在执法过程中,依法约束违法犯罪嫌疑人的主要警械之一。给违法犯罪嫌疑人上铐是限制其身体活动能力的一种强制性手段,也是防止其脱逃、行凶、自杀、自伤或者有其他危险行为的有效方法。目的是限制违法犯罪的。使用时要注意限度,不得故意造成人身伤害。

二、控制上铐的基本要求

目前我国警察在执法过程中使用的手铐种类、型号较多,但原理大同小异,常见的有连接链式手铐、板铐式手铐和拇指铐,一般其构造为五个部分:铐环、锁梁、链柱、钥匙孔(保险孔)、连接链。在执法过程中使用时应注意以下要求:

(1)被控制上铐的对象是违法犯罪嫌疑人。

(2)佩带时手铐一般装在手铐套内,且钥匙保险是开启状态,以便迅速控制上铐。

图 9-11

(3)上铐时违法犯罪嫌疑人必须是完全被控制状态。

(4)控制上铐时,执行上铐的警察要保持高度警惕,接触上铐时应与违法犯罪嫌疑人保持一个反应距离;在对方反抗时,警察可以利用反应距离控制对方,也可以利用反应距离摆脱接触;警戒的警察必须监控周围环境。(如图 9-11)

(5)控制手铐时,持握手握应为:拇指和食指握住铐环锁梁,中指握连接链,根据手掌的大小调整手铐连接链的长度,无名指和小指抓握另一锁梁,上面的铐环口朝前,下面的铐环口朝左(以右手持握手铐为例,如图 9-12)。

(6)控制上铐时,执行警戒的警察如果持枪戒备,应注意戒备的姿势,不能将枪口指向上铐的警察。

(7)控制上铐时,动作应规范且迅速,不能过紧,也不能过松:过紧会造成腕部血液受阻,过松容易使违法犯罪嫌疑人脱逃。

(8)对违法犯罪嫌疑人危险程度的不同,决定先搜身后上铐,或者先上铐后搜身;高危情况下,永远是先上手铐后搜身。

(9)控制上铐时,应尽可能上背铐,且手背相对。(如图 9-13)

图 9－12　持握手铐方法

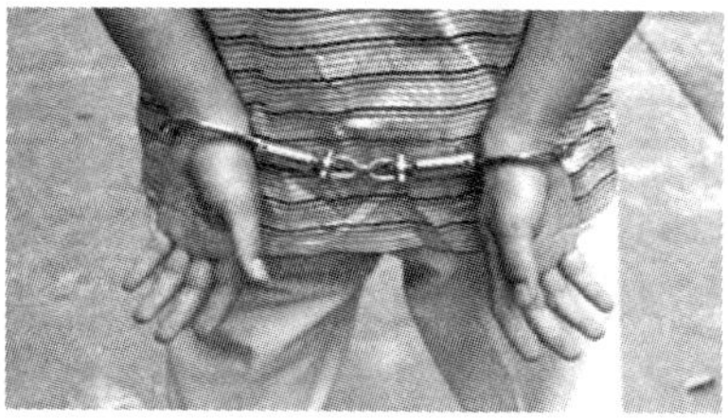

图 9－13

（10）控制上铐时，若两人一铐，应将其异名手铐在一起。

（11）控制上铐时，若违法犯罪嫌疑人多手铐少，应将其交叉上铐。

（12）控制上铐后仍然不能放松警惕性，因为违法犯罪嫌疑人在任何情况下都有可能逃跑或对你发动攻击。

三、控制上铐程序

人民警察在执法过程中，对违法犯罪嫌疑人实施控制上铐，必须按一定的程序规范进行，明确分工，注意控制和警戒。

（一）指令动作

在违法犯罪嫌疑人被有效控制的前提下，执行上铐的警察应根据情况向其发出动作指令，如别动、举手、抱头、转身、跪地、俯卧等。警察发出指令要威严、清楚、准确、言简意赅、通俗易懂。

（二）侧后接近

在执法过程中，控制上铐的警察应从嫌疑人的侧后方慢慢轻步接近，要注意接近的路线、角度和步法；警戒警察应注意站位，防止违法犯罪嫌疑人突然反抗。

（三）实施控制

控制上铐时，不仅警戒警察要对违法犯罪嫌疑人实施有效控制，执行上铐的警察也要对违法犯罪嫌疑人进行先观察、控制，后上铐。控制违法犯罪嫌疑人的方法主要有抓手控制、折腕控制、折指控制、压臂控制等，如图 9－14、图 9－15、图 9－16、图 9－17 所示。

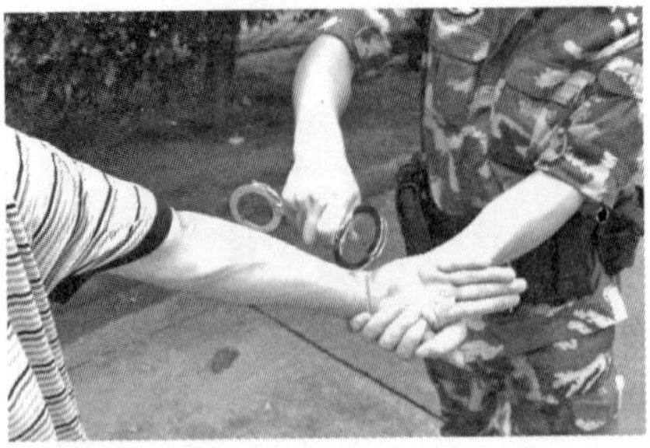

图 9－14　抓手控制

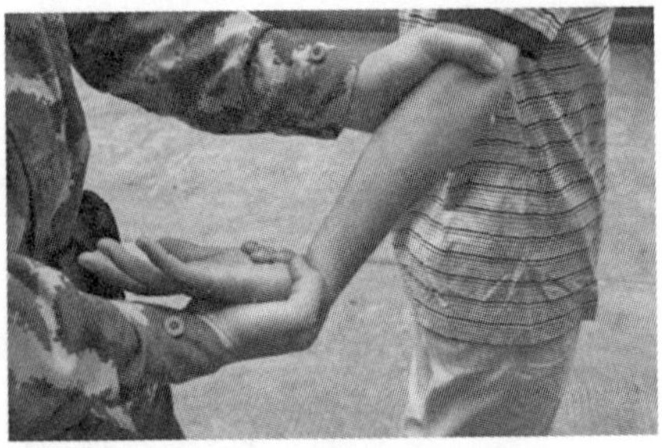

图 9－15　折腕控制

图 9－16　折指控制

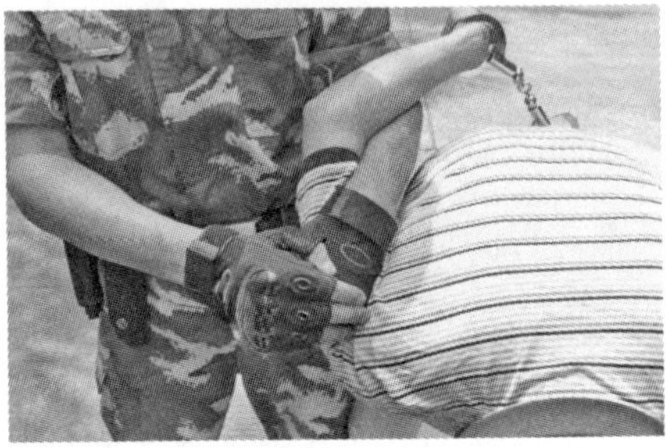

图 9－17　压臂控制

(四) 快速上铐

控制上铐时,在对方通过指令做出被上铐姿势后,接近被上铐对象,应以最快的速度(3 秒左右)对其进行边控制、边上铐,对违法犯罪嫌疑人先控制、后上铐。

四、控制上铐的方式

上铐的基本方式和应注意的问题已在前面章节介绍过,这里不再赘述。

第三节　控 制 押 解

一、控制押解的法律规定

人民警察在执法过程中,经常使用押解的措施。根据《人民警察使用警械和武器条例》第 8 条规定,人民警察依法执行下列任务,遇有违法犯罪分子可能脱逃、行凶、自杀、自伤或者有其他危险行为的,可以使用手铐、脚镣、警绳等约束性警械:“(一)抓获违法犯罪分子或者犯罪重大嫌疑人的;(二)执行逮捕、拘留、看押、押解、审讯、拘传、强制传唤的;(三)法律、行政法规规定可以使用警械的其他情形。人民警察依照前款规定使用警械,不得故意造成人身伤害。”

《公安机关办理刑事案件程序规定》第154条规定:“对犯罪嫌疑人执行拘传、拘留、逮捕、押解过程中,应当依法使用约束性警械。遇有暴力性对抗或者暴力犯罪行为,可以依法使用制服性警械或者武器”。

在这些条例和规定里,明确规定了警察执法的押解行为,且在押解过程中可以依法使用约束性警械,如手铐、脚镣、警绳、约束带等。控制押解是指人民警察在执法活动中,将抓获控制的违法犯罪嫌疑人或犯罪分子安全地从甲地护送到乙地的一种执法措施。将违法犯罪嫌疑人或犯罪分子安全押解到指定地点,既要防止其逃跑、自残及与同伙串供、劫救,还要随时提防其可能对警察的伤害。

二、控制押解的目的、程序和要求

人民警察在执法过程中,将抓获的违法犯罪嫌疑人或犯罪分子从甲地控制押解到乙地,目的是解除案件现场危险,更好地实施下一步对违法犯罪嫌疑人或犯罪分子的执法措施。为了更好地达到此目的,控制押解必须按一定的程序和要求进行:

(1)控制押解的对象一般是违法犯罪嫌疑人或犯罪分子;

(2)控制押解前应当对被控制押解人进行一次彻底搜身,并对其进行口头劝告或警告,且在有效控制的前提下进行;

(3)控制押解时要人物分离,且必须有相应的警力优势;

(4)控制押解时可依法使用约束性警械有效限制其活动,以保证控制押解过程的安全;

(5)如果控制押解民警在两人以上,通常位于被控制押解对象左、右两侧;

(6)控制押解时,民警应随时观察、了解对方及周围环境,防止其与关系

人接触、暗示或串供,防止其在途中逃脱、自伤、自杀;

(7)控制押解路线应尽量避开闹市区和人群密集的地方,防止人群、车辆挡住或造成围观,避免给违法犯罪嫌疑人或犯罪分子造成可乘之机;

(8)对未成年犯罪嫌疑人进行押解时,原则上不得使用警械;

(9)控制押解女的违法犯罪嫌疑人或犯罪分子应有女民警参加。

三、控制押解方式

人民警察在执法过程中,根据不同的现场环境和不同危害程度的违法犯罪嫌疑人或犯罪分子,以及不同的控制押解距离,所采取的控制押解方式各不相同。对违法犯罪嫌疑人或犯罪分子的控制押解根据是否使用交通工具分为:徒步控制押解和乘交通工具控制押解;根据控制押解的距离长短分为:短途控制押解和长途控制押解。在押解过程中,警察可采取折腕控制、别臂控制、屈肘压腕、上铐控制、手铐与警棍控制、捆绑控制等方法对违法犯罪嫌疑人或犯罪分子进行控制押解。

(一)徒步控制押解

人民警察在执法过程,对所抓获的违法犯罪嫌疑人或犯罪分子,有时受到条件的限制,或距离较近不需要用车控制押解、或单位内部开展执法工作需要的控制押解时,可选择徒步控制押解。民警在实施徒步控制押解时可采用前后控制押解和左右控制押解。

民警在采用前后控制押解时,应将违法犯罪嫌疑人或犯罪分子上背铐或脚手镣置于队伍中间。前方押解人员主要负责发现和掌握前方情况,选择正确控制押解路线等任务;后方控制押解的人员则负责控制犯罪嫌疑人和监控队伍后方情况的任务。这种控制押解方式适合道路狭窄、情况不明、光线不足的短距离控制押解情况。

民警采用左右控制押解时,左右两侧的控制押解人员应用双手用力控制违法犯罪嫌疑人或犯罪分子各一手臂,合力实施押送。控制手臂押解的方法有:抓臂控制押解、折腕抓肘控制押解、别臂控制押解。不论何种控制手臂押解的方法,都必须给违法犯罪嫌疑人或犯罪分子上手铐或脚镣;没有手铐和脚镣的情况下,都必须实施捆绑控制,方才安全。在没有任何约束性警械的情况下,采用屈肘压腕的方法控制对方(如图9-18)。具体操作是将对方的前臂屈曲及升高至垂直状态而手肘夹在警察的腋下;然后将对方的手腕尽量屈曲向下,向对方手背上的食指关节施加压力,而将对方的手肘固定于警察腋下肋骨及手臂间,并形成反压力。

(二)使用交通工具的控制押解

人民警察在执法过程中,对所抓获的违法犯罪嫌疑人或犯罪分子经常使用交通工具进行控制押解,如乘汽车控制押解、乘火车控制押解、乘船控制押解、乘飞机控制押解等。在使用交通工具的控制押解中,应尽量将犯罪嫌疑人置于座位中间的位置,押解人员分别坐其左右两侧(如图9-19),且上背铐或手脚镣,在乘飞机控制押解时可给违法犯罪嫌疑人或犯罪分子的异名手脚绑夹板。控制押解途中,应严密控制违法犯罪嫌疑人或犯罪分子的双臂,稍有反抗即予以制服,也可以将违法犯罪嫌疑人或犯罪分子铐在交通工具的固定位置上,并实施严密监控。

图9-18　屈肘压腕控制押解

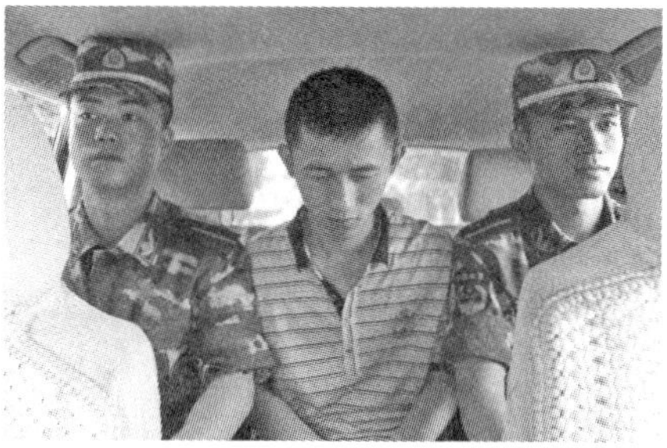

图9-19　交通工具中的控制押解位置

四、控制押解应注意的问题

(1)控制押解前必须对被控制押解人进行彻底搜身,遗留在违法犯罪嫌疑人或犯罪分子身上的任何凶器,都有可能对警察和他人造成伤害,或者脱逃。

(2)控制押解时必须注意周围环境的警戒,因为被控制押解人的同伙可能就在附近准备劫救他的同伙,或者跟踪警察的押送。

(3)使用交通工具控制押解时,对违法犯罪嫌疑人或犯罪分了不能无人控制,要防止其袭击司乘人员,或劫持交通工具。

(4)控制押解过程中,不要抓手铐链,以免夹伤手。

(5)徒步控制押解过程中,与违法犯罪嫌疑人或犯罪分子一并站立时,警察必须尽量将配枪一边的身体贴近违法犯罪嫌疑人或犯罪分子。因为在此情况下,警察的配枪将会藏于违法犯罪嫌疑人或犯罪分子后面而不会容易被发现和抢夺。

(6)徒步控制押解过程中,警察应贴靠违法犯罪嫌疑人或犯罪分子,并与之保持最近的距离。因为在此情况下,可减少对方使用踢腿攻击警察的机会。

(7)在徒步控制押解过程中,如对方企图反抗或逃跑,警察可用膝撞击对方的大腿外侧(腓骨神经,径如手掌宽),使其失去反抗能力。

第十章　盘查战术

盘查是指公安机关的人民警察在执行职务过程中,依法对可能具有违法或犯罪行为的嫌疑人进行盘查和检查,以发现或确认其是否有违法、犯罪行为或具有重大犯罪嫌疑,并及时抓捕嫌疑人的工作方法。

第一节　盘查的法律依据

人民警察进行盘查的法律依据有:

(1)《人民警察法》第9条规定:"为维护社会治安秩序,公安机关的人民警察对有违法犯罪嫌疑的人员,经出示相应证件,可以当场盘问、检查……"

(2)《刑事诉讼法》第80条规定,公安机关对现行犯或重大嫌疑分子,如果有下列行为之一的,可以先行拘留:"(一)正在预备犯罪、实行犯罪或犯罪后及时被发觉的;(二)被害人或者在场亲眼看见的人指认他犯罪的;(三)在身边或者住处发现有犯罪证据的;(四)犯罪后企图自杀、逃跑的;(五)有毁灭、伪造证据或者有串供可能的;(六)不讲真实姓名、住址,身份不明的;(七)有流窜作案、多次作案、结伙作案重大嫌疑的。"

第136条规定,进行搜查,必须向被搜查人出示搜查证。在执行逮捕、拘留的时候,遇有紧急情况,不另用搜查证也可以进行搜查。

第137条规定,在搜查的时候,应当有被搜查人或他的家属、邻居或者其他见证人在场。

(3)《城市人民警察巡逻规定》第5条规定,人民警察在巡逻执勤中依法行使以下权力:"(一)盘查有违法嫌疑人员,检查涉嫌车辆、物品;(二)查验居民身份证;(三)对现行犯罪人员、重大犯罪嫌疑人员或者在逃的案犯可以依法先行拘留或者采取其他强制措施。"

(4)《公安机关办理刑事案件程序规定》第154条规定,对犯罪嫌疑人执行拘传、拘留、逮捕、押解过程中,应当依法使用约束性警戒。遇有暴力性对抗或者暴力犯罪行为,可以依法使用制服性警械或者武器。

第二节　盘查的特点和要求

一、盘查嫌疑人行动的特点

(一)嫌疑人身份和行为的不明确性

警察是通过观察,发现表现在某些嫌疑人身上的疑点,才能确定盘查对象,因此嫌疑人的身份和行为具有不明确性。

(二)较强的目的性

警察对盘查对象的盘问和检查,目的是弄清其是否具有违法或犯罪的嫌疑,因此,盘查的目的性十分明确。

(三)嫌疑人反抗行为具有突发性

警察在盘查时,由于盘查对象身份和行为的不明确,很容易遭到犯罪嫌疑人的突然袭击。

二、盘查嫌疑人的基本要求

(一)依法进行盘查

警察在进行盘查时,要严格遵守法律、法规,依法办事,严禁违法、违规盘查。

（二）保持警力优势

警察对嫌疑人的盘查。由于盘查对象具有身份不明、反抗行为突然性和不定性的特点，为保障警察在执法工作中的安全，盘查时，要保持相对的警力优势，避免遭受袭击。

（三）明确职责分工

警察在实施盘查行动时，为确保安全，及时控制盘查对象的不法行为；实施盘查的警察要明确分工，密切配合，善于沟通，保持警惕，充分发挥警力优势。

第三节　盘查嫌疑人的基本程序和方法

一、嫌疑人的确定

在盘查勤务中，嫌疑人的情况是比较复杂的，他可能是触犯刑律的犯罪分子，也可能是违反治安法规的人，还可能是因误会和错觉而受牵连的群众。警察除了对正在实施违法、犯罪行为人执行询问、缉捕之外，必须将下列人员安排在盘查范围之内：

（一）身份可疑的人

如身份与本人不相符的；持几个身份证或身份证明信的人；身份与语言、行为举止、穿着气质、携带物品有矛盾的人。

（二）行为可疑的人

如有异常表情或异常行为而在人群中溜出溜进的人；无所事事却在居民区、商场或者银行等地窥测的人；逼近妇女、儿童与同行的人等。

（三）体貌和面部表情可疑的人

如体貌与被通缉犯或犯罪嫌疑人相似的；面带疲劳困倦或惊慌恐惧之状的；身负可疑外伤或身染血迹、伤疤的人等。

（四）携带可疑物品的人

如携带着看似作案工具的人；携带大量现金的人；携带包裹遮遮掩掩怕动怕碰的人；可能携带毒品的人等。

（五）带有明显犯罪迹象的人

包括身负可疑外伤、身上有血迹或污痕的，衣服被撕扯或破损严重的，自行车、摩托车、汽车的车锁有撬痕或车窗玻璃、车门损坏的等。

（六）其他异常的可疑者

包括男女同行女方表情异常的；大人小孩同行，不允许小孩说话或小孩有泪痕，表情惊慌、欲求搭救的；着装不伦不类，或衣着与行为反常的等。

二、对危险情形的评估

人民警察在执行盘查、车辆查控等警务活动时，可能会遇见各种各样突发性的危险情形。如果事先在心理上没有做好准备，对现场危险没有进行分析、判断，即对现场形势没有进行评估，就有可能身处危险境地，后果不堪设想。确定被盘查对象后，对危险情形的评估可从以下几方面进行。

接近前的危险情形评估：

（1）警方是否处于绝对优势警力。警察与被盘查人一对一，处于劣势，危险；一对二，处于绝对危险。如果二对一，处于优势；三对一，处于绝对优势。

（2）被盘查对象的双手处于什么位置。手是最危险的部位，在盘查过程中，要始终控制住对方的双手，尽量让对方的双手远离其身体；一旦对方有所动作，应能够及时发现，快速做出反应。如果在接近前发现对方双手插在口袋或衣服内，不知道持有什么东西，要提高警惕，提醒自己注意控制对方的双手，接近后首先要求对方把双手一一慢慢拿出，远离身体。

三、盘查中要选择对自己有利的位置

虽然发现嫌疑人的地点具有很大的随机性，但选择盘查地点的主动权却在执勤民警手中，因此民警应根据情况选择对自己有利的位置进行盘查。选择盘查的位置，应宜直不宜弯、宜宽不宜窄、宜明不宜暗、宜少不多，并选择有依托或容易得到支援的地点和道路等场所。（如图 10－1）

四、对查控对象的接近与站位

（一）接近目标

接近确定查控目标后，根据案件具体情况及时间、地点、环境灵活选择、确定接近查控目标的方式和控制目标的方法，确定具体的站位与职责分工。

宜直不宜弯

宜明不宜暗

宜宽不宜窄

宜少不宜多

宜有依托

图 10－1

若发现被通缉、协查、通报的重大犯罪嫌疑人时，最好采取便衣伪装接近、尾随接近、驾车跟踪；同时请求支援，并在前方堵截，形成合围；选择适宜的地点、最佳位置，在目标没有防备时，突然实施抓捕控制。

对现场正在实施违法、犯罪行为的目标，要迅速出击；先使用警械或武器控制对方，然后谨慎接近，相互掩护上前实施抓捕；先上铐，后搜身，带离审查。如果现场有多名违法、犯罪嫌疑人，发现警察后四处逃窜时，根据保持绝对优势警力的原则，集中力量追击控制一个目标，并报告指挥中心其他逃窜嫌疑人的体貌特征、逃窜方向,请求支援警力在前方进行堵截。

在巡逻中发现具有重大可疑的查控目标,在不能完全确定是犯罪嫌疑人,而只是感到可疑,认为需要盘查时,要注意礼貌,同时要加强控制。警察往往是在这种情况下,容易被袭击,一般采用公开正面阻拦,接近查控对象。

(二)盘查站位

1. 盘查时的站立姿势

站立姿势是警察说告知词后,进行盘查战术行动的基本动作,其要领是:警察距离盘查对象 1.5 ~2 米处,两脚前后开立,稍比肩宽,侧身站立,重心在两脚之间,眼睛注视对方上部身体,特别是双手、肩部和眼睛,盘问时最好用左手去接证件或检查,另一手注意防守,特别是注意武器的安全。这样有利于躲避对方的攻击,迅速拔枪控制对方。需用双手时,可以后退一步,如检查证件应适当拉开距离,然后再进行盘查。

2. 几种基本站位形式

盘查站位的形式是警察实施盘查时民警与民警间的位置关系和民警与嫌疑人所处的位置关系。在执行盘查任务的过程中,必须是二人或三人巡逻小组实施盘查行动,因此应分工明确,一般分为组长、盘查员(盘问)和警戒员(监控)。下面介绍几种基本站位形式:

(1)三角站位。负责盘问的警察正对盘查嫌疑人站立,负责监控的警察位于盘查对象的左侧或右侧。(如图 10 -2)

(2)平行站位。将盘查对象带至背靠墙面盘查时,负责盘问和警戒的警察分别站在左右两侧负责监控。(如图 10 -3)

图 10 -2

图 10 -3

(3)三角站位。当三名警察实施盘查时,负责盘问的警察面对盘查对象站立,负责监控的两名警察分别在对方的左右侧后方,三名警察成等边三个形站立,将对方围在中间。(如图10-4)

(4)弧形站位。盘查对象背靠墙面时,三名警察面对盘问对象以半圆形站开,以弧形站位实施盘查。(如图10-5)

图10-4

图10-5

五、盘问

盘问主要针对人员,是通过语言的问答形式来达到识别、判断、发现对方犯罪疑点。盘问,首先要说告知词,表明警察身份。它有两个作用:一是可以起到威慑盘查对象的作用,使对方不敢再乱说乱动,并令嫌疑人自觉或者不自觉地配合警察的行为,避免引起不必要的麻烦。二是可以得到人民群众的理解和帮助,便于执勤当中依法进行盘问、检查。其次,问话要由浅入深,问明嫌疑人的姓名、住址、籍贯,同时查验身份证、暂住证和其他相关证件,核实嫌疑人的身份。最后,采取追问的方式,仔细询问其从哪来,去什么地方,去干什么,弄清事的性质、物的来龙去脉和嫌疑人与他人、他物、他事的关系及其他相关的内容。另外,还可以采取诱导问话和反问等多种问话技巧相结合的方式,从而发现嫌疑人的疑点。

警察盘查是法律赋予人民警察执法活动,代表国家行使权力,所以在语调上应适当严厉些,以体现警察执法的不可抗拒性;同时警察盘查也要体现以人为本的执法理念,盘查初始阶段语气不要过分强硬,要根据嫌疑人的嫌疑程度不同,有理有据地要求被盘查对象接受警察的盘问和检查,以达到发现犯罪证据,识别违法犯罪嫌疑人的目的。盘查时警察语调的掌握是关键,语调过硬容易激化矛盾,嫌疑人不配合警察的工作,甚至大吵大闹引来好事者的围观、使盘查现场秩序混乱、使盘查工作陷入僵持状态,无法继续工作;语调过缓达不到控制的效果。在语言控制上要根据盘查对象的不同表现随时变换语气,并结合手势达到控制的目的。比如,被盘查对象在接受盘问时手总是不由自主往身上摸,或左顾右盼,这时,必须及时加以制止,命令其不要乱动。如果这一阶段警察对其行为没有及时发现并加强制止,被盘问对象很有可能加大活动范围,适机抽出凶器、武器袭警或逃跑,此时盘查局面就难以控制了。

六、检查

在对人身、物品检查的过程中,警察一定要依法检查,注意法言法语的使用,时刻注意警戒和观察周围的情况,并控制好嫌疑人,防止嫌疑人反扑及同伙的袭击。对检查后未发现可疑的,归还物品,予以放行,并做好解释工作,消除不满情绪,不留后遗症。

(一)物品检查

通常情况下,检查应先检查物品。

1. 检查物品时,要加强警戒,保持随时能够先发制敌态势。一旦确定检查时,应将盘查对象和其随身携带的物品分离。一般情况下,警察可让嫌疑人看着检查自己的物品,防止事后被投诉;如检查重大犯罪嫌疑人或可能携带有凶器的,要先令其将箱包放到适当位置,并离开一定距离,必要时令其转过身去,背对检查物品,一名警察控制对方,一名警察进行检查。

2. 检验物品要按一看、二听、三闻、四摸、五拆的顺序。看,即先从外观查看箱包的形状、结构、质地;听,即听箱包内是否有异常声音;闻,即是否有异常味道;摸,即用手试探一下包内物品的质地并掂一下分量;拆,即完成上述步骤未发现异常后,再拆开箱包仔细检查。

3. 开启箱包前仔细观察,注意拉锁、纽扣是否另有机关,要轻开、慢拉谨慎开启,防止内有爆炸物。

4. 检查物品时要轻拿轻放,防止损坏,并从上往下顺序进行,不能掏底取物,更不能反复翻动。对赃物、凶器,不要大把抓,应用干净布或者戴手套拿取,防止破坏痕迹。

(二)人身检查

人身检查即搜身。搜身时必须保持高度警惕,要在被搜查对象已经被完全控制的情况下进行,防止其反抗;应首先检查手、腰部、口袋,其次检查其他部位。注意手法应为触摸、挤压,不可拍打。

第四节　对几种情况的处置

一、对语言不配合情况的处置

处置原则:心态冷静,不卑不亢。

在盘查中,当民警拦住嫌疑人或说完告知词后,嫌疑人立刻表现出不满,并出言不逊拒绝盘问,这时民警不能冲动;勿与嫌疑人发生不必要的争执,应冷静地告诉嫌疑人搜查是法律赋予警察的权利,每个公民都应予以配合,同时还应告知阻碍警察依法执行职务的,根据《治安管理处罚法》第 50 条的规定,从重处罚。

进行语言控制。如仍不配合,可对其口头传唤,将其强行带至指定地点,在有见证人在场的情况对其进行搜查。

二、对行为不配合情况的处置

处置原则:保持高度警惕,严防袭警。

(一)对随意插兜或掏东西的情况处置

遇有这种情况,盘查民警必须喝令嫌疑人停止掏东西,慢慢地将手拿出,将嫌疑人的手纳入民警的视线范围之内;警戒员应迅速掏枪,枪口 45 度角向上;如果嫌疑人拒不听命令,继续插兜或掏东西的动作,则警戒员的枪口对准嫌疑人,同时加重语言控制的力度,迫使其停止做动作;如情况危险,盘查员可往后退几步,与嫌疑人保持一定的距离,暂避免与其发生身体接触,直到嫌疑人停止做动作为止。

(二)对不断逼近民警的情况处置

遇有这种情况,盘查员应伸出左手阻止嫌疑人继续逼近自己,命令嫌疑人站住别动，同时右手做欲掏枪的动作，并适当后退，使自己与嫌疑人始终保持1.5～2米的距离；警戒员迅速掏枪对准嫌疑人，命令其不许动，以防止出现袭警情况，并严厉告知如继续靠近民警将面临严重后果。

（三）对转身离开的情况处置

1. 当盘查民警拦住嫌疑人准备盘查时，嫌疑人突然转身离开，盘查员应尾随跟进，并喝令嫌疑人站住别动，此时警戒员应迅速移动站位，手扶枪套做欲拔枪的动作；如嫌疑人继续走，则盘查员应告知嫌疑人公民应配合警察执行公务，如不配合将面临严重后果，警戒员则要拦住嫌疑人的去路，枪口对准嫌疑人，直至嫌疑人停下来接受盘查。

2. 如嫌疑人扔下手里的东西，不顾一切的逃跑，民警应奋力追击，并向指挥中心报告情况，请求支援；追击过程中，民警不要跑在一条线上，应在其侧后方追击；追上以后不要由后抓嫌疑人的头部和肩部，应采取推、绊、踩、踢等技巧，使嫌疑人失去重心倒地，然后默契配合，合理运用一招制敌的动作控制好嫌疑人，将其带回审查。

三、对袭警情况的处置

处置原则：首先确保自身的安全，判明情况，果断反击。

（一）对徒手袭警的情况处置

如果一名嫌疑人徒手袭警，民警应慎用警戒具，可利用警力优势，以一招致敌的技术将其抓获并带回审查。若多名嫌疑人徒手袭警，则民警应迅速交替掩护后撤，并掏枪对准嫌疑人，命令其不许动，尽量用语言控制，不与嫌疑人发生身体接触，同时呼叫指挥中心请求支援；如果嫌疑人继续袭警，危及民警生命或有抢枪的意图，民警应鸣枪示警，经警告无效可向冲在最前面嫌疑人射击，打其非要害部位，使其丧失攻击能力，同时震慑其他嫌疑人。

（二）对嫌疑人持械袭警的情况处置

民警应迅速交替掩护后退，始终与嫌疑人保持一定的距离，并掏枪对准嫌疑人，喝令其不许动；若嫌疑人继续袭警，民警应鸣枪示警，经警告无效可向嫌疑人射击，打其非要害部位，使其丧失攻击能力，然后将其抓获带回审查。

（三）对嫌疑人持枪袭警的情况处置

1. 当嫌疑人掏枪的一瞬间，警戒员必须迅速掏枪对准嫌疑人，喝令其不许动，盘查员应快速移动，边掏枪边寻找隐蔽物隐蔽自己。

2. 如果嫌疑人服从命令，停止做动作，则民警应命令其慢慢地将枪放下，举起双手，十指分开，转过身去，趴在地上，双手伸直，手心向上。控制好以后，警戒民警从其左后方接近，左脚踩住其左手肘关节，持枪对准其头部，同时盘查员收枪从其右后方接近，迅速铐住其右手并拉至后背，然后在警戒员的协助下将其左手拉至后背上铐，及时搜身并带回审查。

3. 如果嫌疑人不听命令，要据枪向我民警射击，民警可鸣枪示警，经警告无效或紧急情况下可直接向嫌疑人射击，打其非要害部位，使其丧失攻击能力，然后将其抓获带回审查。

同时注意，对盘查的各种结果，一定要妥善处理好，不可留下任何后遗症：

1. 若盘查对象的嫌疑解除了，则立即人放行，物归还，并对被盘查的人说明盘查是警察的权力，并解释盘查的原因。

2. 若查获违法犯罪分子或者重大嫌疑人，则应立即抓捕并进一步搜身，同时将其凶器、赃物等一并移交有关部门审理。

3. 若经盘查后疑点不能排除，但证据又不充分，则将其控制到有关部门，按法律程序进一步审查。

4. 若并非坏人假冒确系真正的醉酒人或者精神病患者，则应及时通知其家属或工作单位来领人，但决不允许放任不理。

第五节　对嫌疑车辆的查控

车辆查控是指公安机关人民警察依法对嫌疑车辆及驾驶或乘坐的犯罪嫌疑人进行追击、拦截和盘查，以发现犯罪线索、获取犯罪证据、查明案情、缉捕犯罪嫌疑人的警务活动。

一、嫌疑车辆查控的特点和要求

(一)对嫌疑车辆查控的特点

1. 观察的间接性

汽车内部是一个相对封闭的空间，并且存在从外向内观察的死角，即使是已经被截停下来的车辆，警察对车内情况以及犯罪嫌疑人执行命令情况的观察也是间接性的。

2. 较强的机动性

较强的机动性的特点对于小轿车来说更为突出。小轿车的车体较小，转弯半径小，起步、倒车、行驶速度快，机动灵活，有较强的机动性。这给我们实施截停和捕捉带来了一定的难度。

3. 组织协同困难

与嫌疑车辆有关的犯罪行为往往来势猛，时间短，速度快。在处理报警、接警、处警之间的衔接关系及各警种之间的协同关系时，要在最短的时间内调集、部署、指挥警力，抓住战机，有一定的难度。

（二）对嫌疑车辆查控的要求

1. 先控后查

在嫌疑车辆没有有效控制之前，贸然实施检查是危险的。由于车辆的特点是机动性强，它随时可以起步，快速行驶，可以向执勤警察冲撞、碾压，直接危害警察的安全。所以对嫌疑车辆的查控，要采取先控制，后检查的办法，将犯罪嫌疑人可能利用机动车继续实施犯罪的危险降到最低，确保警察自身的安全和查控行动的顺利实施。

2. 人车分离

在查控嫌疑车辆行动中，有条件或有必要时，最好采取人车分离的方法进行盘问和检查；即使不能分离也必须首先命令司机关闭发动机，防止犯罪嫌疑人突然驾驶车辆逃跑或顶撞警察，甚至突然拿出枪支袭击警察。

3. 先查人后查车

查控嫌疑车辆要先检查人，后检查车、物，不可同时检查。对人的检查要按照盘查规范程序进行；在检查车辆、物品时，要对人进行监控，并让其与车辆保持一定距离。这样可以始终保持优势警力，防止犯罪嫌疑人突然逃跑或袭警。

二、嫌疑车辆查控的程序和方法

（一）观察识别

及时准确地发现和确认嫌疑车辆，是有效地完成车辆查控的前提。警察到达指定现场或原来就在事发现场，除了对正在实施违法犯罪行为的车辆直接控制外，还要对特定车辆及人员进行观察，确认查控目标与已获知情况是否一致。同时，对特定车辆周围环境、其他人员都要严密观察。

观察与识别的方法：

(1)依据已掌握的情报信息，对应有关特征，发现、确认嫌疑车辆；

(2)通过观察发现疑点，确认嫌疑车辆。

(二)截停

截停车辆应选择适宜的地点，通常宜截停车辆的路况有：弯道处、上坡道、收费站、检查站等其他能使车辆自然减速的路段。如果路况的条件不具备，可以人为地设置障碍，以达到减速的目的。截停的方式通常有由前截停和由后截停两种。

1. 由前截停

由前截停一般是在适宜设卡的路段设置检查卡，由卡点的警察示意行驶的车辆停车，引导该车进入检查区，接受检查。

2. 由后截停

嫌疑车辆在警车前面行驶时，警车应迅速加速行驶到嫌疑车辆的左侧，示意停车，警车停在距离嫌疑车辆后5米至10米处，车头偏向左侧，便于观察前方车辆，又能利用警车作为掩护体。

(三)控制与接近

1. 控制

控制主要是针对车辆和车内人员。一是车必须完全停稳。无论是停靠在路边的车辆还是被截的嫌疑车辆，都应使车保持熄火状态。二是车内人员不许随意下车，必须听从警察的指挥。警察应首先命令其摇下车窗，将手放在警察视线可及的范围以内，必要时，命令其将车钥匙拔下放在车外。此时，警察应边控制边评估，并报告有关情况。

2. 接近

接近嫌疑车辆的警察要注意接近的路线和区域，负责盘查的警察要由推进区接近，负责警戒的警察应站在火力区，接近的警察一定要避开目标区，尤其是正前方或正后方接近嫌疑车辆。

接近时，警察要仔细观察车辆及车内人员的动静。接近的方法是：从嫌疑车辆后方推进，接近车尾箱时，按压尾箱盖，检查尾箱是否锁好，然后贴近嫌疑车辆的左侧推进，注意车里面的情况是否正常。

若后排没人乘坐，则可到达驾驶室的侧后方位置停下，左手放在车门与车顶的交接处。负责警戒的警察要警惕车内和外围的情况，掩护同伴的接近与撤离。

如果后排座有人，接近的警察可在车后侧门的侧后方位置停下，并注意观察。

（四）盘查行动

民警接近后先对车里有关人员进行逐一盘问，对其身份进行核实。

如果有一定的嫌疑需要对其人身及车辆进行检查，应按先查人后查车的原则进行。

如果有重大嫌疑并有证据证明的，应对其进行强制控制。

搜查车辆时，先打开后尾箱排除危险，然后对车辆进行仔细搜查。

（五）查控后的工作

1. 查控任务结束后，应将情况向指挥中心报告。

2. 当盘查后没有发现问题的，应当立即交还证件，做好解释工作，礼貌放行。

3. 经盘查发现有犯罪嫌疑的，应立即对犯罪嫌疑人员予以控制。

4. 清点武器、装备、人员后，有序撤离现场。

三、对几种情况的处置

（一）驾车逃跑

当嫌疑车辆里面的人员发现警察的意图，驾车潜逃时，警察除驾车追击外，应在第一时间将情况向指挥中心报告，报告内容包括：车辆特征、人员情况、车牌号码、车辆类型、逃跑路线、携带武器、凶器等，并请求增援堵截。

（二）开枪袭警

当警察在接近车辆时，如果车里人员有掏取武器袭警的动作，民警要互相沟通，互相掩护，立即撤离，就近利用掩体，以相应的武力控制，绝不可一拥而上。

（三）对重大嫌疑车辆截停后的控制

1. 重大嫌疑车辆被截停后，警察要在相对安全的距离和位置上（最好在掩体后）控制嫌疑车辆。

2. 命令其摇下车窗，熄火，拔下车钥匙。

3. 命令其双手放在车外，张开五指（除拿钥匙的手指），手心向外，左手高举将车钥匙放置车顶上。

4. 命令其从外侧打开车门，双手高举，下车背对警察。

5. 命令其后退到安全控制区后，对其进行上铐、搜身、带离。如果车上有多人，可采取同样战术。

6. 搜查车辆。

①接近方法

两名警察从两侧交替掩护向嫌疑车辆推进。

②搜查车辆程序

警察首先完成对前排座位和后排座位的检查，然后检查后备箱。检查后备箱可根据对危险的评估程度而采用警察打开后备箱或由嫌疑人打开的两种方式进行。

（四）对营运嫌疑客车的查控

当已知犯罪分子或犯罪嫌疑人混在或可能登上载有乘客的营运客车上时，执勤的警察的要精心设计方案，巧妙地实施行动，既要完成盘查任务，又要注意保护群众和我方的安全。查控时，除照基本程序与要求实施行动外，还应注意以下几个方面：

1. 情报搜集与分析判断

情报信息搜集的范围、内容包括：犯罪分子或犯罪嫌疑人的犯罪性质、体貌特征、人数；携带有何种凶器、武器及数量，是否携带有爆炸物品，何种类型的炸药，何种类型的引爆装置；客车的车型，隶属于哪个单位，车上乘客的人数是多少，必须经过哪些道路等。情报信息要尽可能详细，在此基础上，认真做好行动计划和应急方案，进行警力部署，确定协同方式和联络方式等工作。同时，要随时掌握最新情报动态，及时调整行动计划。

2. 选择合理的截停方式

(1)选择合理的截停地点。多选择在收费站、维修施工路段、上坡处、停靠站(点)等看似正常的地点。必要时,也可以故意制造一个现场,如车祸、施工等,借故将车截停。

(2)公开截停。如果执勤警察以公开身份进行截停,常用的方法是以该任务以外的理由截停车辆,以防打草惊蛇,被对方抢先行动,如检查车辆违章、检查违禁物品等。

(3)秘密截停。如果执勤警察以便衣身份进行查控,则更应选择好截停理由。在正式接触犯罪分子或犯罪嫌疑人之前,尽量不要暴露身份和查控意图(必要时可隐蔽地向司机表明身份,争取其配合);待查控任务结束后,再视情表明身份,做好解释工作。

(4)公开与秘密结合实施截停,即着装警察和便衣警察相配合实施截停,通常是在已经确认目标就在该辆车上时采用。常用的方法有:先由便衣警察借故将车辆截停后,再由着装警察实施查控;有条件或者有必要时,着装警察先在预定地点设伏,由便衣警察借故提前上车,暗中观察车内情况,设法接近、控制目标;至预定地点时,以合理理由使司机停车,形成里应外合,协同车控犯罪分子或犯罪嫌疑人。

3. 实施车控

其基本程序是:控制司机;使全部乘客下车;将目标与乘客分离;查控犯罪分子或犯罪嫌疑人。

将车辆截停后,执勤警察应首先控制住司机,令其熄火,拔钥匙,下车,并接受检查。也可视情形悄悄向其简要说明情况,争取其配合。

以合理的理由使乘客全部下车,并做好解释工作,征得乘客理解,但尽量不要暴露查控意图。一般情况下,如果没有特别的把握,执勤警察尽量不要公开身份上车进行盘查,以防止犯罪分子或犯罪嫌疑人抢先反抗、劫持人质而造成我方的被动。

当发现或者确认犯罪分子或犯罪嫌疑人时,不要立即采取控制行动,可暂不惊动他或者他们,防止其趁人多之际突然反抗,而设法将其与其他乘客分离开。

当将犯罪分子或犯罪嫌疑人隔离开并将现场控制住后，执勤警察按照查控的程序与要求，依法实施盘问与检查。

四、嫌疑车辆查控的要点提示

（一）收集信息，分析判断

当确认被查控车辆后，应对收集到的情况进行核实。将车辆的型号、式样、颜色、车辆牌照，逐一报告指挥中心，或利用装备的现代工具进行查询，认真分析判断，并根据得到的情况对嫌疑车辆做出“风险”评估。

（二）了解案情，制定方案

迅速弄清该嫌疑车辆及驾驶或乘坐人员涉及案件的基本情况，包括发案时间、地点；案件的性质、类型；车辆内人数；携带的武器、凶器以及爆炸物；是否有挟持人质；弄清车辆的种类、特征、逃跑路线等情况。采取紧急措施，进行警力部署，定下决心，明确上级意图，制定对嫌疑车辆查控的行动方案。

（三）区分任务，组织协同

根据对嫌疑车辆查控行动的需要，合理部署警力。要做到职责明确，分工协作，既有接近盘查的人员，又有负责掩护、防御、策应的人员。警察之间要互相配合，形成整体力量实施查控行动，不能顾此失彼，各行其是。组织协同动作时，应从查控行动开始，连续地、不间接地进行，并贯穿于整个行动过程。越是对抗激烈，行动样式越是转换频繁，越要做好警察与警察之间的协同。这样才能发挥整体的战斗效能。

（四）检查行动装备

做好出发前的一切准备。根据小组指挥员的要求，迅速准备好武器弹药和行动需要的其他警械、器材，检查武器的携带。根据行动的具体任务，衣着可分为着制式服装和着便装。

（五）请示报告

出发前向上级或指挥中心做简要汇报，并在行动实施过程中，时刻保持与指挥中心的联系和沟通。

第十一章　缉捕战术

第一节　缉捕战术的概念

缉捕战术，是指人民警察在执法过程中依法安全缉拿捕获各种违法、犯罪分子或犯罪嫌疑人的行动方法。我们可以从如下方面理解：

(1)缉捕是一种执法活动，是在相关法律规定的范围内进行的执法活动。

(2)缉捕必须在安全的前提下进行。这里讲的安全不仅包含警察的安全、群众的安全和国家财产的安全，还包括缉捕对象的安全。

(3)缉捕是一种深思熟虑的行动。缉捕并不是简单的对抗搏斗，它需要相应的战术理念支撑。在缉捕行动中必须体现控制为先的理念，而要实现控制为先就必须规范设计方案，要有规范设计的方案就必须有充分的情报信息并加以正确地评估判断。同时在缉捕行动中还必须注意弹性处置。

(4)缉捕是一种谋略行为。它不仅是对一个或几个违法、犯罪分子或犯罪嫌疑人的缉拿捕获行动，更要考虑到整个案件处置的“后效应”问题，即一个案件所涉及到的违法、犯罪分子或犯罪嫌疑人的一网打尽问题。

(5)缉捕的对象是违法、犯罪分子或犯罪嫌疑人。正确掌握缉捕战术的概念,充分理解其含义,对缉捕战术的实战应用具有重要的现实作用。

第二节　缉捕战术的类型与程序

一、缉捕行动战术类型

在现实社会中尽管违法犯罪嫌疑人的活动无处不在,且居无定所,从而使得缉捕行动千变万化,但只要我们认真分析研究,仍能发现其规律。如根据时间不同来分类可分为:白天缉捕和晚间缉捕,其中白天又可分为早晨、上午、中午、下午的缉捕;晚上又可分为傍晚、午夜、子夜的缉捕等。根据地点不同,缉捕行动可分为:室内缉捕、室外缉捕,室内缉捕又可以分为宾馆酒店缉捕、出租屋住宅缉捕、办公场所缉捕等;室外缉捕又可以分为闹市区缉捕、郊外缉捕、高苗地缉捕、山林地缉捕等。根据违法犯罪嫌疑人所乘载体不同,缉捕行动可分为公共汽车上的缉捕、火车上的缉捕、飞机上的缉捕、船上的缉捕等。不同时间、地点的缉捕又可以采取不同的缉捕形式,如诱捕、追捕、搜捕、围捕、伏击、袭击、强攻等。

二、缉捕行动战术程序

人民警察进行缉捕行动必须遵循法律规定的程序。这既是有关法律对警察进行缉捕行动行为和权利的规定,也是缉捕行动成功和失败的经验教训的总结,是警察进行缉捕行动的特点与规律的集中体现。人民警察进行缉捕行动的实践证明,只有遵循法律规定的程序,才能发挥战术应有的效能,才能安全有效地完成缉捕任务。对违法犯罪嫌疑人的缉捕,有以下几个程序。

(一)情报信息收集分析判断评估

人民警察进行缉捕行动前的准备,主要是情报信息搜集与分析判断评估。搜集的途径通常来自对报案人、受害人、目击者及一般知情人的了解;通过对犯罪嫌疑人的同伙及狱友进行了解;通过刑事特情;借助技术侦查部门及刑事犯罪情报信息库;通过对情报与提供者之间的关系、情报的来源渠道是否正常、情报内容的真实性及各环节是否直接可靠等方面的分析,做出正确的判断评估，从而刻画缉捕对象。

1. 收集情报信息

包括：犯罪嫌疑人的基本情况，现场环境的基本情况，现场周边的社情、我情、气候情况等。

(1)犯罪嫌疑人的基本情况：犯罪的类型、性质；人数、性别、年龄、经历、体貌特征、心理特征、特长；可能藏匿的地点、出没活动的地点、企图；反抗拒捕的可能性、方式及程度；家庭情况、社会关系；是否携带凶器、武器或其他危险物品的数量、种类等，随时掌握其变化情况。

(2)现场环境的基本情况：犯罪嫌疑人所处的位置；建筑物的类型和结构、出入口及数量、与周边建筑物的关系；建筑物内是否养有家禽等。

(3)现场周边的社情：现场附近群众的法治意识、政治素质；民风习俗、宗教信仰；现场周边的人、车流量；嫌疑人与周边的关系。

(4)我情：参与行动的警种、人数、经验、技能与战术方面的优劣；武器、警械以及数量；是否设计多套方案以及可行性；通信联络、救护、抢险等。

(5)气候情况：白天、夜晚、风、雨、雷电、雪等因素。

2. 分析判断评估

在掌握大量准确、全面的情报信息后，应当及时进行分析、判断、评估。分析判断评估情报信息的基本内容包括：对犯罪嫌疑人情况的分析判断评估，主要弄清缉捕对象的人数、位置、动机、心理变化、反抗方式、特长、藏匿地点和可能逃窜的路线等；对双方力量的分析判断评估，主要弄清人数、装备等；对缉捕现场条件的分析判断评估，主要分析环境、结构、地形、道路等条件对双方行动的利弊关系；对社情的分析判断评估。主要弄清缉捕对象与其亲属、周围居民及其他人员的关系如何；对天气、时间的分析判断评估，主要弄清各种不同的天气、时间等条件对双方行动的利弊关系。

(二)制订行动战术方案

缉捕人员在对情报信息分析判断评估的基础上规范设计出缉捕行动方案，且应具有科学、合理、谋略、实用、实效的特点。根据行动的层级、规模、时间等的要求，制定书面的或口头的方案。缉捕行动战术方案的主要内容包括：缉捕行动的形式，如诱捕(直接诱捕、间接诱捕)、突袭(定点突袭、跟踪突袭、设伏突袭）、围捕、追捕及搜捕等；警力部署，通常按照3∶1的比例布置，根据案件性质和缉捕对象的数量、实施缉捕行动的地点多少，进行警力布控；分工合作；战术协同；技术手段；行动路线；行动时机；突发意外的应急处置等。虽然缉捕行动的不确定因素很多，但还是有规律可循。在缉捕行动战术方案设计时应考虑以下几个问题：量敌用兵之适度的警力优势对比；把握行动的重心和关节点；注意考虑行动的“后效应”；多谋善变者胜。

（三）组织行动保障

组织行动保障，是指指挥员根据缉捕行动的需要和实际情况，对缉捕行动过程所需的各种保障而进行的组织、落实工作。通常保障的内容有：情报信息、武器装备、交通运输、通信联络、抢险救护以及生活供给等。缉捕行动中既有分工，又有合作，因为警察执法是讲团队精神的，靠单打独斗是非常危险的。根据缉捕行动的需要，将警力进行分组，各组明确任务、职责、地点或区域、识别标记和需要达到的行动目的；明确指挥员的指挥位置和指挥方式，明确各组之间的协同时机、协同方式、联系方法，以及出现意外情况时的任务转换、相互支援、交替掩护等。一般情况下行动分为三个组：缉捕组、控制组、接应组，每个组根据具体情况又可以分为许多小组，在情况发生变化时各组的角色可以互换，也可根据需要进行增减。

（四）缉捕行动的实施

1. 到达预定位置

针对有准备的缉捕行动，应先派少量缉捕人员先期到达现场监控（侦察）。这是为了在缉捕行动开始之前，进一步掌握情报信息而进行的实地侦察。一般派2名民警，其主要任务是：隐蔽到达现场，确认犯罪嫌疑人后，对其进行严密监控或者跟踪，对缉捕现场的环境、建筑物结构与特点、社情等情况进行进一步确认，及时将现场情报信息、动态报指挥员。

2. 接敌

“接敌是危险的开始”，到了这个环节缉捕人员就应该有高度的警惕性才行。接敌一是民警由集结地点向缉捕现场预定位置的运动、接近，二是当行动开始时实施缉捕的民警由预定位置向犯罪嫌疑人所处的位置运动与接近。接敌的方式应因案、因情、因地、因人、因时而定。常用的接敌方式有：

(1)伪装接敌。即缉捕人员便衣伪装,秘密接近缉捕目标的方法。主要是敌不知我时采用。

(2)借口接敌。即缉捕人员以伪装的身份,以给缉捕目标提供某种需求为借口,接近目标的方法。

(3)隐蔽接敌。即缉捕人员利用各种地形作掩护,从目标观察、射击的死角隐蔽接近目标的方法。通常是在缉捕行动未暴露的情况下使用。

(4)迂回接敌。即缉捕人员迂回到缉捕目标观察、射击的两侧或侧后接近目标的方法。必要时可采用正面牵制吸引对方的注意力、火力,同时采取两侧或侧后迂回接近的方法接敌。

(5)搜索接敌。即在缉捕目标的具体位置不明确区域内,边搜寻边接近的方法。搜索接近的特点是“敌暗我明”,缉捕人员容易遭受袭击,所以接近时应时刻保持高度警惕,随时做好快速反击的准备。

3. 控制

控制包括以下几个方面:对缉捕对象所处场所的控制;对缉捕对象所处现场的周边环境的控制;对缉捕对象的控制;对现场的相关人员进行控制;对现场的无关人员进行有效控制;对可能出现的意外情况的控制。

4. 搜身

在控制缉捕对象后,应立即对缉捕对象实施抓捕;在缉捕对象听从命令的情况下进行必要彻底的搜身,目的是搜缴其凶器、武器等危险物品,查获各种犯罪证据。搜身的方法可根据现场的情况灵活运用,搜身过程中应对周围环境进行严密警戒,防止出现意外情况。

5. 押解

押解是指将犯罪嫌疑人从缉捕现场押解至羁押处所的过程。押解时,应采取安全、牢靠的约束措施,也可用专用工具或者其衣物将其头面部进行遮掩,保持高度警惕,随时应对突发情况,严防缉捕对象反抗或自残、自伤、自杀现象的发生,确保顺利押解至目的地。必要时,可对犯罪嫌疑人进行现场突审后再行押解。

(五)缉捕行动结束后的工作

(1)及时通知外围各行动组,按计划向中心现场靠拢。

(2)报告情况。即将缉捕行动任务完成的情况及时向上级报告,听取上级的指示。

(3)现场救护,如果出现伤亡情况,应立即采取救治或送医院抢救。

(4)就地突审,如案情需要可就地突审,为下一步行动创造条件。

(5)搜查清理现场。即对现场及现场遗留物品进行搜寻、检查、清点、甄别、取证和保护。重点是搜查、清理与犯罪嫌疑人有关的作案工具、赃物、赃款等犯罪证据。

(6)组织撤离。上述工作结束后,指挥员应及时通知有关人员清点人员、武器、装备等,组织有序地撤离现场。

第三节　不同类型缉捕行动的战术应用

警察执法过程中,缉捕行动是多种多样的,不同时间、不同地点、不同案情等所采取的行动方法截然不同。结合公安工作的实际,将常见的缉捕行动介绍如下:

一、在公共场所的缉捕

(一)公共场所缉捕行动的组织

公共场所环境复杂,人员流动性大,车辆往来频繁,如果没有经过精心策划和严密组织,极易导致人群围观失控或缉捕对象混入人群逃跑。公共场所的缉捕行动在很多方面受到制约,如警察对武器的使用就会受到客观因素的影响,而违法犯罪嫌疑人则是无所顾忌;在群众和媒体的监督下行动,警察的心理压力也会增大,这样就直接影响到缉捕行动的成败,从而对缉捕行动提出了很高的要求。但是,这样的环境也有利于缉捕人员隐蔽地接近缉捕对象,实施突然袭击。

1. 准确的情报信息

搜集准确的情报是缉捕行动的首要前提。由于犯罪嫌疑人反抗的不确定性,以及公共场所环境复杂性,从而加大了缉捕行动的难度。若要保证缉捕行动的成功,就必须在行动之前充分了解和搜集各种详细、准确的情报。

搜集的情报信息范围主要包括：

(1)犯罪嫌疑人的犯罪性质、动机、经历、心理特征、技能特长等。

(2)所持凶器、武器的种类、性能、数量及杀伤力等。

(3)现场的环境情况，到达现场的路线，犯罪嫌疑人可能逃跑的路线，现场是否可以形成立体的监控等。

(4)犯罪嫌疑人是否有同伙，人数多少，与犯罪嫌疑人的关系或与案件的关系，这些人的年龄、体貌特征、身体素质、反应能力及反抗能力等。

除以上所列的情报信息搜集范围外，在时间和条件允许时，还应尽量搜集更为详细的情报信息。在无法搜集情报信息或搜集情报信息不全的情况下，应特别警惕，强化自我保护意识，牢记防身"三宝"，用加一理念进行评估，从最危险、最困难处着想。要以目标有枪并可能随时开枪射击的情况进行战斗准备，提前做出用枪准备，随时准备进行火力压制和有效反击。

2. 规范的战术方案设计

根据所掌握的犯罪嫌疑人的情报信息，应制定出规范的缉捕行动战术方案。方案的制定既要科学、合理、谋略、实用、实效，又要简明具体，应充分估计缉捕对象的反抗能力和程度，做到不打无准备之仗。制定缉捕行动战术方案，要有成本意识，应严格遵守以最小的代价换取最大的效益的原则，并注意明确以下几个方面的问题：

(1)明确行动的意图与目的，统一指挥；

(2)明确此情此境武器使用的法律规定；

(3)明确缉捕对象有什么凶器和武器，及其种类、数量、性能等；

(4)要了解我方人员的行动能力和布控情况；

(5)明确分工合作的要点和程序；

(6)明确缉捕行动现场发生变化时的应变措施及战术方案的转换。

为了避免人员伤亡和财产损失，尽可能不发生对抗，在缉捕反抗的犯罪嫌疑人时，特别是对持武器对抗的犯罪嫌疑人实施缉捕时，应尽量达成战斗和战术的突然性，以实现缉捕行动的目标。缉捕时，无论采用和实施何种战术方法，均应以此为前提。因此，在行动中应处理好以下几个环节：缉捕行动时机的选择是关键，只有时机把握好了才能给对方突然袭击；缉捕人员行动时的位置,应尽量靠近犯罪嫌疑人,以便在缉捕行动时能以最近的距离和最快的速度贴近对方身体,在最短的时间内将犯罪嫌疑人制服;在制服犯罪嫌疑人之后,应迅速彻底地搜身;缉捕成功后应迅速将犯罪嫌疑人带离现场,以免群众围观。

另外,在方案设计时尽可能采用智取的方法,找出犯罪嫌疑人的“弱点”实施缉捕,但有时犯罪嫌疑人的优势也可以为我所用。如犯罪嫌疑人对着装警察的警惕性,往往会使其躲避起来,那么我们事先埋伏在犯罪嫌疑人可能的躲避处,以着装警察有意出现在其附近让其注意到,这样犯罪嫌疑人就会迅速躲避起来,正好进入警方伏击圈。任何事情都有利有弊,关键在如何利用。

3. 行动的保障

在公共场所的缉捕行动保障,重点注意以下几方面:

(1)警力的保障。由于公共场所面上的控制难度较大,既要考虑控制人群,又要考虑控制道路交通秩序;既要考虑犯罪嫌疑人可能的逃跑路线的控制,又要考虑犯罪嫌疑人反抗所引起的犯罪升级等;所以需要的警力较多,且应注意公开与秘密相结合。

(2)行动方案的保障。根据缉捕行动的公共场所实际环境,对可能出现的人员流动高峰期进行预测,如上下班的高峰期时间、学生上学放学的高峰期等,制定出不同时间跨度的多套可行性方案,以应对可能发生的变化。

(3)装备的保障。公共场所的缉捕行动可能涉及的范围较大,所以对现场的监控设备保障有特殊的要求;武器的保障是指,由于环境的特殊性,对武器使用必须严格按照有关法律规定执行;通信联络的保障,注意隐蔽;抢险救护的保障等。

(二)公共场所缉捕行动的实施

1. 公共场所缉捕行动的前期准备

在公共场所的缉捕行动虽然经过前期的周密准备,但在具体实施过程中还需要十分谨慎。因为现场的安全控制变化较大,这就要求现场的指挥员或抓捕组负责人根据案情和现场具体情况做出判断,果断处置各种问题,处置过程中灵活运用弹性处置的原则。尽可能在有准备的基础上达成缉捕行动的突然性,这种行动的突然性包括战术的突然性和技术的突然性。战术突然性是指警察缉捕行动的时间、空间、意念、视觉等都在缉捕对象意料之外,用其意想不到的缉捕行动方式将其捕获。如施计用谋、示假隐真、反常用兵等。技术的突然性是指警察在缉捕行动中所采用的武器、警械、装备和其他技术手段,是犯罪嫌疑人不熟悉或不知晓的,使其在短时间内无法采取应对措施而被捕获。如使用网枪、震荡弹等。

2. 公共场所缉捕行动的接敌方式

在公共场所缉捕行动的接敌的方式也是很重要的。根据不同的案情和客观现场,选择接敌方式。如常用的诱惑渗入式接敌、隐蔽迂回式接敌、搜索渐进式接敌、强行冲击式接敌、便衣伪装式接敌等。不论用什么方式接敌,都应遵循"因敌示形,快速反应"的原则。在公共场所缉捕行动中,力争不暴露我方意图,行动应尽可能做到隐蔽、秘密、快速、突然。如果行动暴露,经形势评估立即选择改变接敌方式为强行冲击式接敌,或缓而图之弹性处置。

3. 公共场所缉捕行动的实施

在公共场所缉捕行动实施过程中,行动的距离是越近越好,中心现场的包围圈越小越好。通常采用夹击抓捕的方法,夹击抓捕是指缉捕人员以伪装的身份分别处于缉捕对象的前后位置,由前方缉捕人员转身作为缉捕行动的信号,近距离实施前后夹击的战术,将缉捕对象抓获方法。此抓捕方法关键在于缉捕人员前后间的配合和对中心现场的控制。处在缉捕对象后面的人员应在缉捕对象习惯性转身的反方向,如缉捕对象习惯从右边转身,则缉捕人员就应在缉捕对象的左后侧跟随。这样不易暴露自己,同时可以延长缉捕对象反抗的时间和幅度。千万不要让所有的缉捕人员都实施抓捕,应有专门的人员对现场实施警戒。只要将缉捕对象抓获,应立即带离现场,由控制组负责警戒,防止人群围观或者出现意外。

(三)在公共场所缉捕应注意的问题

公共场所现场环境复杂,人、车往来频繁,容易发生违法犯罪案件,同时也是违法犯罪嫌疑人消遣、落脚的地方。因此在公共场所进行缉捕行动较多,且容易导致群众围观和嫌疑人的行动升级,所以警察在公共场所的缉捕行动中应注意以下两个问题。

1. 严密控制,依法施策

公共场所现场环境复杂,不论是有准备的缉捕还是突发事件的缉捕,都极易导致群众围观和嫌疑人的行动升级。因此对缉捕现场的控制一定要严密;群众与嫌疑人群之间,嫌疑人之间都要严密控制。同时缉捕人员在实施缉捕的过程中对警械和武器的使用都会受到客观环境和心理的影响,缉捕对象极易混迹于人群中,缉捕人员应尽量避免或减少使用枪支等杀伤性武器,所以缉捕人员的执法行动,必须要有相应的法律、法规作为支撑,否则就会犯错误,甚至违法。

2. 配合默契,速战速决

公共场所的缉捕行动,缉捕人员的配合很重要,行动中要有“补位”的意识,因为现场情况千变万化,随时会出现方案调整,在此过程中容易导致失误。因此在行动中,缉捕人员和行动小组相互之间虽有分工但要合作,形成默契。另外在对缉捕对象实施抓捕时,动作方法要得当,应快速简练,速战速决,不要拖泥带水。同时速战速决还有另一层含义,就是不能速战则就不决,即弹性处置。

二、室内缉捕行动战术的应用

(一)室内缉捕行动的组织

人民警察在缉捕行动中,在犯罪嫌疑人住家、工作办公室、酒店房间、餐馆包房、夜总会 KTV 等室内进行缉捕行动,占整个缉捕行动很大的比例,因此专门就警察在室内进行缉捕行动的战术进行研究。室内缉捕行动是指人民警察在犯罪嫌疑人住家、工作办公室、工厂厂房、酒店房间、餐馆包房、夜总会 KTV 等室内缉拿捕获各种违法、犯罪分子或犯罪嫌疑人的行动。室内的特点:相对封闭、室内情况不便观察、室内水电气设施复杂、室内房间结构复杂、与建筑物的关联性等。

1. 准确的情报信息和分析判断

在对室内的犯罪嫌疑人的缉捕行动中,及时准确的情报信息是行动的首要前提。由于犯罪嫌疑人的不可观察性,以及室内环境复杂,导致了室内缉捕的不确定性,从而加大了缉捕行动的难度。若要保证缉捕行动的成功,就必须在行动之前充分了解和搜集各种详细、准确的情报。搜集的情报信息范围主要包括：

（1）缉捕对象的基本情况；其所持凶器、武器的情况；对缉捕对象的危险评估。

（2）建筑物的结构情况；建筑物的周边环境；社区的管理情况；室内的布置情况；进入建筑物的路线；犯罪嫌疑人可能逃跑的路线；现场是否可以形成立体的监控等。

（3）锁定缉捕对象所在建筑物内的具体位置，楼层房间。

（4）犯罪嫌疑人是否有同伴；有多少人；与犯罪嫌疑人的关系或与案件的关系；这些人的年龄、体貌特征、身体素质、反应能力及反抗能力等。

（5）根据犯罪嫌疑人在室内停留的时间，尽量选择合适的时间行动。

除上述的情报信息搜集范围外，在时间和条件允许时，还应尽量搜集更多更详细的情报信息。在无法搜集情报信息或搜集情报信息不全的情况下，要因地制宜，因案施策，稳妥求胜，合理冒险。

2. 规范的战术方案设计

根据所掌握的缉捕对象和缉捕现场的情报信息，制定出规范的缉捕行动战术方案。方案的制定既要科学、合理、谋略、实用、实效，又要简明具体；应对缉捕对象进行危险评估，对缉捕现场所有的危险点进行评估；应特别警惕，强化自我保护意识，牢记防身“三宝”，用加一理念进行评估，从最危险、最困难处着想，做到不打无准备之仗，严格遵守以最小的代价换取最大效益的原则。并注意明确以下几个方面的问题：

（1）明确行动的意图与目的，统一指挥。

（2）明确行动中可能涉及的法律规定和程序。

（3）明确缉捕对象有什么凶器和武器，及其种类、数量、性能等。

（4）要了解我方人员的行动能力和布控情况；一般按警察 3∶1 的比例布置警力。

（5）明确分工合作的要点和程序，一般将警力分为三个组：缉捕组、控制组、接应组。

（6）明确缉捕行动现场发生变化时的应变措施及战术方案的转换。

(7)确定缉捕行动方式。

同时需要注意的是:在室内进行缉捕行动,时间的选择很重要。现在很多房屋都安装防盗门,强攻或突袭有一定的难度,因此在一般情况下多采用智开门户的方法进入室内缉捕;在不同的时间段所采用的智开门户方法不同,所以选择缉捕行动时间后才能确定行动方案。方案设计时,对进入室内的通道、门、窗的控制分工要明确,以防缉捕对象逃跑或无关人员进入现场。确定进入室内的缉捕人员的顺序和入室后的分工与配合,指挥员或行动负责人的位置不要在最前面,而应在队伍中间便于调度控制的位置。行动中缉捕对象在暗处,我方在明处,处于被动态势,因此方案设计时要充分考虑谋取优势,如时间上的优势、空间上的优势、人力上的优势等,并发挥优势的实战效能。

3. 行动的保障

室内缉捕行动的保障,重点注意以下几方面:

(1)警力的保障。由于敌明我暗和现场的特殊性,一般情况下,现场警力不宜太多,按警察 3∶1 的比例布置,并以便衣为好,留有机动力量。

(2)行动方案的保障。根据室内缉捕行动的实际环境,对可能出现的缉捕对象逃跑、反抗升级等意外情况,应有相应处置方案。对可选择的时间段应有对应的方案。

(3)装备的保障。室内的缉捕行动可能涉及的范围不大,且空间狭小不便于观察,危险点多且不明确,因此武器装备、通讯设备、防护装备很重要。另外,警械、破门工具、夜间用照明工具等缺一不可。

(二)室内缉捕行动的实施

室内缉捕行动的实施,虽然经过精心准备,但在实施过程中还需要十分谨慎。因为现场环境的不明确性和隐蔽性。这就要求现场的指挥员或抓捕组负责人根据案情和现场具体情况做出判断,果断处置各种问题,充分利用居委会、社区保安等,处置过程中灵活运用弹性处置的原则。尽可能在有准备的基础上达成缉捕行动的突然性,这种行动的突然性包括战术的突然性和技术的突然性。

战术突然性是指警察缉捕行动的时间、空间、意念、视觉等都在缉捕对象意料之外,用其意想不到缉捕行动方式将其捕获。如从建筑物的门或窗强行突入、事前设伏缉捕、诱开门户等。

技术的突然性是指警察在缉捕行动中所采用的武器、警械、装备和其他技术手段,是犯罪嫌疑人不熟悉或不知晓的,使其在短时间内无法采取应对措施而被捕获。如使用声光弹、震荡弹、催泪弹等。

(三)室内缉捕行动中应注意的问题

在室内缉捕行动中,如果行动暴露,室内缉捕目标已被惊动,有反抗倾向,在这种情况下,不要轻举妄动,应围而逼之,先行控制现场所有可能的逃跑通道以及关掉水电气,让缉捕对象感到反抗无望,迫使缉捕对象开门投降。接受投降时应命令室内人员逐一走出来,要注意节奏,出来一个处置一个;同时了解室内情况,要防止缉捕目标同时向外出;应进入室内搜查,收集犯罪证据。如果拒不投降的,可以围而歼之,攻心无效的情况下,采取强攻措施,强行撬开门户控制;不要轻易进入,可打进强光弹、催泪弹、放警犬等,强行赶鸟出笼;也可从建筑物的门或窗强行突入,将缉捕对象抓获。另外在室内缉捕时还应注意以下问题:

(1)在进入室内缉捕时,抓捕组一般不应少于三人,并事先分工明确。

(2)缉捕现场有其他人时,缉捕组应分出专人控制室内的其他人,并与缉捕对象隔离开。

(3)在进入室内缉捕时,应特别注意不要让缉捕对象接触室内的任何东西,并重点控制缉捕对象的双手。

(4)在室内缉捕时,一般应由两个缉捕人员同时上前实施缉捕,因为室内随手可拿的东西多,且任何物品都可能成为犯罪分子的反抗工具。

(5)当缉捕组的人员擒获缉捕对象后,应立即迅速撤离带走缉捕对象,按原定计划路线将其押走,由控制组人员负责控制或处理遗留问题。

第十二章　解救人质战术

第一节　劫持人质案件现场指挥与控制

劫持人质案件现场不确定因素多，处置难度大，涉及多个警种。为确保人质安全，做到稳妥处置，必须在合理的处置模式下对现场进行有效地指挥和控制。

一、劫持人质案件处置模式

（一）现场处置架构

通常劫持人质案件现场处置体系包括指挥员、谈判组、攻击组、现场封控组、支援组，其架构如图 12 – 1 所示。

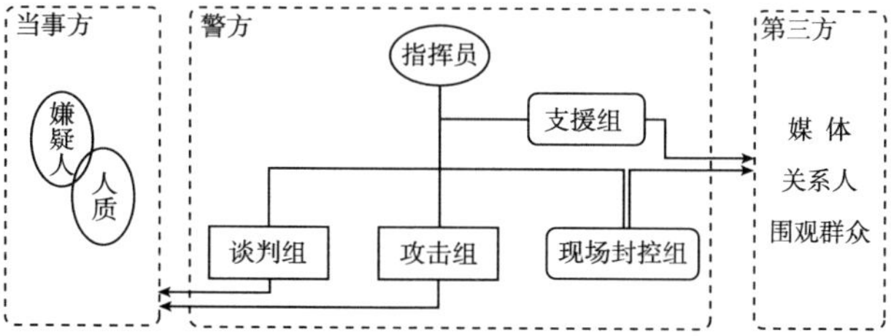

图 12 – 1　人质危机现场处置架构示意

（1）指挥员负责统筹现场处置全局工作，建立现场指挥部，保证处置工作有效、有序进行。

(2)谈判组负责以和平的方式处置危机。通常由专业谈判人员担任，根据现场情况建立沟通渠道，获取嫌疑人信任，为事件处置赢得时间，必要时为武力攻击创造战机，并向指挥员提供关于谈判策略方面的建议。同时，应与攻击组密切配合，实现谈判与武力的双线发展。

(3)攻击组负责以武力的方式处置危机。通常由特警队担任，负责各项武力措施的策划、实施，包括现场核心区域的封锁控制、现场侦查、强攻方案、营救措施的部署实施等，也包括使用技术手段获取情报，为指挥员提供战术方案等工作。

谈判组与攻击组作为直接处置的专业力量，负有向指挥员提出专业化建议的职责，即根据现场的实际情况，从各自专业的角度，对案件的发展做出合理的评估，对案件的处置提出合理的方案和建议，提供给现场指挥部作决策参考。从而使指挥员的决策更加合理，使事件处置的专业化程度更高，效果更好。

(4)现场封控组主要由巡警、派出所民警、交警等担任。负责案件现场外围的封锁和控制，即警戒区外围线控制，为现场处置力量建立一个安全、有序的工作环境。

(5)支援组由情报策略、公共信息、行动技术、排险救援、后勤保障等功能组构成。情报策略组负责情报信息的收集加工、分析研判，制定处置策略与方案，提供给指挥部作决策参考。公共信息组负责协调新闻媒体的口径，起草发布新闻稿，控制谣言。行动技术组负责使用技术手段侦察现场和嫌疑人的情况，为谈判、攻击和指挥决策提供情报依据。排险救援组包括消防、医疗、排爆等单位，根据现场处置工作需要进行专业救援、救护、排险等工作。后勤保障组担负现场各种设备、物资、交通、通讯等方面的保障和支援。

(二)现场警力部署

因涉及治安、刑警、特警、消防、救护、排爆等多个警种的使用，劫持人质案件的现场警力部署需务必做到有序和便于协同，如图 12－2 所示。

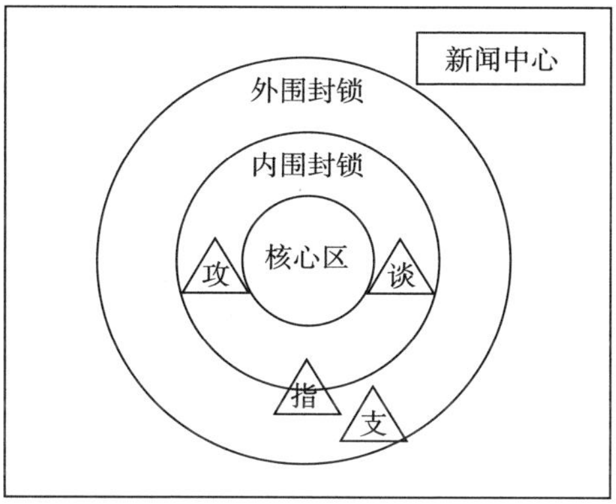

图 12－2　劫持人质案件处置现场警力部署示意

(1)新闻中心,用于向现场媒体发放消息,通常部署于现场外围封锁之外,由支援警力负责警戒,并派出宣传、公关等部门负责与媒体接洽。

(2)现场指挥所,应尽量靠近现场,使指挥员能够监视现场,并与现场警力保持联系,同时也应保持足够的安全距离避免遇到火力袭击。通常设在指挥车内,也可设于内围封锁附近适当位置。指挥所内成员包括现场指挥员,攻击组指挥员,支援力量负责人(必要时,攻击组指挥也可以设在独立空间)。

(3)支援警力待命区,治安、消防、医疗、排爆等支援警力或辅助力量应部署于内、外围封锁之间。

(4)谈判组,部署于内围封锁线与核心区之间。如果是涉枪、涉爆劫持案件,谈判组采用远距离谈判,则谈判组应部署于专用车辆内或附近安全的地点。

(5)攻击组,部署于内围封锁线与核心区之间,并与谈判组相对隔离。在攻击发起前可将突击力量部署于核心区适宜位置。

二、现场控制

建立双区域隔离是危机处置现场行之有效的隔离措施。双区域即警戒区、核心。(如图 12－3)

警戒区是为处置力量展开工作而划定的,是各警力集结待命和工作的区域。划定警戒区的目的在于将非授权人员隔离在外,避免伤及无辜和干扰处

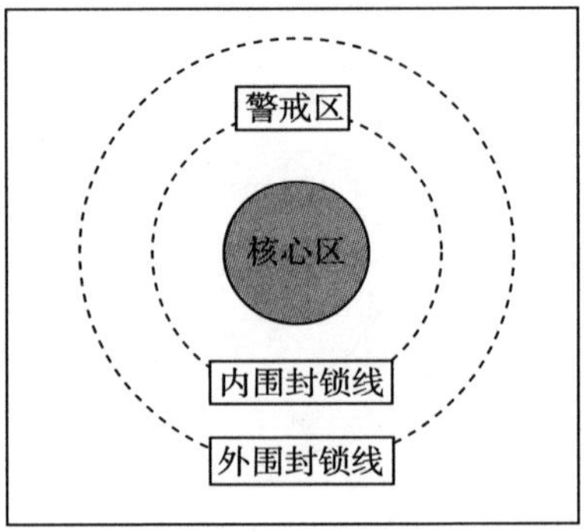

图 12－3　劫持人质案件现场双区域隔离示意

置工作，并使处置警力成梯次配置。所有授权人员进入警戒区，应知会现场指挥部。

警戒区由内、外围封锁线组成。通常，外围封锁线由治安、派出所警力负责，将围观人员隔离在现场之外。内围封锁线由攻击组负责，将支援警力与核心处置力量加以隔离，目的在于为处置创造相对独立的空间，便于缓解劫持者的心理压力。

核心区是危险源，为保证现场处置人员和人质的安全，避免刺激嫌疑人，防止嫌疑人发现警方意图，核心区必须建立严密的警戒和隔离，通常由攻击组警力负责。任何人进入核心区，都应知会攻击组指挥员。

三、处置流程

事件处置流程包括以下几个阶段。

（1）接警后，应按照案情，动员相应力量赶赴现场（事先制定相应预案能大大提高动员效率），如果没有事先建立各个功能组的预案，指挥员要临时组建，在动员命令中，明确其职责。

（2）先期处置警力，在现场实施隔离措施。

（3）建立双区隔离，指各处置力量到达现场后，划分警戒区、核心区，建立各自的工作场地。指挥员要调动相关支援单位，部署建立外围与内围封锁，建立现场指挥部，向各参与人员进行情况简报。攻击组部署核心区警戒，派出人员现场侦察（一般是狙击手），制定攻击行动方案。谈判组进行前期情况调查(此多为外围获取),尽量多地掌握案件情报;布置谈判场地,包括器材准备。

(4)处置。派出谈判员正面接触嫌疑人。此时,谈判组应会同攻击组初步制定运送、接收、投降方案。指挥员根据事态发展,不断调整谈判、攻击决策策略;谈判组、攻击组不断给出专业意见和建议。

(5)善后。将人质、嫌疑人等当事人员合理安排,排除现场危险物品,采集证据(包括行动书面材料),安排各处理力量的撤回事宜。

(6)实施撤回。封控组要恢复事件现场秩序后方可离开。

处置流程如图 12－4 所示。

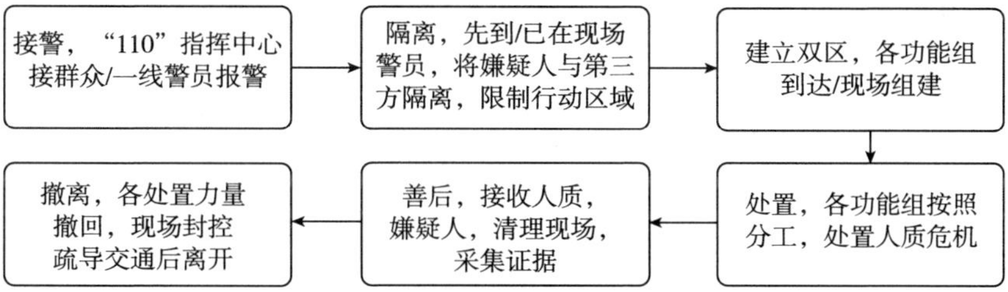

图 12－4　劫持人质案件处置流程

其中处置阶段是整个事件处置的核心,各个功能组要有机协同,才能有效处置危机。一般这一阶段随事态的发展变化,可以分为第一阶段(处置初期)、第二阶段(处置中期)、第三阶段(处置后期)三个发展阶段。在三个阶段中,各个功能组的工作重心是有所不同的。下面分阶段阐述。

(一)第一阶段——处置初期

1. 现场指挥部

向谈判组、攻击组通报现场情况;制定初期处置目标;督促谈判组、攻击组制定运送、接收、投降、攻击方案。

2. 谈判组

稳定劫持者情绪;建立沟通渠道;获取现场信息;与攻击组共同制定运送、接收、投降方案。

3. 攻击组

建立核心区(内围)封锁;观察、监控现场;与谈判组共同制定运送、接收、投降方案;制定攻击方案。

4. 现场封控组、支援组

做好外围封锁警戒;劝离围观人员,控制其声响;做好人员救护,消防准备;器材及后勤保障准备。

(二)第二阶段——处置中期

1. 现场指挥部

审核运送、接收、投降、攻击方案;及时向谈判组、攻击组通报现场态势;处理劫持者提出的要求;根据现场态势调整处置策略。

2. 谈判组

与劫持者建立信任;处理劫持者提出的要求和期限;分析事件的原因。

3. 攻击组

调整攻击方案;捕捉或创造战机;攻击方案演练。

4. 现场封控组、支援组

管理处置现场,维持外围秩序,避免人质家属、媒体记者等非授权人员闯入现场;根据现场的需要开展相应工作。

(三)第三阶段——处置后期

在处置后期若谈判奏效则应促使事件和平解决;若谈判破裂或无法继续时则应采取武力营救人质。

1. 事件和平解决

(1)现场指挥部

给对方制造台阶;实施接收、投降方案。

(2)谈判组

给对方制造台阶;实施接收、投降方案。

(3)攻击组

①实施接收方案。接收人质过程应在谈判组指引下进行,按照“先人质后劫持者”的顺序实施。所有人员出现场时务必将双手置于警方可见位置,并通报姓名。而后由攻击队员带离现场,实施身份核实与安全检查后登记在册。对于受伤的人员应立即交由救护力量。

②实施投降方案。对于投降的劫持者按照“先胁从后主脑”的顺序接收,

接收过程应在谈判组指引下进行。当劫持者空手离开现场时，由攻击队员负责拘捕行动。

（4）现场封控组、支援组

做好救援准备，对伤员、体弱者及时给予救助；开辟疏散通道并做好警戒，使被接收人员和处置组人员、车辆能够顺利离开现场。

2. 武力营救人质

若劫持者有伤害人质的迹象，或谈判难以维持时应转入战术性谈判，为武力营救人质创造条件。

（1）现场指挥部

审核、批准攻击方案；部署谈判组、攻击组之间的协同措施；部署接收人质措施；下达攻击指令。

（2）谈判组

稳定劫持者情绪；及时向现场指挥组、攻击组通报现场信息；向攻击组明确协同措施；为攻击组赢得时间、创造攻击条件。

（3）攻击组

向现场指挥组、谈判组明确协同信号、措施；各组进入攻击位置；接到攻击指令后发起突击行动；将所有嫌疑人、当事人控制后带出交由支援力量甄别处理。

（4）现场封控组、支援组

建立人质接收区；做好医疗救护、消防准备；待突击行动结束后，进入现场救助伤亡人员、勘查取证。

第二节　解救人质强攻战术

当采用武力解救人质时，强攻是实现战术意图的必经阶段。强攻战术因环境不同而有所区别，但都应经过缜密的策划并遵守严格的操作程序。

一、强攻战术的实施程序

（一）侦察

强攻战术发起之前，攻击组指挥员、攻击队员以及现场指挥员都应准确

把握现场态势和环境。可以通过技术手段或与谈判组配合的方式获取现场信息,主要包括以下内容:

(1)劫持者数量及武装情况、位置、心理状况;

(2)人质数量、伤亡情况、位置;

(3)现场不利于攻击的因素,如建筑结构、有爆炸物等。

(二)制定突击方案

根据侦察结论制定多套突击方案,并明确每种方案实施时所必备的战机(可形成攻击的战术条件),进而根据"慎重优选"的战术原则将突击方案报予指挥员,为其决策提供依据。

(三)现场演练

应根据现场环境反复演练突击方案,以便攻击队员熟悉行动步骤和细节,同时检验方案的可行性。应尽量寻找与现场一致的环境进行演练,条件不具备时可临时搭建。

(四)调整方案

根据劫持者、人质的状态变化实施调整攻击方案。

(五)得到授权并实施

突击方案在实施前必须得到现场指挥员的授权,并知会谈判组、支援警力等相关部门。切忌未经授权而采取突击行动。为避免在非常紧急状态下来不及请示指挥员的情况,攻击组指挥员应在制定出方案后尽快获得指挥员授权。另外,指挥员应明确授权的依据是某一战机的出现而非某一时刻的到来,如"当劫持者伤害人质时立即采取攻击行动"。

(六)清场

强攻行动结束后,攻击组队员需进入现场做清理,检查有无遗留人员和武器装备。清场完毕须向现场指挥员汇报。

二、强攻战术的种类

(一)隐蔽突入或潜入

为避免嫌疑人发现警方企图,可采取隐蔽突入或潜入的方式。实施时突入小组应以最大限度保证隐蔽与掩护,使用手语通讯,避免走路及装备所发出的声音,同时注意降低通讯设备的噪声及避免无意中按压灯具开关。为达成出其不意的战术效果,突入小组的接近及突入位置通常选在嫌疑人无法看到或意想不到的位置。为最大程度实现打击效果,应尽可能选择多个突入点,在第一突入点无法实施时第二突入点应立即采取行动。有时也可采用化妆的方式将突击装备或人员渗透至现场。

(二)强行突入

强行突入可能造成很大的伤亡和损失,非迫不得已不宜使用。使用该战术之前,首先应摸清犯罪嫌疑人所处空间的具体情况、犯罪嫌疑人的人数、具体位置,武器种类和数量等。并根据现场具体情况制定伤亡可能性最小的战术方案。基本原则是针对每一个犯罪嫌疑人布置一个战术小组,并根据每组所负责的犯罪嫌疑人位置的不同和建筑的具体结构,确定每组的入口。比如,可从门、窗、阳台进入,如有条件可用塑胶炸弹爆破墙体进入室内。入室时要安排好顺序,防止相互阻碍,以最快的速度制服犯罪嫌疑人。为及时应对爆炸、起火等险情,应安排消防车辆和防爆专家待命。

1. 强行突入的实施条件

当现场出现以下情况时可以实施强行突入:

(1)其他战术手段失败或没有实施条件,如隐蔽突入已暴露,无法继续时;

(2)人质数量较多,嫌疑人已经或正在杀害人质,为了保证多数人质的安全;

(3)已获得明确的授权。

2. 实施原则

(1)使用尽可能多的突入点,但要避免警方人员火力交叉的情况。

(2)尽量从对方难以预料的地点突入。

(3)包围现场并已经切断逃脱路线。

(4)快速、猛烈、突然、持续的实施打击。

(5)保持突击队员之间的通讯畅通。

(6)在突击每个房间前及时收拢突击队员。

(7)肃清每个房间后安排警戒,人员不足时应关闭已肃清房间。

(8)将所有被发现的人带离房间,不假定任何人为无辜(劫持者可能假扮成人质,也可能出现斯德哥尔摩症候群)。

3. 突入口的选择

对建筑实施强行突入,可由窗、门、屋顶进行,针对高层建筑可利用索降的方式。在特定环境下可通过爆破墙壁、管道等突入。通常对一个建筑选择两个点同时突入。选择突入点时应尽可能沿一个方向肃清。

4. 突入的类型

(1)蜂群式突入,当建筑的突入点较开阔时,应安排尽可能多的人员同时突入以控制现场。

(2)蛇形突入,突击队员鱼贯而入,适用于突入口较窄的建筑。

(3)交替式突入,突击队员交替掩护前进,适合于突入路径较长或者内部环境较为复杂的建筑。

三、隐蔽突入和强行突入的配合

这两种突入方式有各自的优势,配合使用能够更好地达成战术目标。例如,一个突击小组以强行突入的方式分散其他劫持者的注意力和火力,另一个突击小组则以隐蔽突入的方式解救关押在附近的人质。因而,在日常训练中应注重加强两种战术的配合。

第三节 基本谈判技巧

当劫持人质案件发生后,为确保人质安全,首先应采用谈判的方式力争和平解。即便在和平解决无望时,谈判也可以为武力突击和指挥决策获取情报、赢得时间,甚至创造条件。

一、初期谈判策略

该阶段为劫持案件发生后警察最初介入的时间,通常此阶段劫持者情绪激动,极力排斥警方(恐怖劫持案件例外)。此阶段,谈判人员的基本策略为:

(一)稳定谈判对象的情绪

(1)封锁控制现场,避免过度显示警力。应尽量稳住劫持者、缓和气氛,尤其要避免给劫持者看见大量警察集结、道路封锁、武装人员迫近以及违背劫持者意愿的现场拍摄或媒体报道等场面,以免激怒劫持者而造成不必要的后果。

(2)尽快向劫持者传达生存希望,表明警方和平解决问题的愿望。

(3)注意对人质应激反应的处理。谈判人员要向人质表明警方的营救态度并尽量设法安抚人质情绪,提示人质不要慌乱和轻举妄动,耐心的配合警方的营救。

(二)营造和谐的谈判气氛

和谐的气氛是谈判的前提条件。形成谈判气氛的时机通常是在双方的最初接触阶段。谈判之初,当事人的大脑对谈判员的外在形象、肢体语言,以及说话的语气、声调、态度和内容等特别敏感,这一系列的信号通过当事人潜在意识的接收与过滤而形成诸如热情或冷漠、合作或猜疑、友好或防范等情绪,而这时的情绪表现正是决定着谈判气氛的关键。

谈判员可通过开诚布公、友好合作的姿态,真诚、可信、谦和的说话方式与当事人建立信任感,并可通过主动满足其基本需求,如食物、饮水(不得主动提供酒精类饮品)等显示诚意,同时观察分析其言行,了解其特点、态度和意图。为实质性谈判奠定基础。

(三)表明立场、观点

建立和谐的谈判气氛后即可表明我方对于事件的立场和观点,并明确警方或政府愿意通过和平手段解决事件的态度。同时,了解对手的立场与真实意图,并在此基础上,就存在的分歧发表建设性意见。

表明我方立场、观点时应遵循以下原则:

(1)只阐述自己的立场、观点,不必过多阐述双方的共同利益。

(2)引导谈判对象将注意力放在自己的利益上,不要试图猜测谈判对象的立场。

(3)表明立场是原则性的而不是具体的。一般来说,初始阶段的谈判任务是向着横向而不是纵向发展,也就是说,只谈原则性问题和陈述我方的基本立场、观点,而不是就某一个具体问题作深入谈判。

(4)陈述应简明扼要,通俗易懂。这样既可避免谈判对象误会,又可使双方有机会立即交谈下去,还可避免被冗长的语言影响谈判气氛。

在处理对方立场、观点时应遵循以下要求:

(1)尽量引导谈判对象发表意向,并给予足够的时间让谈判对象陈述其观点、立场,然后在弄清谈判对象真实意图的基础上,有的放矢地发表我方的意见。

(2)注意倾听,对每个问题都要认真查问,并引导谈判对象尽量详细地说明其要求或期限的细节,务必要把问题的每个要点搞清楚,并准确记录。

(3)不要过早地表示同意或反对对手的观点和立场。一般来讲,在谈判对象陈述时不要构思我方的对策,这样容易造成忽略或遗漏,也不要打断谈判对象的话题,使谈判对象尽可能详尽其所有的立场、意图和条件。

(4)面对谈判对象的无理要求或威胁,无论是否可以满足,不应急于做出回应,同时要切忌不闻不问的过于迁就或激烈指责。即便当谈判对象被我方说服之后,要注意顾全谈判对象的面子,保持我们对其的必要尊重。

二、实质性谈判阶段

该阶段谈判双方可能处于拉锯状态,持续时间可能较长,谈判员应试图降低劫持者的要求,争取和平解决。

(一)劝导劫持者先提出条件

原则上力争让劫持者首先提出条件和要求,这样对谈判员有利,因为劫持者先提出条件,谈判员可以根据劫持者提出的条件调整对策。因为谈判员的回应是在了解劫持者者的最高期望的基础上进行的,从而谈判员不但可以据此修改自己的对策,而且还可能得到一些意想不到的好处。比如劫持者提出的条件和要求比谈判员预想的要低。

若是谈判员的谈判实力很强,或是谈判对象迟迟不提出条件等情况下,谈判员不妨先提出一个条件或要求以此引导谈判正常展开。

(二)回应劫持者提出的条件

此阶段,劫持者可能会提出大量的要求,因此谈判的主要任务就是回应这些要求。

1. 判明要求的具体内容

在回应前要准确地判明谈判对象提出条件的具体内容。为此，谈判员可以向谈判对象提出必要的问题。在提问的过程中，应使谈判对象意识到：这些提问只不过是为了弄清其条件的内容，而不是在要求谈判对象解释提出条件的原因。当提问完毕后，应把自己对谈判对象所提条件的内容进行归纳总结，并加以复述，以检验双方在条件内容的理解上是否一致，避免误会。

2. 适时讨价还价

谈判员在判明对方要求的内容后应该给予还价，原则上不应该在未还价之前就去探寻谈判对象提出条件的原因。

3. 适时适度地阐述己方的立场与依据

当谈判员探明谈判对象各项条件的理由与依据以后，应适当地阐述己方的立场或理解；如果己方的立场或理解与谈判对象有分歧，应简明扼要地说明己方的理由和依据，切忌对谈判对象的立场和解释作过激的抨击，也不必为己方阐述的理由和依据作过多的辩解。

三、结束阶段谈判策略

如果劫持者在这一阶段愿意接受谈判员的条件及指引，向警方妥协，则处于主动地位的谈判者，可以利用自己的优势，给对方造成压力，迫使对方让步，以使自己谋取最大利益。具体策略如下。

（一）先苦后甜

先苦后甜策略是一种先用苛刻的虚假条件使对方产生疑虑、压抑、无望等心态，以大幅度降低其期望值，然后在实际谈判中逐步给予让步，使对方愿意妥协，使己方从中获得较多利益的策略。

这一策略的成功是建立在人们心理变化的基础上的。其原则在于：人们通常对来自外界的刺激信号，总是以先入信号作为标准并用来衡量后入的其他信号。当先入信号为甜，再苦一点则感觉很苦；若先入信号为苦，稍甜一点则感觉很甜。在谈判中，人们一经接触便提出许多苛刻条件的做法，恰似先给对方一个信号，尔后的让步，虽然仅为一点点，也会使其感到已经占了很大便宜，从而欣然在对方要求的条件上做出较大妥协。

运用先苦后甜策略应注意的是:起先向对方所提的要求,不能过于苛刻,漫无边际,“苦”要“苦得有分寸”,不能与通行的惯例和做法相距太远。否则,对方会觉得你缺乏诚意,以至终止谈判。

(二)规定时限

规定时限策略是指谈判一方向对方提出达成协议的时间限制,超过这一期限,提出者将退出谈判,以此向对方施加压力,促使双方集中精力,灵活地、创造性地解决问题,从而使谈判顺利进行以达成协议的策略。

规定谈判的时限能使那些犹豫不决的谈判对手尽快作出决定,是因为它会使对方感到不迅速作出决定,他可能会失去这个机会。从心理学的角度讲,人们普遍对能够得到的东西不觉得稀罕,但是当他一旦觉得可能要失去某种东西时,这种本来在他看来并不重要的东西会变得很有价值。在谈判中运用规定时限策略就是借助人的这种心理定式而发挥作用的。

如果劫持者丧失耐性,强烈要求自己的要求能够被满足,谈判难以持续则进入战术性谈判阶段。

第四节　谈判与攻击的配合

当谈判无法解决人质危机或必须以武力手段解决危机时,就须使用战术性谈判策略。谈判员可以利用建立起来的信任关系,创造劫持者与人质暂时分离,或者劫持者与凶器暂时分离,或者使劫持者的思想松懈麻痹的机会,为武力营救创造条件,也即强调谈判与物理攻击的配合。

一、战术性谈判的实施条件

(1)期限将近,时间紧促,继续拖延会延误战机或给人质的安全带来非常不利的因素;

(2)由于劫持者所提条件过于苛刻或官方根本无法接受或实现,政府不能答应谈判对象的主要要求;

(3)谈判对象使用极端威吓手段,严重威胁人质的生命安全;

(4)突击队获准随时采取突击行动。

二、战术性谈判的任务

(一)利用谈判降低攻击风险

(1)争取时间去搜集情报;

(2)争取时间去作演练安排;

(3)营造"斯德哥尔摩"现象;

(4)继续发展良好关系使谈判对象顺从或被支配。

(二)利用谈判配合攻击行动

(1)确认对方头目的位置,并在突击前与其保持联系;

(2)分散对方注意力,以便分头袭击;

(3)编好故事或安排背景音效,以便掩护攻击行动;

(4)作更大的让步,使对方麻痹松懈。

三、战术性谈判中谈判与武力的配合

(一)谈判初期的配合

在谈判初期,武力攻击组的主要任务是依据现场情况进行部署,确保谈判组成员的安全并为武力攻击做准备,做好内外层包围圈的警戒。

(二)实质性谈判阶段的配合

进入实质性谈判阶段,谈判形势会出现波动。谈判组要承担为武力攻击收集情报的职责,将目标的情况通报武力攻击组。武力攻击组则应根据谈判组提供的情报尽快制定攻击计划。同时,谈判组应与武力攻击组共同制定运送计划,并由后者执行。

(三)强攻阶段的配合

如果谈判破裂,将要采取强攻,谈判则承担起为武力攻击提供情报指引、降低风险、制造战机等功能。需要强调的是,如果指挥员决定强攻时,武力攻击组必须与谈判组沟通以明确安全细则,但谈判组应避免将攻击计划无意间泄露给对方。

第十三章　边境地区处置群体性治安事件

第一节　基本常识

处置边境地区群体性治安事件，是边防部队依据法律制止聚众闹事或迫使闹事群体离散的一种处置行动。机动队（分队）在参与处置此类事件时，必须按照上级命令，主动服从当地党委、政府和公安机关的指挥，贯彻军事威慑与教育疏导相结合的原则，遵守国家的法律和有关规定，依法处置。

一、边境地区群体性治安事件的主要特征

边境地区群体性治安事件，一般是指发生在边境地区的，为达到某种目的、获取某些局部利益而采取聚众闹事、扩大事态、加剧冲突、滥施暴力等手段，造成具有一定规模，危害边境地区社会秩序和公共安全的事件。群体性治安事件一般具有以下几个特征：

（一）群体性、效仿性

近年来，一些边境地区群体性治安事件发生后，当地政府都相应地解决了一些问题，对缓和矛盾、维护社会稳定起到了积极作用，但客观上助长了一些群众“大闹大解决，小闹小解决，不闹不解决”的错误观

念。一些群众因此效仿，在遇到问题时，以聚众的方式要求解决。

（二）局限性、单纯性

边境地区群体性治安事件多数是某一特定群体利益受损而采取的群体行为，提出的口号和要求都是请求党委、政府解决某一问题，不同事件之间一般没有必然的联系。由于此类事件容易博得一定的社会同情，易被别有用心的人利用。

（三）反复性、对抗性

如反映的问题得不到解决，事件会重复发生，甚至愈演愈烈，形成与地方党委和政府的对抗。在边境地区甚至还出现了因问题没有得到及时解决，从而纠集众人多次围攻边防派出所的恶性事件，造成非常恶劣的影响。

（四）隐蔽性、突发性

边境地区群体性治安事件初期总是隐蔽的，不易被发现，但随着矛盾的积累和激化，遇有导火线，就会突然爆发。

（五）策动性、可塑性

大多数参与者并非一开始就是自愿的，而是在诱惑、胁迫的情形下参与。边境地区群体性治安事件基本上属于人民内部矛盾，具有可诱导性，只要疏导和妥善处理，就能及时化解。

（六）预谋性、组织性

当前边境地区群体性治安事件向有预谋和有组织的方向发展，事件中常有从事酝酿、策划、串联、鼓动、组织和操纵行为的为首者和活跃分子，这些人为达到某种目的，往往采取各种手段，威胁他人采取一致行动。

二、处置边境地区群体性治安事件的任务、特点、原则及法律依据

（一）处置边境地区群体性治安事件的任务

根据公安部《公安机关处置群体性治安事件规定》等法律、法规的规定和边防部队的实际情况，机动队（分队）在处置边境地区群体性治安事件时，通常在上级编成内遂行任务，有时也单独遂行任务。其基本任务是：

（1）及时掌握事件动态，迅速向党委、政府、公安机关和上级公安边防部门报告；

(2)服从党委政府、公安机关和上级公安边防部门的统一部署,适时适度出动兵力,协助有关部门做好疏导化解工作;

(3)及时向上级公安边防部门请示、报告处置行动的各项事宜,主动收集各种信息,为上级指挥机关提供决策依据;

(4)对事发地某一方向、地段、地点实施封锁控制;

(5)在事发地区,检查可疑人员的证件、车辆、物品等;

(6)依法采取公开与秘密相结合的方式及时取证,为现场处置和事后依法处理提供证据;

(7)协助公安机关制止犯罪行为,抓捕犯罪嫌疑人,疏散或者驱散闹事人群,阻止闹事人群冲击、破坏辖区重要目标;

(8)配合有关部门宣传法律、法规和政策;

(9)组织警戒,防止反弹;

(10)执行上级赋予的其他任务。

(二)处置边境地区群体性治安事件的主要特点

1. 情况紧急,准备时间短

群体性治安事件一般事发突然,情况紧急,事态变化快。机动队(分队)受领任务后,组织准备时间短,必须在原有准备基础上,在限定时间内完成各种部署和准备工作。

2. 矛盾交织,执法要求高

群体性治安事件,成因复杂,参与人员众多,各种心态混杂,多种矛盾并存,务必要求边防部队既要有较高的政策、法律水平,又要有很强的处置能力。

3. 对抗激烈,处置难度大

由于闹事群体受共同利益的驱动,往往情绪激动,行为偏激。机动队(分队)在处置时可能会遇到闹事人员的谩骂、殴打,甚至会遭到数倍于我的闹事人群的冲击,对抗激烈。因此,机动队(分队)在处置时应把握好时机,稳妥处置,否则可能激化矛盾,授人以柄。特别是在少数民族地区和宗教群众聚居区执行任务时,更应了解风俗习惯,熟悉有关法律规定。

4. 单位众多,指挥协同难

在边境地区处置群体性治安事件,一般有边防、公安、武警和其他有关部门共同行动,参战人员多,各单位之间互不熟悉,相互沟通和协同较困难。在处置中容易出现指挥关系不明,配属关系不清,协同动作失调,各行其事的局面。

(三)处置边境地区群体性治安事件的基本原则

1. 预有准备,快速反应

处置边境地区群体性治安事件,情况紧急,时间紧迫,为把事件处置在萌芽状态,机动队(分队)必须做到预有准备,快速反应。平时应及时了解掌握辖区的社会情况和治安动向,熟悉辖区的地形,并根据辖区情况和本单位实际情况制定处置预案,保持良好的装备性能和通信能力,加强战备值班,并经常与地方政府和公安机关进行信息交流。一旦受领任务或接警后,指挥员要判明情况,迅速定下决心,组织指挥部队在短时间内完成各项准备,快速开赴现场,迅速展开部署,尽早控制局势。情况紧急、准备时间不足时,应边行动、边准备。

2. 集中兵力,重点部署

机动队(分队)应根据现场情况及当前任务,集中使用兵力,防止兵力分散而被包围分割,陷入被动。在采取强制措施时,应在主要方向上或关键部位最大限度使用兵力,以便有效的组织或抗击闹事人群的冲击。在强行驱散时,应集中兵力于关键部位,以形成相对优势,快速行动,逐个击破,确保一举达到目的。同时还应保证适当机动兵力,以应付意外情况。

3. 教育疏导,慎用武力

教育疏导是解决人民内部矛盾的根本性措施,要贯穿于处置行动的全过程。对于发生的群体性治安事件,应坚持教育疏导的方法,争取大多数群众,孤立和打击极少数犯罪嫌疑人。迫不得已需要采取强制措施时,也要立足于威慑和教育,严格把握分寸,尽量避免造成不良后果。参与处置行动的边防部队,要重点做好维护秩序、宣传政策法律工作,严禁与群众发生争论或对事件乱表态,以免授人以柄,引火烧身,激化矛盾。处置现场的机动队(分队)一般应携带必要的警械装备,但不得携带武器。在现场外围备勤的机动组可以根据需要或按照上级规定配备使用武器。使用警械和武器应严格依照《人民警察使用警械和武器条例》的规定,使用催泪弹和武器须经现场指挥所批准。

处置中,要做到最低限度使用武力,即能疏导解决问题的决不动用强制措施,能使用非致命性警械制止的绝不动用杀伤性武器,尽量使影响和损失降到最低限度。

4. 依法处置,慎用警力

处置群体性治安事件,必须根据事件性质和现场情况,严格依照《人民警察法》《集会游行示威法》和《人民警察使用警械和武器条例》等法律、法规的规定,采取相应措施进行处置,正确行使法律赋予的权力,依法对待事件的参与者,依法处理问题,不得侵犯和损害公民的合法权益。严格遵守国际法、双边条约、协定,避免引起涉外事件。要根据群体性治安事件的性质、起因、规模和发展事态来决定是否使用、使用多少和如何使用警力,调用警力要严格执行出警审批规定。

5. 把握时机,果断处置

在处置群体性治安事件时,要抓住重点、机动灵活、把握时机、快速处置。该早处理的应依法果断处理,以免延误时机,使事件处置难度加大。对出现打、砸、抢、烧等严重暴力犯罪的,应将为首分子和骨干分子作为打击重点;非使用强制措施处置不可的,经请示上级同意后,要集中优势兵力,快速果断处置。使用强制措施处置要把握好时机,根据事件性质和危害程度确定,要以重要目标及人民生命财产不被侵害,以及上级明确的政策界限为“度”,以制止犯罪、中止非法活动为“限”,尽量减少损失。

6. 服从指挥,密切协同

处置边境地区群体性治安事件,政策性强,涉及面广,参战单位多,通常情况下除边防部队外,还有地方公安、武警、消防、医疗救护等有关单位。机动队(分队)必须牢固树立全局观念,服从联合指挥所的统一指挥,主动配合,与各参战单位密切协同。要加强请示报告。遇有重大情况或在边境附近采取行动时,必须及时请示报告和主动通报情况,以确保处置行动的协调一致和上级意图的正确实施。

(四)处置边境地区群体性治安事件的法律依据

机动队(分队)在处置边境地区群体性治安事件行动中,必须严格依法行动。严格遵守国家的法律、法规,认真贯彻上级的指示精神,正确依据法律赋予的权力,依法遂行任务。

1. 宪法的有关规定

(1)宪法不允许无视政府和法律的行为存在。《宪法》第 5 条规定:“国家维护社会主义法制的统一和尊严。一切法律、行政法规和地方性法规都不得同宪法相抵触。一切国家机关和武装力量、各政党和各社会团体、各企事业组织都必须遵守宪法和法律。一切违反宪法和法律的行为,必须予以追究。任何组织或者个人都不得有超越宪法和法律的特权。”

(2)宪法不允许侵犯、破坏公私财产的行为存在。《宪法》第 12 条规定:“国家保护社会主义的公共财产。禁止任何组织或者个人用任何手段侵占或者破坏国家的和集体的财产。”第 13 条规定:“公民的合法的私有财产不受侵犯。国家依照法律规定保护公民的私有财产权和继承权。”

(3)宪法要求公民在享受权利的同时必须履行义务。《宪法》第 33 条规定:“中华人民共和国公民在法律面前一律平等。任何公民享有宪法和法律规定的权利,同时必须履行宪法和法律规定的义务。”第 51 条规定:“中华人民共和国公民在行使自由和权利的时候,不得损害国家的、社会的、集体的利益和其他公民的合法的自由和权利。”

2. 刑法的有关规定

(1)对构成危害公共安全罪的规定。《刑法》第 115 条规定“放火、决水、爆炸、投毒或者以其他危险方法致人重伤、死亡或者使公私财产遭受重大损失的”,构成危害公共安全罪。《刑法》第 119 条规定“破坏交通工具、交通设施、电力设备、燃气设备、易燃易爆设备,造成严重后果的”,构成危害公共安全罪。

《刑法》第 120 条和第 121 条规定:“组织、领导和积极参加恐怖活动的,并实施杀人、爆炸、绑架等犯罪活动的,依照数罪并罚的规定处罚”;“以劫持、胁迫或者其他方法劫持航空器的,致人重伤、死亡或使航空器遭受严重破坏的”均构成危害公共安全罪。

(2)对构成危害社会管理秩序罪的规定。《刑法》第 277 条规定“以暴力、威胁方法阻碍国家机关工作人员依法执行职务的”;第 289 条规定“聚众‘打砸抢’,致人伤残、死亡的”;第 290 条规定“聚众扰乱社会秩序,情节严重,致使工作、生产、营业和教学、科研、医疗无法进行，造成严重损失的”；第 291 条规定“聚众扰乱车站、码头、民用航空站、商场、公园、影剧院、展览会、运动场或者其他公共场所秩序，聚众堵塞交通或者破坏交通秩序，抗拒、阻碍国家治安管理工作人员依法执行职务，情节严重的”，均构成危害社会管理秩序罪。

3. 其他法律规定

(1)《人民警察法》。《人民警察法》第 2 条第 1 款规定：“人民警察的任务是维护国家安定，维护社会治安秩序，维护公民的人身安全、人身自由和合法财产，保护公共财产，预防、制止和惩治违法犯罪活动。”第 8 条中规定：“公安机关的人民警察对严重危害社会秩序或者威胁公共安全的人员，可以实行带离现场、依法予以拘留或者采取法律规定的其他措施。”在第 10 条中还规定：“遇有拒捕、暴乱、越狱、抢夺枪支或者其他暴力行为的紧急情况，公安机关的人民警察依照国家有关规定可以使用武器。”

(2)《人民警察使用警械和武器条例》。《人民警察使用警械和武器条例》第 3 章第 9 条对人民警察使用警械和武器做了明确规定。包括处置放火、爆炸、劫持、抢劫、凶杀、破坏军事设施和危害国家安全等事件。

(3)《公安部关于群体性治安事件管理措施的有关规定》。

(4)《公安部关于群体性治安事件强制措施的有关规定》。

第二节　处置边境地区群体性治安事件的主要战法

一、基本队形

机动队(分队)在处置边境地区群体性治安事件中应根据任务需要、现场地形、兵力数量和现场事态灵活采用多种队形，以提高处置效能。

(一)横队队形

横队队形，即成一列或多列横向展开的队形。具有展开正面宽、抗冲击力强的特点，主要用于拦阻、威慑和驱散等处置行动。根据其结构作用可分为人墙式(人与人之间相互挽手或并肩排列)、盾墙式(人员携盾并列或依次交叠)、疏开式(徒手或携警棍、盾牌保持一定间隔)。在应用时可根据需要变化队形。(如图 13 - 1 至图 13 - 7 所示)

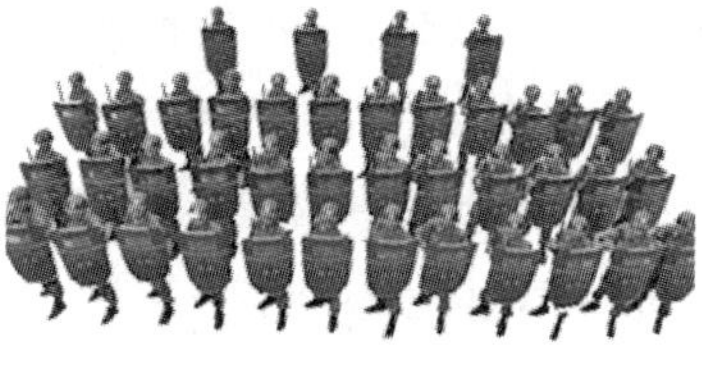

图 13-1 横队队形

图 13-2 前弧形队形

图 13-3 后弧形队形

图 13-4 手握手队形

图 13-5 单握腰带队形

图 13-6 双握腰带队形

图 13-7 人障结合队形

图 13-8 纵队队形

(二)纵队队形

纵队队形,即成一路或多路展开的队形,包括并列式(人员徒手或携警棍、盾牌成两路或多路并列)、疏开式(人员徒手或携警棍、盾牌成多路纵队,各路保持一定间距)两种队形。具有突破能力强、便于纵深控制的特点,主要用于穿插分割、隔离控制、快速机动等处置行动。(如图 13-8)

(三)菱形队形

菱形队形,即人员徒手或携警棍、盾牌成菱形展开,分为向内式(人员面向里)、向外式(人员面向外)、内外结合式(人员分别向内、外)。菱形队形具有封控能力强、便于楔入和机动的特点,主要用于分割、驱散人群等处置行动。在应用时可根据需要变为环形、楔形等队形。(如图 13-9)

(四)环形队形

环形队形,即人员徒手或携警棍、盾牌成圆形展开的队形,分为内环式(人员面向里)、外环式(人员面向外)、内外环式(人员分别向内、外)。环形队形便于对内封控和对外抗击,主要适用于封控、护卫等处置行动。在应用时可根据需要变为菱形或弧形队形(如图 13-10)。

图 13-9 菱形队形

图 13-10 环形队形

二、主要战法

(一)造势震慑,政策攻心

机动队(分队)在处置边境地区群体性治安事件时,可首先在现场使用调集兵力、调整队形、警车开道、展示装备、列队巡逻等各种手段产生强大的震慑力,给闹事人群制造心理压力,迫使其畏惧、退缩、信心动摇并最终停止闹事行为。在震慑有效的情况下可使用高音喇叭等工具进行宣传,劝导无关人员离开现场,告诫被蒙蔽的群众不要被人利用,宣传相关法律规定,警告现场人员不得从事违法犯罪行为。造势震慑,政策攻心的目的在于控制事态,震慑少数犯罪嫌疑人和骨干成员,宣传法律政策和教育大多数群众,以分化闹事人群。

(二)封锁控制,保护重点

机动队(分队)到达现场后,应立即封锁现场及周边相关地区,实行区域性交通管制;设置警戒带,划定警戒区;查验现场人员身份证,检查嫌疑人员随身携带的物品;禁止无关人员进入现场;未经现场指挥批准,不得允许任何媒体在现场进行任何形式的采访、报道。在边境一线执勤的分队应加强边境一线巡逻、警戒,根据情况增加巡逻密度;控制好码头、过境通道等,严查过境人员和交通工具;阻止企图越界人员和企图外逃的犯罪嫌疑人;保护好辖区内党政机关等要害部位的安全。

(三)多层阻拦,抗击冲击

担负处置任务的机动队(分队)应在闹事人群必经之路或重要目标周边、重要的边境通道等处设置多道拦截线,以阻止闹事人群通过或抗击闹事人群对重要目标的冲击。组织拦截时要做到“三个结合”,即在拦截部署上要点面结合,在拦截手段上要人障结合,在拦截方法上要拦劝结合。在可能受冲击的部位周边或重要的过境通道应设置多道拦阻线,成梯次纵深配置,在附近地域可部署一定的机动力量,坚决阻止闹事人员突入。

(四)区分层次,依法打击

在现场处置时应根据闹事人群的行为对其区别对待,并依法对各种人员进行处置,使处置措施做到有理有节,不枉不纵,以体现法律的公正。对正在实施打、砸、抢、烧、杀的犯罪嫌疑人可根据上级命令、指示,配合公安民警进行抓捕;对于使用器械拒捕的,可按照规定使用警械处置;对被利用或受蒙蔽、不明真相的群众以说服教育为主要处置措施,责令其限时离开现场;对超过限定时间仍未离开的可使用必要的驱逐性或制服性警械强行驱散。

第三节　处置边境地区群体性治安事件的程序步骤

机动队(分队)遇到辖区发生群体性治安事件时,通常是迅速报告上级,前往事发地,先期处置,控制事态,在当地党委政府、公安机关和上级部门的领导下开展工作。本章节侧重于在上级统一部署下开展的工作。

一、受领任务、传达任务和计划安排工作

(一)受领任务

受领任务就是接受任务。受领任务通常按照隶属关系以会议、电话、书面命令的形式传达命令、指示。在受领任务时,机动队(分队)指挥员应了解清楚任务的性质、上级的意图、本级的任务、完成任务的时限和地点等具体事项。

(二)传达任务

受领任务后,机动队(分队)应召开干部会议或全体人员会议,传达任务,时间紧急时可分头传达或边开进边传达。传达任务的主要内容包括:事件基本情况、上级意图、本级任务、完成任务的基本方法、任务分工、通信联络方式和信(记)号规定、完成准备工作的时限、注意事项等。传达任务应简洁明了,条理清晰,内容完整,注重实效,防止泄密。

(三)计划安排工作

计划安排工作就是通过计算和筹划,对组织准备阶段的各项工作进行周密的计划和科学的安排。

二、定下决心

决心是指挥员对处置目的和行动所做出的基本决定,是组织指挥处置行动的依据。及时正确的定下决心,是取得处置行动主动权的关键。

定下决心是指挥员复杂的思维过程。指挥员要想定下正确的决心,必须熟悉和把握定下行动决心的程序和方法。定下决心的一般程序是:了解任务、现地勘察、判断情况、确定决心方案。

三、下达处置命令

处置命令是下达给机动队(分队)处置任务的命令,是指挥员处置决心的基本表现形式,是所属分队指挥员组织处置行动的基本依据。机动队(分队)指挥员确定决心方案并报上级批准后,应及时向部属下达处置命令。内容包括:

(1)事件的基本情况及判断结论;

(2)上级意图,本级的任务和决心;

(3)各分队编成、配置位置、任务及行动方法;

(4)友邻位置、任务,分界线及接合部保障;

(5)通信联络的方法及信(记)号规定;

(6)完成处置准备的时限;

(7)指挥位置。

四、组织协同动作

机动队(分队)应根据上级的协同指示、本级的决心,周密地组织协同动作。组织协同的时机通常在明确任务后或在明确任务的同时进行。

(一)组织协同的方法

组织协同时应围绕主要方向和执行的主要任务,按照任务、时间、地点,规定所属和配属分队的任务、行动方法和程序,重点组织各分队之间、各方面之间、各处置阶段之间、处置行动与保障行动之间的协同。

组织协同前应区分时节、预想情况、明确各组的行动、规定信(记)号。

(1)区分时节。处置边境地区群体性治安事件通常可分为封锁控制、宣传疏导、劝阻拦截、穿插分割、强行驱散、抓捕首恶、防止反复等时节。

(2)预想情况。预想情况应从一般规律着手,从最困难、最复杂处着眼,根据各时节不同的特点,预测可能出现的情况。

(3)明确各分队的行动。根据预想情况和处置原则,具体明确各分队的处置手段和协同方法。

(4)规定信(记)号。通常采取无线电为主,有线电为辅,辅之以简易通信和运动通信等方法。组织好通信联络,可视情况佩带标志。组织协同时,指挥员要依据协同计划,组织各分队和配属单位之间的协同,具体规定各阶段各分队的任务和行动路线。

(二)组织协同动作的要求

(1)树立全局观念,主动协同配合。处置边境地区群体性治安事件时,参与单位多,机动队(分队)应依据上级明确的协同原则和关系,树立高度的全局观念，主动与其他单位搞好协同配合。

(2)遵循协同原则，理顺协同关系。配合公安机关时，应以公安机关为主；与公安机关、武警、民兵等共同行动时，应按上级明确的关系协同；内部协同应以执行主要任务、主要方向的分队为主；执行跨区增援任务时，应以属地分队为主或按上级明确的关系协同。

五、组织保障

机动队(分队)在处置边境地区群体性治安事件时应根据上级的指示和执行任务的需要，周密组织有关保障。

(一)组织处置行动保障

主要内容包括：侦查保障、警戒保障、通信保障、装备器材保障。

(二)组织后勤保障

主要内容包括：运输保障、物资保障、卫勤保障。

(三)组织战斗动员

机动队(分队)受领任务后，应迅速收拢人员进行动员。组织准备时间充裕时，可单独组织实施；情况紧急时，可与传达任务或下达命令同时进行，也可边开进边进行动员，或利用处置行动间隙进行。动员要有针对性、有号召力，目的在于鼓舞士气，使执勤官兵有充分的思想准备和信心。

六、组织开进

开进，是指部队由驻地或集结地域向事发地域前进的行动。机动队(分队)通常在上级编成内开进，也可单独组织开进。单独组织开进时，指挥员应根据上级命令、本级任务、交通状况等情况确定开进方式，选择开进路线，明确开进序列，严密组织，确保按时到达指定地域。

(一)开进准备

1. 选择开进路线

开进路线可由上级指定，也可自行选定。选择开进路线应按上级意图和行动企图，尽量选择通行条件好、距离近、隐蔽性强、障碍顾虑少、迂回道路多的路线。通常应在开进路线上选择数个调整点，以便掌握行进方向，把握开进速度。在城区内开进时，应尽量避开繁华街区，必要时，可请交通民警对重要地段（路口）实施疏导或交通管制，确保分队顺利开进。

2. 确定开进方式

指挥员应根据开进距离、道路状况、到达时限等，确定开进方式。开进的方式通常有三种：

乘车开进。通常在任务紧急，道路状况良好，距离事发地域较远时采用。

徒步开进。通常在距事发地域较近或道路通行能力差时采用。

乘车与徒步相结合开进。为争取时间，按时到位，可采取先乘车开进，当分队开进途中遇阻或车辆难以通行时，再根据上级指示或具体情况改为徒步开进。

3. 明确开进序列

机动队（分队）单独组织开进时，通常根据需要确定开进序列，编成一路或多路纵队开进。必要时按照序列编成开进。在上级编成内开进时，应按上级确定的方式开进。

（二）下达开进命令

开进命令是指挥员组织所属分队实施开进的基本依据，通常以口述的形式下达。其主要内容是：情况判断结论；开进任务；开进编成、序列、方式、路线；出发时间、地点；调整的时间、地点；休息的时间、地点；达到的时间、地点；友邻的开进路线、方式和到达地点；指挥员在开进队形中的位置及通信联络的方法；完成开进准备的时限。通常情况下，开进命令是在处置命令后下达，时间紧迫时，也可合并下达。

（三）开进实施

机动队（分队）完成开进准备后，指挥员应组织分队按预定路线，向指定地域开进。开进中，指挥员应加强指挥，特别应加强对前卫的指挥，及时了解和正确处置途中所遇各种情况，指挥分队快速开进，按时到达指定位置。

当遇到人群拦阻时，指挥员应及时组织宣传疏导，通过有关政策、法律的宣传，劝阻闹事人群。必要时，可与当地政府取得联系，疏导拦阻的人群。当宣传疏导未能奏效时，指挥员应指挥分队做好强行通过的准备，根据上级指示，采取果断措施，强行通过。

当遇有障碍物时，指挥员应指挥排障队迅速排除障碍。乘车开进受障碍拦阻无法前进时，应根据现场情况和上级命令，从迂回路线绕行或改换开进方式继续前进。改换开进方式时，应将车辆转移至安全地带，并采取相应的防范措施。

当车辆发生故障时，应迅速组织抢修，车辆暂时难以修复时，可改乘备用车辆，也可拦截车辆或请求地方政府协助解决。

第四节　各类群体性治安事件的处置

一、各类群体性事件处置行动实施

（一）对冲击地方政府事件的处置

边境地区各级政府根据本地区经济、社会发展需要制定实施的某项政策、规定、决策等，可能会与部分群众的利益发生冲突，由此引发的群体性治安事件在近几年有上升的趋势。如强行拆迁引起的群体性事件；执行计划生育政策时引起的群体性事件；殡葬改革引发的群体性事件；地方政府出台的一些管理规定引发的群体性事件等。此类事件往往“事出有因”，闹事者的目标明确，冲击政府机关的可能性较大，容易被不法分子、分裂分子利用，使事态恶化，矛盾升级。如不及时处置，将对当地的经济和政治有较大影响。

处置此类事件的基本方法：（如图 13 – 11）

图 13 – 11　封控事发单位（区域）兵力部署示意

当群众集结准备闹事时，机动队（分队）应立即开进现场，配合地方党委、政府及有关部门做好疏导教育工作。可以通过高音喇叭等宣传工具，宣传党的政策和国家法律以及政府制定某项政策的目的，争取多数，孤立少数。同时，派出精干力量深入群众，设法与组织者、策划者对话，晓以利害，规劝其不要以身试法，制造事端，力争把事件制止在萌芽状态。并将闹事群体封堵在事发单位（区域）内。指挥员应指挥警戒组携防暴器材和宣传器材配置在事发单位（区域）周边的主要道路、出入口或有利地形上，并设置警戒线，担任警戒和宣传疏导任务，劝解群众走出事发单位（区域），阻止无关人员进入；指挥拦阻（驱散）组携防暴器材成横队配置在事发单位（区域）进出口拦阻线上或有利地形上，担任拦阻任务；机动组配置在拦阻（驱散）组后侧便于机动的位置，随时增援拦阻（驱散）组的行动。

当闹事人群不听劝阻，从大门或通道向外涌出时，指挥员应指挥警戒组展开疏导，进行宣传和劝阻。当劝阻未能奏效，闹事群体冲破警戒线时，拦阻组对其实施阻截，在警戒兵力的配合下，坚决将闹事群体逐回闹事单位（区域），恢复拦阻态势，确保对事发单位（区域）的封闭控制。

当闹事群体围攻、谩骂执勤官兵时，在没有上级命令的情况下，执勤官兵应保持克制，不与个别群众纠缠，始终保持行动队形。当闹事的首要分子以暴力手段与我方对抗时，指挥员应根据上级命令、指示，指挥警戒组配合公安机关将其抓捕带离，以震慑闹事群体。

当拦阻线即将被冲破时，指挥员应果断投入机动兵力，加强拦阻力量，逐回闹事的群体，恢复拦阻态势。当闹事人群分散潜出时，警戒组在严密封控的同时，派出巡逻兵力，及时逐回潜出人员。

当闹事群体已走出事发单位（区域），并向预定地点运动时，指挥员应根据上级指示，迅速调整兵力部署，占领闹事群体行进前方的重要路口或地段，以人墙、物障相结合的方法予以拦阻，并配合地方政府反复宣传、劝导不明真相的群众离散；揭露组织策划者的阴谋，分化瓦解闹事群体；严厉警告闹事首要分子，责令闹事群体在限定的时间内按规定的路线撤离。警戒组应占领有利地形，封闭街巷、道路，采取疏出、阻入的方法，劝离参与人员，疏散围观群众。机动组应配置在拦阻组附近便于机动的位置，随时增援拦阻和封控行动。

当闹事群体冲破拦阻线时，指挥员应立即调整部署，重新组成封闭拦阻，以阻止后续人群继续前进,也可撤至下一道拦阻线或有利地形,继续拦阻。当闹事群体利用车辆冲击时,指挥员应指挥拦阻组设置阻车器材,阻止其冲击。当闹事群体绕道行进时,指挥员应根据上级指示指挥机动组,快速机动,迅速进至闹事群体前方的有利地形,实施机动拦阻。当多路闹事人群企图汇合时,指挥员应根据上级指示指挥机动组,在友邻的配合下,坚决阻止其汇合。当闹事群体久聚不散,强行滞留,使事态不断恶化时。指挥员应根据上级指示,指挥机动组强行驱散闹事人群,迅速平息事态。在驱散时,指挥员应根据任务、地形等情况确定驱散地段和方法。驱散地段一般选在路面较宽,岔路较多,人员车辆较少的地方。并明确驱散任务,组织协同动作。可采取堵头切尾、穿插分割的战术手段,将闹事人群分割驱散,也可采用拦腰切断的战术手段由中间向两端驱散。驱散中,对于抵抗程度较低的人群应运用驱散队形,以缓和的方式予以驱散;对于抵抗激烈,使用暴力向我攻击的闹事群体,应根据上级指示,使用防暴器材和非致命性武器,对其实施重点打击;对不听劝导,强行滞留者,可强行带离现场;对于实施打、砸、抢、烧等犯罪行为时,指挥员应根据上级指示,指挥机动组以部分兵力,组成穿插组,迅速突入犯罪现场,协助公安干警依法制止犯罪行为,抓捕犯罪嫌疑人,移交公安机关处理。(如图 13 - 12)

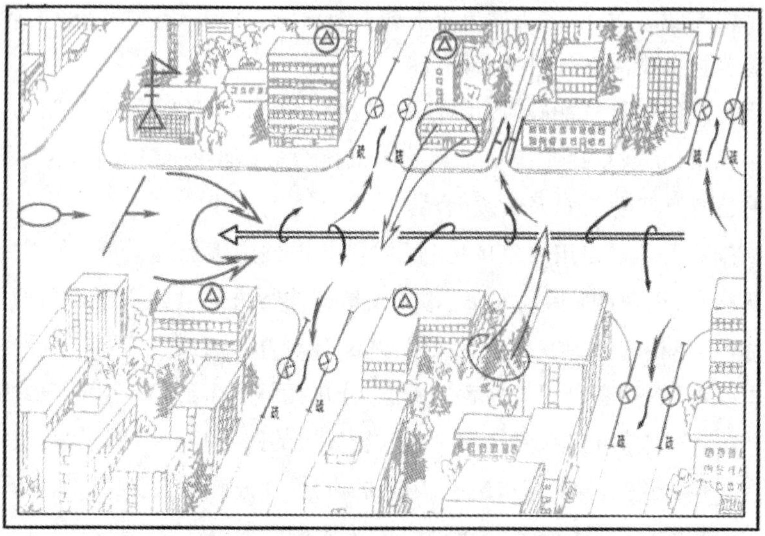

图 13 - 12　穿插分割、分段驱散行动示意

(二)对冲击边境地区重要目标事件的处置

冲击边境地区重要目标事件,是指参与者为获取某种利益,聚集冲击边境地区党政机关、边防办事机构、公共场所、电厂、交通枢纽等重要目标,扰乱办公秩序,威胁目标安全的事件。冲击边境地区重要目标事件一旦发生,闹事人群情绪冲动,行为偏激;如果冲入重要目标,往往围攻、绑架、殴打有关人员,毁坏设施,抢夺物品。后果严重,社会影响大。

机动队(分队)通常是在正常勤务部署或已获得对方行动的规模、企图和到达时间等情况的基础上实施的。处置此类事件,事发突然,情况紧急,但因我预有准备,地形熟悉,便于采取防卫措施,便于及时得到上级指示,便于组织指挥。因此,机动队(分队)指挥员应根据上级意图、本级任务和事件情况,把握处置原则,正确运用法律武器,采取多种战术手段,依法处置,制止冲击,确保重要目标的安全。

处置此类事件的方法是:(如图 13－13)

图 13－13　重要目标多层拦阻兵力部署示意

当发现重要目标外聚集的闹事群体出现哄闹并有冲击征候时,指挥员应指挥警戒组在重要目标周边和出入口设置警戒线(拦阻线),在制高点设置观察哨,加强警戒和观察,严密监视闹事人群的动向。如重要目标周围有围墙,应在围墙内派出游动组,防止闹事者越墙进入,协助有关部门进行宣传疏导,讲清事件的性质并指出冲击重要目标行为的违法性,揭露组织者的阴谋,缓和对立情绪,劝离围观群众,孤立和缩小对立面,分散瓦解闹事群体。指挥拦阻组在重要目标主要出入口内侧列队集结,形成威慑阵势,表明政府处置事件的态度决心。当闹事群体接近警戒线时,指挥员应指挥警戒组向其发出警告,责令其不得越过警戒线,按规定时间离开;指挥拦阻组携警械,在重要目标的大门或出入口展开成多列横队队形、构成盾墙式拦阻墙,做好拦阻准备。

当闹事群体冲击重要目标时,指挥员应指挥拦阻组携拦阻器材,在重要目标的大门或出入口一线展开,组成人墙,设置物障,坚决拦阻闹事群体的冲击。指挥警戒组配合拦阻组进行拦阻,同时继续向闹事群体进行宣传教育。当闹事群体向重要目标实施多点冲击时,指挥员应根据各冲击点的规模及对目标的威胁程度,集中主要兵力重点抗击对目标威胁最大的一路,以部分兵力抗击其他各点的冲击。并适时使用机动兵力,增强薄弱方向的拦阻力量。当闹事人群改变主要冲击方向时,指挥员应及时调整部署,确保拦阻线的稳固。当闹事群体驾车冲击重要目标时,指挥员应指挥警戒组及时设置阻车器材,必要时可请求上级调用装甲车辆或民用大型车辆封堵大门或通道。指挥拦阻组在设置的阻车障碍两侧,拦阻尾随的冲击人群。

当闹事人群冲入目标区时,指挥员应根据兵力、地形和冲入目标区闹事人群的数量采取有效的防卫措施,封闭各要害部位的通道和出入口,坚决阻止闹事人群冲击要害部位。根据上级的命令、指示,组成突击组,适时对冲入的闹事人群实施反击。对煽动冲击和使用暴力的不法分子,应坚决打击,果断抓捕。当警卫对象安全受到威胁时,指挥员应及时派出兵力采用护卫队形保护或护送警卫对象安全转移。当转移行动难以进行时,应增强力量,加强护卫。当暴徒使用器械袭击警卫对象时,指挥员应果断指挥各组按规定使用警械进行抗击,确保警卫对象的安全。

当闹事人群冲入目标区,正在进行暴力犯罪时,指挥员应根据上级指示,在加强警戒、扼守要害部位的同时,对企图实施破坏活动的闹事者发出警告,制止其犯罪行为,对正在实施犯罪行为的闹事者予以抓捕。当冲击目标内的闹事人群久聚不散,目标安全受到威胁时,指挥员应根据上级指示指挥警戒组迅速封闭大门，阻断后续人群进入，指挥拦阻组坚决将其逐出或带离目标区，恢复目标区内的秩序。对目标外闹事群体实施驱散时，指挥员应严密组织协同动作，驱散方式可由目标一侧向外平推式驱散，也可从目标中心区域、要害部位由内向外放射式驱散。将闹事人群驱散后，应派出兵力清理现场，封控现场，防止闹事分子反复。夜间行动时，应充分利用目标区内的照明设备，并注意保护电源控制系统和照明器材，防止被不法分子破坏。

（三）对妨碍执法、执勤活动事件的处置

近年来，由于各种矛盾和利益纠纷不断增多，边防部队在依法维护边境地区秩序，打击各类犯罪活动时，可能会触及一部分人的利益，加之一部分人法制观念淡薄、地方保护主义盛行等因素，使边防部队的某些执法活动得不到社会各界的认可和理解。同时，边防部队在执法过程中也难免会出现这样那样的失误。因此，一些地方出现了围攻、冲击边防派出所、阻止边防官兵执行公务、抢夺我执勤器械的事件，严重干扰了边防部队的正常执法活动和工作秩序，破坏了边境地区的执法秩序，不利于打击边境地区的违法犯罪活动和稳定边境地区治安秩序。

对此类事件的处置方法是：

当闹事群体聚集在边防办事机构外围时，机动队（分队）指挥员应立即指挥拦阻组在门口、出入通道处设置多道拦阻线，阻止闹事群体冲入办事机构。警戒组应在办事机构外围适当位置实施封控，隔离闹事群体与围观群众，并劝离围观群众。机动组应在办事机构附近占领有利地形，准备随时支援拦阻组。宣传人员应在现场展开宣传，劝解闹事群体不要激动，立即离开现场。

当闹事群体在现场呼喊口号，情绪激动时，指挥员应指挥宣传人员对闹事群体进行宣传，命令其停止闹事行为，离开闹事现场，并注意观察人群的骨干分子和煽动者。指挥拦阻组以盾墙拦阻闹事群体的冲击，坚决将其拦阻在办事机构外。警戒组和机动组适时以一面平推或两面夹击的方式由外向内挤压闹事群体，并以队形调整、高喊呼号等形式制造声势，震慑闹事群体。

当闹事群体不听劝阻，并企图冲击边防办事机构时，指挥员应指挥宣传人员进行压制性宣传，并发出限时离开的通告。拦阻组在闹事群体冲击的主要方向实施多层拦阻。警戒组配置在办事机构出入口附近有利地形，阻止闹事人员进入。机动组配置在拦阻组两翼或后侧,以形成局部的兵力优势。当闹事群体不听劝告时,警戒组立即展开战术队形对闹事群体实施穿插。机动组在办事机构外适当位置开辟通道,当通道开辟后,警戒组和拦阻组配合将闹事群体驱散。当闹事群体中出现打砸办事机构设施的暴力行为时,宣传人员应对其发出警告。当现场情况有进一步扩大的可能时,指挥员应指挥机动组发射催泪弹,同时警戒组借助施放效果迅速穿插分割人群,并在机动组的配合下将其驱散。

当有闹事人员攻击执勤官兵时,执勤官兵应保持克制,保持战术队形。同时,指挥员应组织人员收缴现场人员的器械,抓捕攻击我执勤官兵的闹事人员。

二、行动结束后的工作

机动队(分队)在处置行动结束后,应根据上级命令、指示做好后续收尾工作,主要包括以下几项:

(一)恢复秩序,防止反弹

事件平息后,指挥员应迅速调整部署,派出警力保护现场,禁止无关人员进入,防止现场遭到破坏,协助公安机关搜索、清查现场,驱逐或带离滞留现场的人员,疏导交通,恢复现场的交通秩序和治安秩序。现场秩序恢复后,指挥员应在闹事现场周边交通要道部署执勤兵力加强警戒和控制,防止闹事人群再次进入控制区。在重要目标周围、主要街道实施武装巡逻,防止闹事人群反弹。

(二)清点登记,移交收缴物品

完成任务后,指挥员应及时收拢人员清点人数,清查物资装备,点验武器警械,组织伤员救护工作,寻找失去联络的人员和丢失的武器装备,对损耗的物资进行登记、造册、备案。清查人员和物资时,指挥员要高度重视,亲自组织实施,并及时将情况报告上级。

根据上级命令指示,将抓捕的人员及收缴的各种物品移交公安机关。移交时,应办理书面手续,写明本队捕获人员的姓名和数量,所缴获凶器或物品的名称、种类、数量,并由交接双方办理人及上级机关监交人在移交清单上签字。当需要押解时，应根据上级的指示，派出兵力，安全迅速的将被抓捕的人员押解至指定地点。

(三)组织撤离现场

指挥员应根据上级命令组织撤离现场。撤离前，应向上级简要报告处置经过、结果、伤亡及损耗情况，认真检查群众纪律，发现问题及时处理。尔后，组织部队按预定路线安全撤离现场。撤离前，指挥员应向机动队(分队)明确撤离的时间、序列、路线和到达位置的时限。

(四)总结、报告情况

处置行动结束后，指挥员应组织机动队(分队)认真进行总结，及时写出处置行动详报或总结报告，向上级呈报。

第十四章　预防袭警战术与现场急救技术

第一节　预防袭警战术

突遭袭击时的反袭击战斗是防控执法战斗重要作战样式之一,也是危险性最大的战斗样式之一。研究反袭击战斗对保护民警人身安全,打击袭警的暴力犯罪具有重大意义和作用。

一、警察突遭袭击的不同情况

袭警是一种使用暴力以突然袭击方式伤害警察人身,劫夺警察使用武器、警械,损坏警车及警察所用物品的严重暴力犯罪活动。对此,警察必须保持高度警惕,并在此种情况发生时能够给予有效地反击。

警察突遭袭击,通常在以下情况发生:

(1)警察单独执行勤务任务之时

如警察单独巡逻发现可疑人或犯罪嫌疑人,上前准备拦阻盘查之时;在警察单独盘查对方发现疑点和重大嫌疑要对其进行人身检查、物品检查之时;单独将盘查对象带往公安机关的押带之时。

(2)警察执行缉捕任务,遇有突然暴力抗拒,或犯罪同伙劫夺被抓捕、押带的犯罪嫌疑人之时。

(3)警察发现现行犯罪人员正在实施犯罪,或者群众举报、指认其犯罪,我警察上前制止和捕获犯罪行为实施人之时;警察巡逻中遭遇团伙现行犯罪之时。

(4)持枪、持械的暴力犯罪分子被我发现,为躲避警察盘查、清查和缉捕,在我民警接近或要求对方站住之时先行采取袭警行动。

(5)警察已将犯罪嫌疑人控制,但因检查不细,看管疏忽,押带不严,讯问时丧失警惕性,犯罪嫌疑人为趁机脱逃而暴力袭击警察。

(6)为劫夺我巡逻民警或单独执勤民警武器而主动袭击警察。

(7)我民警在执行勤务过程中遇有械斗或群体性斗殴,上前制止、隔离时,对方则依仗人多势众,有意以暴力妨碍警察执行公务。

(8)警察在非公务时间单独活动之时,如夜间下班独行回家,公休时间单独办事,等等。

二、犯罪嫌疑人袭警的方式

(1)事先了解警察生活或上下班活动情况,预伏在警察必经之地的偏僻地点,乘其不备,突然袭警。

(2)隐蔽跟踪警察至无人或地形复杂之处,突然施加暴力,袭击民警。

①对单独执勤民警采取“贴靠”、报假案等诱骗方式,突然袭警。

②预有准备,持枪远距离袭警,或以伪装方式就近持刀、持械突然杀伤民警。

③设计“陷阱”,以请客吃饭,或“谈事情”等为借口,诱使民警到达其预伏点,突然袭警。

三、警察突遭袭击时反击战术

(一)突遭持枪犯罪嫌疑人袭击时的反击战术

1. 紧急隐蔽,伺机反击

当我巡逻盘查民警遭到持枪犯罪嫌疑人的突然袭击,对方向我直接开枪射击之时,只要意识到袭警事件发生,不管自己是否中弹,是否看到目标,都应立即卧倒,就地向附近有遮蔽物之处滚动,紧急迅速隐蔽身体,同时大喊同伴及周围群众“卧倒，散开，隐蔽”。带枪之时应立即拔出枪支，推弹上膛，认准目标，向目标射击。没有带枪之时，应就近寻找一切可用于自卫的器具、物品，如石头、瓦块、木条、铁器、自身带的小刀、小剪，或钢笔笔帽拔下反插等作为反击工具，准备反击。要迅速判明袭击方向、袭警人数、袭警方式、袭警人的距离、位置和周围人员活动情况，伺机采取反击行动。在没有判明上述情况之前，千万不可轻举妄动。只要躲过了第一次射击对我形成的危胁，已完成紧急隐蔽的动作，就有摆脱被动并伺机反击的机会。

此时若发现自己中弹受伤，应静躺隐蔽不动，持枪戒备，不使袭警人上前继续对我杀伤。若为轻伤可利用随身衣物自行包扎。警察持枪时可在判明袭警方向、人数、位置、距离及持何种枪支的基础上立即向上级报告情况并向对方还击，使对方不能向我逼近。射击要注意准确、有效，不见目标不射击，要注意节约子弹，千万不可一时着急将子弹打光。对射中应计算对方开枪弹数，以便在对方弹尽时控制对方。若对方只有一人，我又没有受到较大伤亡，应采取敌火力下运动的战术动作，隐蔽接敌，主动反击，抓住有利时机，击伤击毙袭警的犯罪嫌疑人。若判明袭警人子弹打光，应取近直路线，直逼袭警犯罪人设法予以捕获或在其继续抗拒、逃窜时予以击伤击毙。如果对方人数在两人以上，且都持有武器向我射击，或者我手无寸铁没有任何武器可供使用，则应迅速利用地形地物，采用敌火力条件下的运动方式，设法尽快摆脱被动挨打的现场位置，迅速向指挥中心及就近警力报告情况，求得增援。也可采取“粘贴”方式监视犯罪分子活动情况，不断向赶赴现场的警力提供确实、快速的准确情报。如果我已身负重伤，则应设法隐蔽，静卧不动，持枪在手，不使袭警人找到我所在位置，拖延时间，以求转机。

2. 摆脱控制，伺机反击

当我警察突然遭到持枪犯罪嫌疑人近身袭击，被对方持枪顶住身体加以控制之时，只要对方没有立即开枪，就有摆脱控制扭转不利的反击机会。

此时的首要反应，就是设法不使袭警人立即开枪。可采用不断说话，假装糊涂，指责对方搞错了人或借故误会等方式加以周旋，同时设法搞清当前情况。

其次是保护枪支，突然反击。若警察为便衣且携枪隐蔽，可有意“示弱”，伪装恐惧,借故周旋,主动下蹲或倒地,以保护枪支,暗中抽枪,虚张声势,转移对方视线,眼睛盯住对方持枪之手和射线,只要对方枪口射线方向移出体外,即可出其不意地拔枪连续射击;若自己手握枪支装在衣兜、裤兜内,则可省去拔枪动作,直接从衣兜、裤兜内向对方连续射击;若没有枪支,可寻找最佳时机利用擒敌技术,在枪支射线离开自己身体之时,猛然实施反击;若警察着制服持枪执勤时被袭警人持枪近身顶住控制,则应设法在不使对方立即开枪的同时,设法保护枪支。如袭警人上前收缴我携带枪支,我可乘其上前之机猛推其枪,使对方枪支射线离开人体,贴近对方,并提膝击裆,头撞其面,夺下对方枪支,制服对方;也可借口自己携带的"枪中没有子弹",乘对方检查枪支、枪口移位之时,突然推开对方枪口,用指插其双眼,猛推对方转身,运用擒敌技术实施猛烈反击。如果我着装警察没有带枪,可主动声明自己"没有带枪",麻痹对方,不使其立即开枪,主动让其近前搜身,然后乘其贴近搜身,持枪动作变形之机,采用擒敌技术猛烈反击,制服对方。

通常,警察被袭警人持枪控制之时,要求警察的防卫意识发生迅速的转变。其思想意识应从"设法控制,予以缉捕"迅速转变为"生死关头,以命相搏";战斗动作要从"适度打击,少有损伤"转变为"凶猛打击,一招制服",力求使其彻底丧失反抗能力,没有任何反抗的机会。若没有这样的意识转变和战斗动作转变,其危害性是巨大的,直接决定自己的生死存亡。此时若还保持原有意识观念,采取战斗动作不能一招制敌,就可能丧失生命。

出手反击之时,应根据反击的难度采取灵活的反击方法。如袭警人持长枪,又距我很近,枪口没有直接指向我要害部位之时,猛然反击,成功率较高;袭警人持短枪之时,反击难度较大,反击成功率降低。总之,要在被动危机之时设法取得反击机会,取得反击成功,其关键在于稳住对方不使其立即开枪,在于反击的突然、准确、猛烈和有效的程度。若我警察的确不能摆脱对方控制,没有任何反击的机会,也应尽力周旋,以不使其开枪为原则,在周旋中主动寻找、创造、等待摆脱控制和反击的机会。

3. 强先下手,强行反击

我警察若能在巡逻盘查中高度警惕,注意防范,注意站位及掩护警戒,就能够大大降低受袭击的概率。即使是受到突然袭击,也往往能快速反应,以快制快，强先下手，强行反击，击伤击毙袭警的犯罪分子。只要发现对方拔凶器，或拔枪支，或以其他方式暴力抗拒、袭击警察，就应强先下手，果断地进行连续射击。这是主动防卫的很好方法。强行反击时，即使对方拔出枪支并已向我射击，我也应不管是否中弹强行向袭警的犯罪分子连续射击。“狭路相逢勇者胜”，在来不及隐蔽，来不及相互提醒的情况下，以果断地强大火力强行压制对方，也是对付持枪袭警犯罪人的上策选择。

（二）突遭持械犯罪嫌疑人袭击的反击战术

1. 拉开距离，伺机反击

持械犯罪嫌疑人袭警之时，多持刀、斧、棍、锤、石、砖或农用工具、机械加工工具之类的凶器，以近身突袭的方式袭击警察。我民警遇到此类攻击之时，首要的反应是跳出凶器的打击距离。只要能够做到这一点，就有反击的机会。

当警察意识到被人袭击之时，不管是否受伤，都应立即采取紧急躲闪的跑动、跳跃、翻滚或持械拦档的动作，尽力躲过袭警人的持械打击并与之拉开距离（没有很大的成功把握和很强、很熟练的徒手夺凶器技能不要向前主动冲击去徒手夺取对方凶器）。与此同时，应在运动中拔出枪支推弹上膛，回身鸣枪警告，用枪支控制袭警犯罪人，令其放下凶器，将其擒获。若袭警人对我民警追杀疯狂，打击不断，直接威胁我民警生命安全，则我民警可在跳出其凶器打击距离的同时，直接使用武器，开枪将袭警人击伤击毙。若我民警没有带枪，则应在与袭警人拉开距离的同时，设法就地取材，寻找可作为武器的任何物品与袭警人搏斗，或者在有能力和技术的条件下设法夺过对方的凶器制服对方。搏斗时应虚张声势，大声呼喊，引起周围人员的注意，求得周围群众与警力的支援。若袭警人开始逃窜，在我没有受重伤的情况下应紧追不舍，不丢目标；但在对方没有失去手中凶器，我手中也无搏斗器具之时，不应追近至袭警人凶器可够得着的距离位置。我在追缉中若得到可搏斗的器具，则可追上袭警人将其制服。

如果袭警犯罪人不止一个，而是团伙，且均持凶器向我攻击，我警力单薄，人员太少，可持枪在跳出其凶器打击距离的同时，按照“由近及远”，“由首犯骨干到一般案犯”的顺序连续开枪射击。射击时击倒一个，再转移射线射击第二个、第三个，不要分散注意力，更不能不讲战术见人靠近就射。无论如何不能将子弹打完，使自己处于完全无法反击的境地。

2. 摆脱险情，以退为进

如果警察遭到犯罪团伙持械袭击，而我又手无寸铁，人数太少，则应设法迅速摆脱被追杀的险要处境，尽快向人多之处，就近建筑物之处，有坚固的门窗房屋之处转移，并设法求得周围群众支持支援，设法与就近警力及“110”指挥中心取得联系。在没有反击条件的情况下，可采用“以退为进”的方法利用夜暗或复杂地形及建筑物实施藏匿隐蔽。只要认得袭警团伙中的一二人声形体貌特征，我警察及群众又没有受到重大的人身伤害，暂退一步，待事后再行抓捕持械袭警犯罪团伙人员，也是上策，有时也十分必要。

（三）突遭徒手犯罪嫌疑人袭击时的反击战术

1. 快速、强行猛烈反击

徒手犯罪嫌疑人袭警时多采用搂抱摔倒，拳打脚踢，掐喉勒脖等方式袭击警察。

我单个警察在遭到犯罪嫌疑人徒手袭击时，只要对方没有枪支和凶器，自己携有警械或武器，就应果断使用并防止被袭警人夺走对我进行加害。若我未带武器、警械则应设法寻找可以替代的工具对付袭警案犯。若赤手空拳，只要对方人数单一，则应运用各种踢、打、摔、拿的擒敌格斗技术强行制服袭警案犯。搏斗中应全力拼搏，同时呼叫周围人员支援，不使袭警人得逞。

徒手袭警事件多是我民警进行巡逻、盘查、清查、缉捕中发现犯罪嫌疑人，准备采取强制措施时，或者犯罪嫌疑人已被我控制、看管、押带、留置、讯问之时，犯罪嫌疑人为寻求脱逃而发生。这些情况又常与警察本身警惕性不高，行动疏忽大意，或因意外干扰而转移注意力，导致行动失误有关。对此，我们应尽力予以防范。

2. 快速撤离，寻机牵制

在一定情况下遭到犯罪团伙徒手袭击，自己又独自一人没有外援，无任何反击工具，实难进行有效反击之时，应在不会伤及周围群众利益的情况下设法暂时快速撤离，尽快与上级或就近警力取得联系，然后迅速返回，跟踪犯罪团伙，不断寻找机会以自己的主动攻击行动牵制、粘贴犯罪团伙成员，使其打不上、摆不脱、甩不掉,引导增援警力对袭警犯罪团伙实施围追堵截和有效打击。

四、反击袭警时应注意的问题

(一)竭力保持镇静,注意迅速搞清袭警情况

在现实情况下,只要警察意识到自己遭到突然袭击,往往身上已遭到袭警者的打击,已经受伤或被对方控制,此时,因涉及生死,心理上产生高度紧张,并伴有一定的恐惧和慌乱现象,实属难免。但越是此时,越应竭力保持镇静。只有镇静才能搞清当前情况并采取对策。要尽力控制自己的慌乱心理,搞清楚袭击警察的犯罪分子的人数、袭警的方式和自己的现实处境,搞清情况才能采取有效的反击。

(二)抓住机会,猛烈反击,全力拼搏

警察被突然袭击之时,只要有机会、有条件,就应抓住战机,猛烈反击。只要开始反击,就应"全力以赴,以命相搏"。反击时下手要准确、快速、凶狠,不给对方以喘息之机。对持枪袭警者要设法转移其注意力,反击中尽力避过枪支枪口,打掉其手中枪支;对持械袭警者也应设法打掉其手中凶器,如若不能,则应果断跳出其打击范围,使其不能持续伤害我警员;对徒手袭警者则应全力反击,力求将其抓获。现实工作中,若有犯罪嫌疑人持假枪,对我袭击,应按其持真枪对待,猛烈反击。

(三)注意机智灵活地应用反击战术方法

警察突遭袭击进行反击之时,要注意机智灵活地与袭警者周旋。以良好的战术方法,精湛的技术动作进行有效的反击,切不可不分情况,不分危险程度,不分反击的时机和条件硬拼。有时宁可暂时吃点亏,受点苦头,也要为取得反击的彻底胜利创造机会和条件。

(四)注意把握"先为不可胜而后胜"的反击原则

"先为不可胜而后胜"是指先要使我利益不受损失或尽量少受损失,再求败敌之策;先使警察人身不致立即受到重大伤亡,再寻求反击制敌之策。

警察工作中遇到的各种问题十分复杂,搞好自身防卫,保持高度警惕,防止民警在执勤中受到伤亡,有力打击各种犯罪活动,真诚为人民群众服务是

警察的光荣职责。学好上述反击战斗的各种知识，无疑对减少民警伤亡代价，获取反击战斗胜利，提高执法效率与效益都会产生良好的作用。

第二节　现场急救

随着国民经济的飞速发展，人们物质文化生活水平的提高，人民群众对医药卫生、防病治病、急救处理的要求越来越高，对自我保护和救助他人的意识越来越强。因此，对于各种疾病和意外创伤的院前救护就显得越来越重要。

警察在警务活动中，经常是事发现场的"第一目击者"。警察树立"急救从现场开始，时间就是生命"的理念，把"现场救护"作为警务的一项基本技能，使警察的职业培训更符合国际惯例和经济发展的需要，非常重要。同时，对警察现场的自救也具有十分重要的现实意义。

通过培训，使受训学员了解、掌握"现场救护"的基本常识和操作程序，在医护人员未到达前，以一般公认的医学原则为基础，利用现场的人力、物力对伤者施以初步的援助，达到保存生命、防止伤势或病情恶化的目的。

一、心肺复苏

各种原因所致的呼吸、循环停止及意识丧失是临床上最紧迫的急诊。而心肺复苏就是针对这一急诊所采取的一系列急救措施。由于呼吸心跳骤停大多发生在意外场合，因此最早到达的抢救者能否立即实施心肺复苏，是防止死亡的重要因素。有资料表明：有一个健全的急救呼叫系统、最早到场者能进行心肺复苏和一个不健全的急救呼叫系统、最早到场者不能进行心肺复苏的存活率分别是25%和5%。在现场每延长1分钟开始进行的心肺复苏，死亡率增加3%；每延长1分钟除颤，死亡率增加4%。

心肺复苏的目的是抢救突然、意外的心跳呼吸骤停，而不是延长已无意义的生命。对任何严重疾病发展至最终出现的心跳停止，不属心脏骤停，而属死亡，因而不需积极地进行心肺复苏。

在常温下，心脏骤停3秒，患者感到头昏；10～20秒，患者昏厥；30～40

秒，瞳孔散大；40 秒左右，出现抽搐；60 秒后自主呼吸逐渐停止；4 ~ 6 分钟后，脑组织发生不可逆性损害。据统计，约 50% 心搏骤停者死于中枢神经系统损伤，20% ~ 50% 生存者有不同程度的脑损伤，只有 10% 无智力损伤。这引起了人们对脑复苏的重视，进而提出了心肺脑复苏。在心跳呼吸停止后 4 分钟内进行徒手心肺复苏，8 分钟内进行后期心肺复苏，则可提高存活率。

根据公安现场急救的特点来看，公安民警往往是事发现场的“第一目击者”，而急救的手段主要是徒手心肺复苏。因此，这里主要介绍徒手心肺复苏的基本知识。

徒手心肺复苏，指在医院以外的任何场合，针对由于各种心脏病，尤其冠心病，还有各系统的凶险急症，以及触电、溺水等原因引起的猝死患者，在没有任何急救药品和急救设备的情况下，立即进行最及时、最简便、最初级、最基本的心肺复苏术，即现场心肺复苏的徒手操作。这是一系列标准化、规范化、程序化的急救措施，是最基础的生命支持与最重要的抢救阶段，也正是公安民警应该学习和容易掌握的急救技术。

（一）心跳呼吸骤停的诊断

意识丧失，面色苍白，眼球固定，瞳孔放大，呼吸停止，大动脉搏动消失。

（二）徒手心肺复苏的原理

1. 开放气道的原理

用仰头抬颌法可使后倒的舌根上抬离开咽喉部使气道通畅。当下颌抬至与耳垂的连线和水平线垂直时，气道的开放最佳。

2. 人工呼吸的原理

正常人吸入空气的含氧量为 21%，肺脏只吸收吸入氧气的 20%，其余 80% 的氧气仍从肺脏呼出。因此，当正常人给患者吹气时，只要每次吹出的气量是 600 ~ 800ml，则进入患者肺内的氧气量已足够。为保证到达重要脏器的血液中含新鲜氧气，人工呼吸必须在人工循环前进行。人工呼吸能使萎陷的肺泡充分扩张以利于气体交换。每次吹气的时间较长，能避免大量快速的气体超过食管而进入胃，造成胃膨胀、胃液反流或误吸。

3. 人工循环的原理

（1）心泵学说（直接作用）。心脏按压时，心脏向后直接压在坚硬的脊柱上，心室压力增加，房室瓣关闭，主动脉瓣和肺动脉瓣开放，心室内血液流出。放松时，心室压力下降，房室瓣开放，静脉回流，心脏充盈。

（2）胸泵学说（直接作用）。心脏按压时，胸腹腔是一个功能上的整体，故胸腹腔内各大动脉、静脉、心房、心室均受到相同的压力，但由于颈静脉入胸廓处有静脉瓣，使上腔静脉的血液不回流，形成了颈动脉和颈静脉间的压力梯度，使左心室血液经颈总动脉不断流向脑组织。放松时，胸内压等于0，静脉管壁不受压，血液返回心脏。在整个过程中，心脏只起到一个“管道”的作用。

（三）徒手心肺复苏操作顺序及方法

1.成人徒手心肺复苏的操作顺序及方法

（1）操作顺序

① 判断意识。

② 呼救。

③ 放好患者体位，清理口腔异物。

④ 确定好抢救者位置。

⑤ 开放气道。

⑥ 判断呼吸。

⑦ 人工呼吸。

⑧ 判断脉搏。

⑨ 胸外心脏按压。

⑩ 无呼吸、无心跳时，反复依次进行胸外心脏按压和人工呼吸后再判断呼吸和循环。有呼吸、无心跳时进行胸外心脏按压1分钟后再判断呼吸和循环。无呼吸、有心跳时进行人工吹气1分钟后再判断呼吸和循环。

（2）操作方法

① 判断意识：轻拍患者肩膀，呼叫其姓名或问“喂！你怎么啦？”判断时间不超过10秒。

② 呼救：高声呼叫“来人啊！救命啊”或拨打“120”急救电话，提供急诊发生的地点、正在使用的电话号码、发生事故的类型、正在帮忙的人数、患者的情况、已采取的措施及有何要求，直到确保“120”电话值班人员已无问题可

问,打电话者才能放下电话。

③ 放好患者体位:患者正确的抢救体位是水平仰卧位,置于坚硬的平面上。如患者是俯卧位,抢救者必须将患者整个翻过来,使头、肩和躯干同时转动而不扭曲,双上肢放在躯干两侧。具体方法是将患者靠近抢救者一侧的上肢伸直,抢救者靠近患者头侧的一手托颈,另一手护肩,将患者整个地翻转成仰卧位。

④ 抢救者位置:单人抢救时应跪在患者肩侧,这样不需移动膝部就可依次进行人工呼吸和胸外心脏按压。双人抢救时应一人跪在头侧,另一人跪在胸侧。

⑤ 畅通气道:在呼吸心跳骤停时,肌张力降低,舌和会厌可以堵塞咽部。如果未发现头颈受伤,抢救者应采用仰头抬颌手法使气道通畅,如口腔有异物或呕吐物,应用手指清除法除去。其方法是用一只手的手掌根置于前额,使头后仰,另一只手的示指和中指置于下颌处,将下颌抬至与患者耳垂的连线和地平线垂直为止。过度或不足都易造成气道开放不佳。同时,抬颌的手指不要压迫颌下软组织。对疑有颈外伤的患者应用托颌而不仰头的方法。

⑥ 判断呼吸:在保持气道通畅的前提下使抢救者面朝患者胸部,耳朵贴近患者的鼻腔,用眼睛看胸部有无起伏运动,耳朵听呼气时有无空气逸出,面部皮肤感觉有无气流。判断呼吸必须在 3 ~ 5 秒内完成。若患者有自主呼吸则应立即判断有无脉搏;若患者无自主呼吸则确定气道是否完全通畅。如气道通畅,立即做人工呼吸;如气道不通畅,则继续用仰头抬颌法畅通气道。

⑦ 人工呼吸:人工呼吸包括口对口、口对鼻和口对呼吸孔的吹气。在维持气道通畅后,用使患者仰头的一手的手指捏紧鼻孔,深吸一口气,将嘴包紧患者的口作吹气。初期进行 2 次缓慢呼吸,频率为每分钟 12 次;每次吹气的时间是 1.5 ~2 秒,每次吹气吹入的气量是 600 ~ 800ml,每次吹气时观察胸部有无起伏,有起伏,表明人工呼吸有效,技术正确;胸部无起伏,表明气道不通畅或吹气技术不正确。每次吹气完毕,抢救者与患者的口脱离,并迅速面朝患者胸部吸入第二口气后再给患者吹气;在抢救者吸气时要使捏鼻的手松开,患者的口张开;在给患者吹气时不要按压胸部。

若患者牙关紧闭或口腔有严重创伤时,抢救者可用抬下颌的手使口闭合,抢救者做一深吸气后，用嘴唇包紧患者鼻腔后向鼻内吹气，做口对鼻呼吸。

⑧ 判断脉搏：成人应触摸颈动脉，触摸时不要双侧同时摸，不要压迫气管，也不要将抢救者的指部动脉搏动误认为患者的脉搏。判断脉搏要在 5 秒内完成。若无脉搏，立即进行胸外心脏按压；若有脉搏，则做人工呼吸而不做胸外心脏按压，单纯进行每分钟 12 次的吹气。

⑨ 胸外心脏按压：胸外心脏按压是对胸骨下部进行连续的、有节奏的按压，使血液在血管内流动，也使人工呼吸后带有新鲜氧气的血液从肺部血管向心脏，再经动脉流向全身维持重要脏器的功能。

正确的按压部位是在胸骨下切迹上两横指处。抢救者用靠患者下肢的手的中指和示指置于患者的胸骨下切迹处（两侧肋弓交点），将另一手的手掌根靠放在示指旁，此手掌根就是按压的位置；再将放置示指和中指的手抬起，用手掌重叠在按压的手掌根上，双手指交叉或伸直，但不接触胸壁。按压时双臂绷直，双肩在患者胸骨上方正中，利用上半身的力量垂直向下用力按压，按压和放松时间应相等，不要冲击和猛压，不要左右摇摆。每次放松时，手掌根都不要离开胸壁。按压的频率应为每分钟 100 次，胸骨下压的深度是 4 ~ 5 厘米。

⑩ 再判断：无呼吸、无心跳者，以每分钟 100 次的胸外心脏按压频率先做 15 次按压，再给予人工呼吸 2 次，使按压与吹气之比是 15 : 2，连续反复做 4 次（4 个周期后），再判断呼吸和脉搏。

有呼吸，无心跳，即作每分钟 100 次的胸外心脏按压，再判断呼吸和循环。

无呼吸、有心跳，先吹气 2 次，每次吹气时间和气量同前，在判断脉搏有跳动后，给予 12 次吹气，再判断呼吸和脉搏。

有呼吸有心跳无意识的患者建议放在恢复体位（侧身斜卧位），但疑有骨折时例外。

2. 双人徒手心肺复苏的操作顺序及方法

（1）在一人抢救时另一人加入。先有一人进行心肺复苏，后有第二名抢救者加入时，接替的最佳时机是紧接第一名抢救者完成 15 次按压及 2 次吹气之后。一名抢救者来到患者头侧进行开放气道，另一名抢救者在胸侧确定好心脏按压的部位，放好手的正确位置，此过程约需 5 秒，然后按照按压与呼吸

5∶1 的比例进行 5 次按压与 1 次吹气。按压与呼吸的频率同前。

(2)两人同时进行急救。有两人同时急救时,一人应迅速呼救,另一人先行进行单人心肺复苏,呼救者回到现场后再一起进行两人心肺复苏。

若两名抢救者同时到达现场且已有人完成了呼救,则一人位于患者头侧判断意识、放好体位、畅通气道、判断呼吸、人工呼吸、判断脉搏后,告知另一抢救者立即确定好胸外心脏按压部位、放好手的位置进行胸外心脏按压。按照每分钟 100 次的频率按压 5 次吹气 1 次,使按压与吹气之比为 5∶1。

(3)两人互换操作。两人进行心肺复苏,需互换位置时,应在按压者第五次按压的末尾进行,按压者压完 5 次后立即到头侧吹气 1 口,吹气者立即交换到胸侧进行按压。交换中间中断按压与吹气的时间不得超过 5 秒。

3. 人工呼吸和人工循环的有效指征

(1)人工呼吸有效的指征

① 胸部有起伏。

② 呼气时能感到和听到有气体逸出。

(2)胸外心脏按压有效的指征

① 意识逐渐恢复,眼球能活动。

② 瞳孔由大变小,对光反射存在。

③ 面色由苍白、紫绀变红润。

④ 大动脉搏动恢复。每一次按压可以摸到一次搏动。若按压停止后脉搏仍有跳动,说明心跳已恢复,反之继续作胸外心脏按压。

二、止血技术

(一)止血的重要性

血液非常宝贵,是生命的源泉。血液占体重的 8%,成年人,全血液总量 4000~5000ml。失血量小于血液总量的 10%(500ml),人体可以生理代偿,义务献血对身体无碍;失血量大于血液总量的 20%(超过 800ml),则失代偿发生休克,血压开始下降;失血量大于血液总量的 40%(超过 1600ml),出现明显的失血性休克,血压可能为 0;失血量大于血液总量的 50%(超过 2000ml),为难治性休克,可以引起死亡。

出血为创伤的主要并发症之一。急性大出血可导致或加重休克,大量出血如未能迅速止血和输血时可危及伤员性命。因此外出血必须首先做好临时止血措施。

(二)出血的种类

根据血管的类型,出血可分三种:

(1)动脉出血:血液喷射而出,色泽鲜红,节率与心脏搏动相同。

(2)静脉出血:血液连续涌出,色泽暗红,这是因为血液存有大量二氧化碳和废物的缘故。

(3)毛细血管出血:血液缓缓渗出,一般很容易凝结。

(三)止血的方法

1. 局部压迫止血法

(1)直接压迫止血法:适合于皮肤小伤口,无动、静脉破裂者。用消毒纱布直接压迫出血部位,持续压迫 10 分钟。如果是四肢出血,还应抬高患肢。

(2)指压动脉止血法:用手指或手掌压迫伤口近心端的动脉,将其压向深部骨骼上,阻断动脉血液流通。采用此法的救护人员必须熟悉身体各部位动脉走行及压迫点。

① 面部出血:用拇指、食指或中指压迫双侧下颌角前约 3 厘米的凹陷处,在此处压迫明显搏动的面动脉即可止血。因为面动脉在面部有很多小分枝相互吻合,即使一侧面部出血也要压迫双侧面动脉。(如图 14－1)

② 头顶、额部、颞部出血:用拇指或食指在伤侧耳前对着下颌关节,用力压迫颞浅动脉。(如图 14－2)

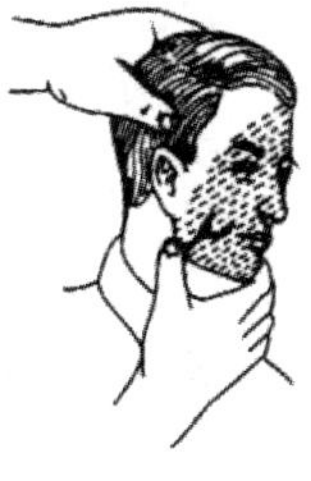

图 14－1　面部出血指压点

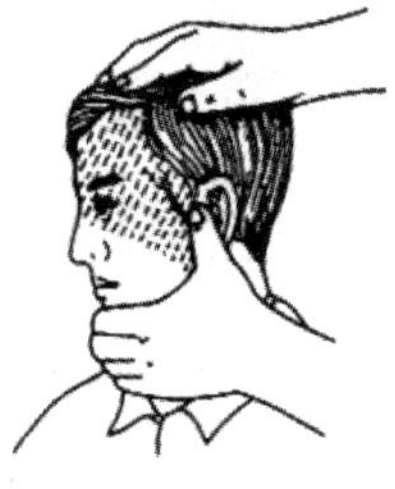

图 14－2　颞浅动脉压迫点

③ 一侧耳后出血:用拇指压迫同侧耳后动脉。

④ 后头部出血:用两只手的拇指压迫耳后与枕骨粗隆之间的枕动脉搏动处。

⑤ 颈部出血:用大拇指压迫同侧气管外侧与胸锁乳突肌前缘中点强烈搏动的颈总动脉,向后、向内压下(如图 14－3)。此法仅用于非常紧急的情况,压迫时间不宜过长,否则可能引起脉搏减慢,血压下降,甚至心跳停止。更不能同时压迫两侧颈动脉。

⑥ 腋窝和肩部出血:用拇指压迫同侧锁骨上窝中部的锁骨下动脉搏动点,用力方向向下、向后。(如图 14－4)

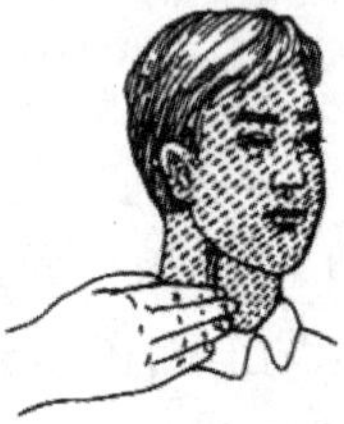

图 14－3　颈总动脉指压点

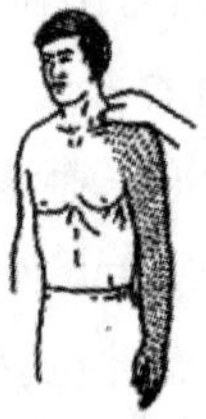

图 14－4　锁骨下动脉指压点

⑦ 上肢出血:用四指压迫腋窝部搏动强烈的腋动脉,将它压向肱骨方向。

⑧ 前臂出血:用手指压迫上臂肱二头肌内侧缘,将肱动脉压向肱骨干。(如图 14－5)

⑨ 手掌、手背出血:用两手拇指分别压迫手腕的尺动脉和桡动处。(如图 14－6)

图 14－5　肱动脉指压点

图 14－6　桡、尺动脉指压点

⑩ 手指或脚趾出血:用拇指、食指分别压迫手指或脚趾的两侧动脉。

⑪ 下肢出血:用拇指、单或双手掌根向后、向下压住跳动的股动脉。(如图 14－7)

⑫ 小腿出血：一手固定膝关节正面，另一手拇指摸到腘窝处跳动的腘动脉，用力向前压迫即可止血。

⑬ 足部出血：用两手拇指分别压迫足背内踝下方的足背动脉和足跟内侧踝后方的胫后动脉。（如图 14－8）

图 14－7　股动脉指压点

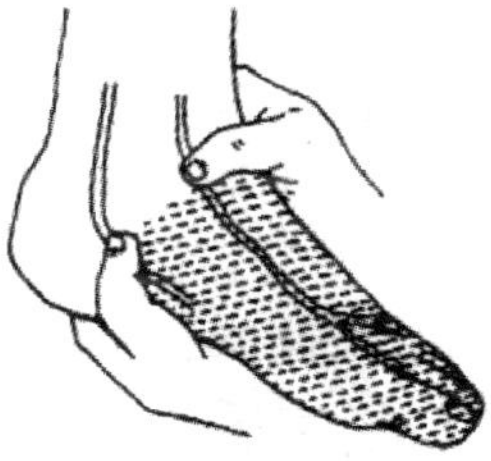

图 14－8　足部出血指压点

（3）加垫强屈关节止血法：单纯加压包扎止血无效或无骨折的四肢出血。

① 在肘窝、腋窝或腹股沟处加垫子（棉垫或纱布垫）。

② 屈肢，用绷带或三角巾扎紧压迫止血。（如图 14－9）

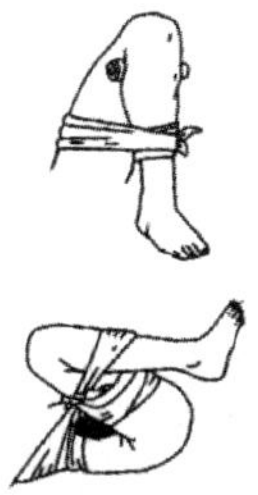

图 14－9　强曲关节止血法

2. 填塞止血法

填塞止血法适用于颈部较大而深的伤口。

（1）先将无菌纱布塞入伤口内，如血止不住可再加一块。

（2）然后盖一块无菌纱布。

（3）最后用绷带或带状三角巾绕颈至对侧腋下胸壁，反复缠绕包扎固定。

操作时应注意：

（1）无菌纱布填塞时不要将伤口的皮肤、脏物一起塞进去，以免感染。

（2）包扎应适当，松紧度能达到止血目的为宜。

(3)此法对伤员痛苦较大,不宜首选。

3. 止血带止血法

止血带止血法适用于加压包扎等其他止血方法无效和损伤大血管的四肢严重创伤或肢体广泛软组织开放伤者。

(1)橡皮管止血带(如图 14 - 10)

图 14 - 10　橡皮管止血带法

在创口近心端垫上布垫或敷料,然后将止血带拉紧绕上 2 ~ 3 圈,橡皮管末端压在紧缠的橡皮管下面加以固定,试用二手指插入橡皮管下感觉无压痛、无肢体远端动脉搏动或创面无搏动性出血为宜。

(2)布条绞紧止血法(如图 14 - 11)

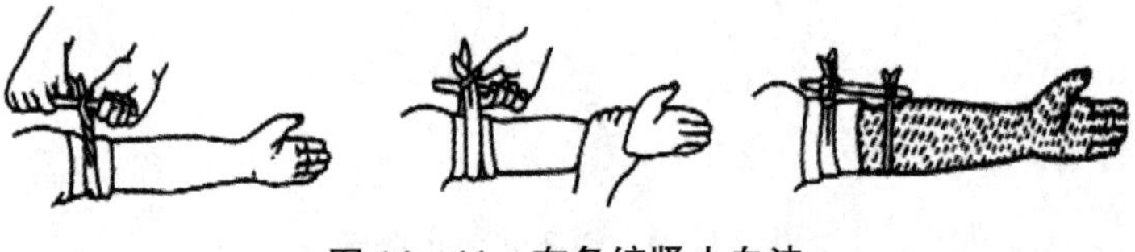

图 14 - 11　布条绞紧止血法

在创伤出血上方即近心端,垫上敷料。用布条或折成带状的三角巾,也可用领带、围巾和毛巾,绕肢体两次并打活结;或将木棍(或数根竹筷)穿在活结下,旋转木棍绞紧布条直到出血停止,将木棍一头插入活结套内拉紧固定。

(3)充气止血带

将血压计袖带平整地压在创口出血处上方,先绕肢体固定,缓慢充气,直至出血停止。

(4)用止血带止血时应注意以下几点

① 上止血带前,先将受伤的肢体抬高 2 分钟,使静脉血液尽量回流。

② 止血带应放在出血创口上方,尽量近创口处。

③ 上止血带的部位,先加衬垫如毛巾、敷料、布垫等,以免止血带捆扎时损伤皮肤和软组织。

④ 绑扎止血带松紧度要适宜,以出血停止、远端摸不到动脉搏动为准。过松达不到止血目的,反而会增加出血量;过紧易造成组织损伤。

⑤ 使用止血带时间的原则是越短越好,最长不宜超过 3 小时。通常 45 分钟放松 1 次,每次 3 ~5 分钟。在放松止血带期间需用指压法临时止血。

⑥ 使用止血带应有明显标记,止血带部位应裸露,并在醒目之处挂一标记牌,上面注明上止血带的时间和部位,以便急救者和伤员自己记住放松止血带的时间。

⑦ 上止血带的伤员应尽快送往医院治疗,并立即向接诊医生说明使用止血带的情况。

⑧ 禁用电线、铁丝等金属丝做止血带,以免加重组织损伤。

开放性损伤,在受伤时已有细菌污染。为了防止再次污染和减少感染的发生,须用无菌敷料将伤口包扎起来,同时可防止出血及减少外界对伤口的刺激和引起疼痛。

三、包扎技术

(一)头部包扎

1. 头顶双绷带包扎法

(1)将两条绷带连在一起,打结处包在额部,分别经耳上向前于额部中央交叉。

(2)第一条绷带经头顶到枕部,第二条绷带反折绕回到枕部,并压住第一条绷带。

(3)第一条绷带再由枕部、头顶到额部,第二条则从枕部绕到额部,又将第一条压住。

(4)来回缠绕,形成帽状。

2. 三角巾帽式包扎法(如图 14－12)

(1)先取无菌纱布覆盖伤口。

(2)把三角巾底边的正中点放在伤员眉间上部。

(3)顶角经头顶拉到脑后枕部。

(4)将两底角在枕部交叉返回到额部中央打结。

(5)拉紧顶角并反折塞在枕部两底边交叉处。

3. 三角巾风帽式包扎法(如图 14－13)

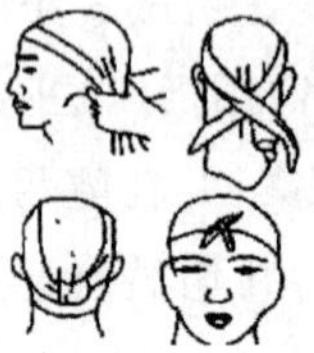

图 14－12 帽式包扎法

图 14－13 风帽式包扎法

适用于头顶部和两侧面、枕部的外伤。

(1)先将消毒纱布覆盖在伤口上。

(2)将顶角打结放在前额正中,在底边的中点打结放在枕部。

(3)两手拉住两底角向下颌包住并交叉。

(4)绕到颈后的枕部打结。

4. 三角巾面具式包扎法(如图 14－14)

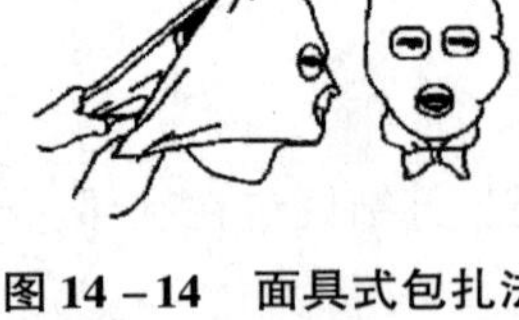

图 14－14 面具式包扎法

适用于颜面部较大范围的伤口,如面部烧伤或较广泛软组织伤。

(1)把三角巾一折二,顶角打结放在头顶正中,两手拉住底角罩住面部。

(2)两底角拉向枕部交叉。

(3)在前颈部打结。

(4)在眼、鼻、口处提起三角巾剪成孔洞。

5. 单眼三角巾包扎法

(1)将三角巾折成带状,其上 1/3 处盖住伤眼,下 2/3 从耳下端绕经枕部向健侧耳上额部并压上上端带巾。

(2)绕经伤侧耳上、枕部至健侧耳上,与带巾另一端在健耳上打结固定。

6. 双眼三角巾包扎法

(1)将无菌纱布覆盖在伤眼上。

(2)用带形三角巾从头后部拉向前,再从眼部交叉。

(3)再绕向枕下部打结固定。

7. 下颌、耳部、前额、颞部小范围伤口三角巾包扎法适用于下颌、耳部、前额、颞部小范围伤口。

(1)无菌纱布覆盖在伤部如下颌,将带形三角巾放于下颌处。

(2)两手持带巾两底角经双耳前分别向上提,长的一端绕头顶与短的一端在颞部交叉。

(3)将短端经枕部、对侧耳上至颞侧与长端打结固定。

8. 颅脑伤

颅脑伤脑组织膨出时可用一只干净的碗扣住膨出的脑组织,然后再包扎固定。伤员取侧卧位,并清除其口腔内的呕吐物、黏液和血块,以利呼吸道通畅。

9. 异物插入眼球

用一只杯先固定异物,然后用无菌的敷料卷将其围住,再用绷带包扎。严禁将异物从眼球中拔出。

(二)四肢包扎

1. 环形包扎法

(1)绷带卷放到需要包扎位置的稍上方,第一圈做稍斜缠绕。

(2)第二圈、第三圈做环形缠绕,并将第一圈斜出的绷带角压下于第二层、第三层环形圈内。

(3)重复缠绕。

(4)在绷带尾端撕开打结固定或用别针、胶布将尾部固定。

2. 螺旋形包扎法(如图 14－15)

图 14－15　螺旋形包扎法

(1)先环形包扎数圈。

(2)将绷带渐渐地斜旋上升缠绕,每圈盖过前圈 1/3 或 2/3 呈螺旋状。

3. 螺旋反折包扎法

(1)做两圈环形固定。

(2)做螺旋形包扎,待到渐粗处,一手拇指按在绷带上面,另一手将绷带自此点反折向下(打折),此时绷带上缘变成下缘。

(3)后圈覆盖前圈 1/3～2/3。

4. 8 字形包扎法(如图 14－16、图 14－17)

于关节上下将绷带一圈向上,一圈向下做 8 字形来回缠绕。

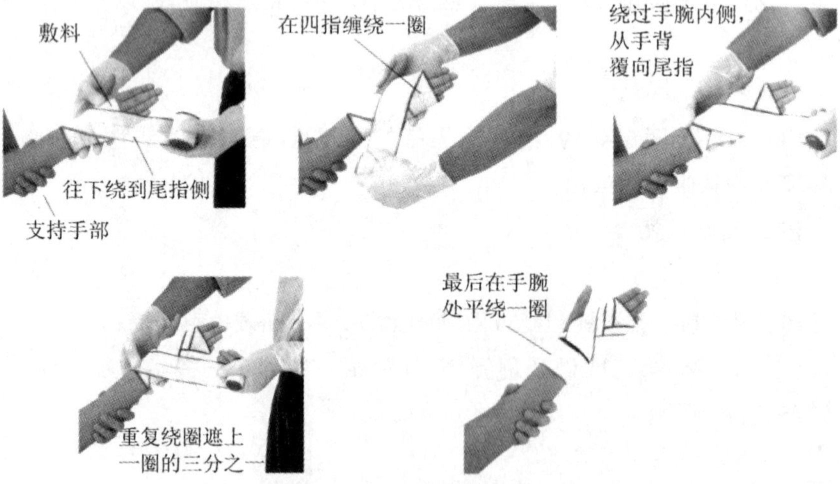

图 14－16　8 字形手部包扎法

图 14－17　8 字形足部包扎法

5. 肩部三角巾包扎法

(1)先将三角巾放在伤侧肩上,顶角朝下。

(2)两底角拉至对侧腋下打结。

(3)然后急救者一手持三角巾底边中点,另一手持顶角,将三角巾提起拉紧。

(4)再将三角巾底边中点由前向下、向肩后包绕。

(5)最后顶角与三角巾底边中点于腋窝处打结固定。

6. 上肢三角巾包扎法

(1)先将三角巾平铺于伤员胸前,顶角对着肘关节稍外侧,与肘部平行。

(2)屈曲伤肢,并压住三角巾然后将三角巾下端提起,两端绕到颈后打结。

(3)顶角反折用别针扣住。

7. 手、足三角巾包扎法

(1)将手或足放在三角巾上。

(2)顶角从前拉至手或足的背面。

(3)将底边交叉缠绕腕(或踝上方)并打结固定。

8. 残肢三角巾包扎法

(1)先用无菌纱布包裹残肢。

(2)将三角巾铺平,残肢放在三角巾上,顶角朝远端。

(3)并将顶角反折覆盖残肢。

(4)再将三角巾底角交叉,绕肢打结。

9. 异物插入体内的包扎法

(1)将大块敷料支撑异物。

(2)用绷带固定敷料以控制出血。

异物插入体内时,急救时除压迫呼吸道须立即解除压迫者外,严禁将其拔出,以免引起大出血。

（三）躯干包扎

1. 躯干部三角巾包扎法

（1）三角巾底边向下，绕过胸部以后在背后打结。

（2）其顶角放在伤侧肩上，穿过三角巾底边，并打结固定。

（3）若背部受伤，包扎方向相同，只要前后面交换位置即可。

2. 腋窝三角巾包扎法

（1）先在伤侧腋窝下垫上消毒纱巾。

（2）用带巾中间压住敷料。

（3）将带巾两端向上提，于肩部交叉。

（4）经胸背部斜向对侧腋下打结。

3. 臀部三角巾包扎法

（1）将两条三角巾顶角打结，连接结放在病人腰部正中。

（2）上面两端围腰打结。

（3）下面两端分别缠绕两大腿根部并与相对底边打结。

4. 开放性气胸包扎

（1）应封闭伤口，防止空气继续进入胸腔。

用塑料薄膜或凡士林纱布盖住伤口，再加用纱布垫或毛巾垫覆盖，然后包扎，或就地取材，如用塑料布、胶布以及其他不透气的物品等盖住伤口再包扎。

（2）转送医院时伤员应取半卧位。

5. 腹部内脏脱出包扎

（1）伤员取仰卧位，双腿屈曲，尽量使腹部肌肉松弛，以防内脏继续脱出。

（2）对已脱出的内脏，先盖上干净塑料或敷料，四周用胶布固定。

（3）也可用一只干净的碗扣在其上，然后进行包扎。

（4）严禁在急救时把脱出的内脏回纳至腹腔，以免造成腹腔感染。

四、固定技术

（一）骨折临时固定法

1. 锁骨骨折的固定

将两条带状三角巾，分别环绕两个肩关节，于背后打结。再将三角巾的

底角向背后拉紧，在两肩过度后张情况下，于背部打结。（如图 14－18）

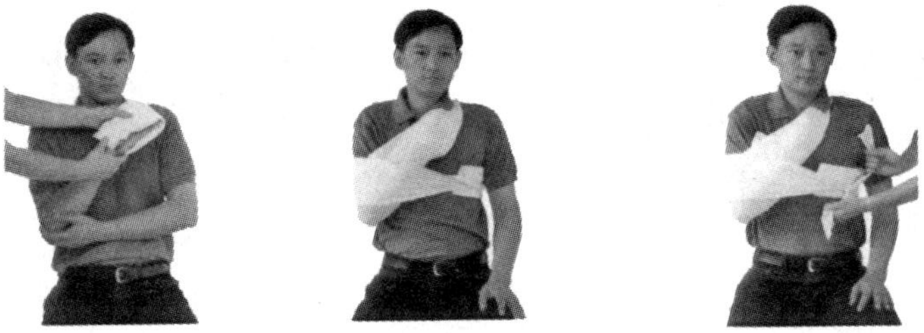

图 14－18　掌骨、指关节、锁骨固定包扎法

2. 上肢骨折的固定

肱骨骨折时，可用二条三角巾和一块夹板将伤肢固定，用一块夹板固定上臂，一条三角巾悬吊前臂，另一条带状三角巾分别经胸背于健侧腋下打结。若肘关节骨折而弯曲时，用2 条带状三角巾和一块夹板固定。前臂骨骨折时，用一块夹板置于伤肢下面，两条带状三角巾将其固定，一条三角巾悬吊伤臂，另一条带状三角巾绕胸背部于健侧腋下打结。手指骨骨折，可用小木片和2片胶布固定，也可把伤指固定在健指上。

现场有钢丝夹板时，因其可按需任意弯曲，适用于上肢各类骨折的固定。钢丝夹板一般规格为 7cm×100cm，先铺上约 1cm 厚的棉垫，用绷带包扎稳妥后用三角巾悬吊。（如图 14－19、图 14－20）

图 14－19　腕骨，上臂或前臂骨折（肘部可屈曲）

图 14－20　上臂或前臂骨折（肘部不能屈曲）

3. 下肢骨折的固定

（1）自体固定法：可用绷带或三角巾将健肢和伤肢捆绑在一起。开放性骨折，骨断端穿出伤口时，应先包扎伤口后再行固定，切不可将外露的骨折端试行复位；注意应将伤肢拉直，并在两下肢之间骨突出处放上棉垫或海绵，以

防压痛。(如图 14－21、图 14－22)

图 14－21　大腿骨折

图 14－22　小腿骨折

(2)木板固定法:取两块木制或塑料夹板,长短不同,长夹板置外侧,从脚跟至腋部;短夹板置内侧,从脚跟至腹股沟部,再用绷带或带状三角巾捆绑固定。此适用于股骨骨折。下肢胫腓骨骨折时,可用同样长二块夹板,分别置于伤肢内外侧,空隙处放上棉垫。然后用绷带或三角巾加以固定。

(3)真空夹板:一种新颖的骨折固定急救器材。通过抽吸和充胀气垫内的空气,可形成不同类型的夹板。因此常用于下肢骨折固定,也可用于任何种类及部位的骨折,并在瞬间以任何角度配合伤肢曲线成形固定,突破夹板难以固定颈肩背脊及弯曲部位的限制。

4. 脊柱骨折的固定

凡疑有脊柱、脊髓伤者,在急救和搬运时都必须十分小心,避免因搬动不当而加重脊柱伤的移位和损伤脊髓的程度。因此在搬动前应先作固定。

(1)颈椎骨折固定:只要怀疑颈椎损伤,即应进行颈部固定。目前院前急救推广应用由高分子塑料制成的颈托,有不同的规格,适合于不同年龄的伤员。这种颈托平时像一块薄型木板,不易折断,极轻,50～100g。应用时可按伤员颈部粗细,选择不同尺寸的颈托,围住颈部,前面有一大小不等的开口,两侧有尼龙搭扣加以固定。现场没有颈托时,可将伤员移至木板上,取仰卧位,头颈两侧各置枕头或沙袋,并将头用绷带固定在木板上,以免头部晃动。

(2)胸腰椎骨折固定:应将伤员平卧在垫有软垫的木板上。因腰椎向前,故若腰部骨折,应在腰部垫以软枕。并用绷带将伤员固定在木板上,以免在搬运时造成骨折部位移动和损伤加重。

5. 骨盆骨折固定

可用三角巾包扎固定,将三角巾叠成带状,于腰骶部经髋前至下腹部打结固定;另取一块三角巾叠成同样宽的带状,将其中间置于小腹正中部位置,拉紧三角巾两底角绕过髋部,并于腰骶部固定。

五、搬运技术

(一)现场搬运的基本要求

(1)经现场必要的止血、包扎和临时固定后,始可搬运伤员。

(2)按伤情严重者最优先、中等伤情者次之、轻伤者最后的原则搬运。

(3)在出现成批伤员时,应按伤情进行分类,分别以伤卡作为标志(以 5cm×3cm 的不干胶材料制成)置于伤员左胸部或手腕上,以便急救人员辨认,将伤员送至医院进行确定性救治。

(4)根据所受伤害的严重程度,以相应类型的车辆运送,并合理分配车辆,将伤员分流送往就近及较近的各医院,从而减少混乱,以利于加速处理。

(二)搬运时应注意以下几点

(1)对尚未明确是否有脊柱损伤者,应按脊柱损伤的原则搬运处理。

(2)对因塌方或房屋倒塌被埋的伤员,在挖掘抢救时,应防止误伤或强行扭曲和拖位伤员。

(3)对疑有颈、胸椎骨折或损伤者应有 2 人以“滚动”方式将伤员运至担架上,严禁一人抱头一人抬脚运送伤员。

(4)对高位截瘫及意识不清的伤员要保持呼吸道通畅,并除去身上的硬物,避免受伤。

(5)有尿潴留者,应做留置导尿。

(三)现场搬运的分类

1. 徒手搬运法

窄的阁楼或通道等处、担架或其他搬运工具无法通过、转运路程近而伤员伤情轻时可采取徒手搬运。

(1)搀扶法

适应于伤情轻、能站立行走的伤员。可由一个或两个急救者搀扶伤员前臂或托住其腋下,也可由伤员一只手搭在急救者肩上,急救者拉住该手,而另一只手扶住伤员的腰部。齐步走时,先移动内侧的脚,然后一起缓慢前进。

(2)单人背法

① 将伤员两上肢拉向急救者的前方,前胸压在急救者的背上。

② 用双手托住其大腿中部使大腿向前弯曲,并握住伤员双手。

③ 急救人员身体略向前倾斜行走。

④ 胸部创伤、心脏病、哮喘发作以及呼吸困难者禁用。

(3)单人抱法

① 伤员一上肢搭在急求者的肩上。

② 急救者一手抱住伤员的腰部,另一手托起大腿,手掌托其臀部。

(4)椅托式坐抬法

① 由两名急救者对立于两侧。

② 两人弯腰跪地,各以一手伸入伤员大腿之下相互紧握,另一手彼此交替支持伤员背部;或两急救者双手交叉成椅子。

③ 伤员坐在人椅上前进。

(5)拉车式搬运

① 一名急救者站在伤员头部,两手从伤员腋下穿过,将其头背部抱在自己怀内。

② 另一名急救者站在伤员两腿之间,同时双臂勾起其两腿膝部前进。

③ 要求步调一致,抬抱稳妥。

(6)两人平抬或平抱

① 两人平排将伤员平抱。

② 两人一前一后或一左一右将伤员平抬前进。

(7)3 人搬运或多人搬运

① 可 3 人平排将伤员抱起齐步前进。

② 若有 6 人,可各 3 人面对站立托起前进。

③ 为使起步能平衡、协调,可由一人喊口令。急救者应同时托起伤员。

2. 器材搬运法

(1)帆布担架

① 现代的乙烯尼龙材料、管型构造的担架可适用于体重达 150kg 的伤病员。

② 伤病员躺在帆布担架上会感到十分舒适,特别是头部受伤的伤员。

③ 具有重量轻、抓得牢、易清洗等优点。

④ 脊柱损伤的伤员不可直接放在帆布担架上,应先将伤员平卧于木板上,再将其放置于担架上。

(2)铲式担架

① 对提起仰卧的伤病员有利,可以短距离垂直运送伤病员。

② 带有铲式叶子,并可于伤病员身下滑动,分成纵长的二块相等的叶子,以便将伤员在不变动位置的情况下抬起。

③ 铲式担架是按骨盆和胸部的形状设计的,因此可用来固定这些部位,并根据伤病员的身长进行调节。

④ 为稳定胸部,可用25~30cm长布条紧紧围住其胸部和铲式担架,将两端打结在不受影响的部位。

⑤ 为稳固骨盆,用毯子固定并用布条扎紧。

⑥ 因其全部为金属制成,易受场所条件影响。

(3)救护车担架

① 救护车担架床是在救护车上使用最广泛的搬动设备。

② 救护车担架床设计为可承受182kg体重的伤病号,适用于各部位伤病员。

③ 一般担架重量29.6~35.4kg,由铝合金制成。

④ 为了伤病员的安全,通常至少需要2名救护人员。

⑤ 在抬起或移动伤病员时,两名救护人员必须各自在担架一头。

(四)各特殊部位损伤搬运

1.脊柱、脊髓伤

(1)顺伤员躯干轴线,滚动身体移至硬担架上或木板上。一般取平卧位。

(2)现场有3~4人时,可采用平托法,即一人扶头、一人托胸背、一人托臀部、一人托两下肢。

(3)步调要一致,统一托起和放下伤员的动作。

(4)对这类伤员或疑有损伤者,搬运时应倍加小心,切勿盲目操作,以免因伤部扭曲而加重病情或导致脊髓损伤。

(5)严禁一人抱胸一人抬下肢的拉车式搬运。

(6)对颈椎损伤的伤员,务必及时用颈托固定颈部。如无颈托,可用软枕或沙袋置于颈部两侧加以固定。对原来坐位的伤员,应在颈部固定后再平卧搬运。如有条件,可使用真空担架或脊椎固定板。

2. 颅脑伤

(1)搬运时应取侧卧位,有利于呼吸道分泌物排出。

(2)如脑组织膨出,应用清洁碗扣在其上,再用绷带包扎固定,以减少震动。

3. 开放式气胸

(1)先用消毒敷料密封伤口包扎。

(2)以坐椅式搬运,伤员取坐位或半卧位。

4. 腹部伤

(1)伤员取仰卧位,两下肢屈曲,膝下加垫,尽量放松腹壁。

(2)腹内肠管脱出,不应回纳,以免感染和肠管坏死。应用清洁的碗叩在其上,绑扎固定后搬运。

5. 休克

(1)取平卧位,一般不加枕头或仅垫薄枕,脚抬高 15°～20°。

(2)可用一般担架或木板搬运。

附录1 《中华人民共和国人民警察使用警械和武器条例》

第一章 总 则

第一条 为了保障人民警察依法履行职责，正确使用警械和武器，及时有效地制止违法犯罪行为，维护公共安全和社会秩序，保护公民的人身安全和合法财产，保护公共财产，根据《中华人民共和国人民警察法》和其他有关法律的规定，制定本条例。

第二条 人民警察制止违法犯罪行为，可以采取强制手段；根据需要，可以依照本条例的规定使用警械；使用警械不能制止，或者不使用武器制止，可能发生严重危害后果的，可以依照本条例的规定使用武器。

第三条 本条例所称警械，是指人民警察按照规定装备的警棍、催泪弹、高压水枪、特种防暴枪、手铐、脚镣、警绳等警用器械；所称武器，是指人民警察按照规定装备的枪支、弹药等致命性警用武器。

第四条 人民警察使用警械和武器，应当以制止违法犯罪行为，尽量减少人员伤亡、财产损失为原则。

第五条 人民警察依法使用警械和武器的行为，受法律保护。

人民警察不得违反本条例的规定使用警械和武器。

第六条 人民警察使用警械和武器前,应当命令在场无关人员躲避;在场无关人员应当服从人民警察的命令,避免受到伤害或者其他损失。

第二章 警械的使用

第七条 人民警察遇有下列情形之一,经警告无效的,可以使用警棍、催泪弹、高压水枪、特种防暴枪等驱逐性、制服性警械:

(一)结伙斗殴、殴打他人、寻衅滋事、侮辱妇女或者进行其他流氓活动的;

(二)聚众扰乱车站、码头、民用航空站、运动场等公共场所秩序的;

(三)非法举行集会、游行、示威的;

(四)强行冲越人民警察为履行职责设置的警械线的;

(五)以暴力方法抗拒或者阻碍人民警察依法履行职责的;

(六)袭击人民警察的;

(七)危害公共安全、社会秩序和公民人身安全的其他行为,需要当场制止的;

(八)法律、行政法规规定可以使用警械的其他情形。

人民警察依照前款规定使用警械,应当以制止违法犯罪行为为限度;当违法犯罪行为得到制止时,应当立即停止使用。

第八条 人民警察依法执行下列任务,遇有违法犯罪分子可能脱逃、行凶、自杀、自伤或者有其他危险行为的,可以使用手铐、脚镣、警绳等约束性警械:

(一)抓获违法犯罪分子或者犯罪重大嫌疑人的;

(二)执行逮捕、拘留、看押、审讯、拘传、强制传唤的;

(三)法律、行政法规规定可以使用警械的其他情形。

人民警察依照前款规定使用警械,不得故意造成人身伤害。

第三章 武器的使用

第九条 人民警察判明有下列暴力犯罪行为的紧急情形之一,经警告无

效的,可以使用武器:

(一)放火、决水、爆炸等严重危害公共安全的;

(二)劫持航空器、船舰、火车、机动车或者驾驶车、船等机动交通工具,故意危害公共安全的;

(三)抢夺、抢劫枪支弹药、爆炸、剧毒等危险物品,严重危害公共安全的;

(四)使用枪支、爆炸、剧毒等危险物品实施犯罪或者以使用枪支、爆炸、剧毒等危险物品相威胁实施犯罪的;

(五)破坏军事、通讯、交通、能源、防险等重要设施,足以对公共安全造成严重、紧迫危险的;

(六)实施凶杀、劫持人质等暴力行为,危及公民生命安全的;

(七)国家规定的警卫、守卫、警械的对象和目标受到暴力袭击、破坏或者有受到暴力袭击、破坏的紧迫危险的;

(八)结伙抢劫或者持械抢劫公私财物的;

(九)聚众械斗、暴乱等严重破坏社会治安秩序,用其他方法不能制止的;

(十)以暴力方法抗拒或者阻碍人民警察依法履行职责或者暴力袭击人民警察,危及人民警察生命安全的;

(十一)在押人犯、罪犯聚众骚乱、暴乱、行凶或者脱逃的;

(十二)劫夺在押人犯、罪犯的;

(十三)实施放火、决水、爆炸、凶杀、抢劫或者其他严重暴力犯罪行为后拒捕、逃跑的;

(十四)犯罪分子携带枪支、爆炸、剧毒等危险物品拒捕、逃跑的;

(十五)法律、行政法规规定可以使用武器的其他情形。

人民警察依照前款规定使用武器,来不及警告或者警告后可能导致更为严重危害后果的,可以直接使用武器。

第十条 人民警察遇有下列情形之一的,不得使用武器:

(一)发现实施犯罪的人为怀孕妇女、儿童的,但是使用枪支、爆炸、剧毒等危险物品实施暴力犯罪的除外;

(二)犯罪分子处于群众聚集的场所或者存放大量易燃、易爆、剧毒、放射性等危险物品的场所的,但是不使用武器予以制止,将发生更为严重危害后果的除外。

第十一条 人民警察遇有下列情形之一的,应当立即停止使用武器:

(一)犯罪分子停止实施犯罪,服从人民警察命令的;

(二)犯罪分子失去继续实施犯罪能力的。

第十二条 人民警察使用武器造成犯罪分子或者无辜人员伤亡的,应当及时抢救受伤人员,保护现场,并立即向当地公安机关或者该人民警察所属机关报告。

当地公安机关或者该人民警察所属机关接到报告后,应当及时进行勘验、调查,并及时通知当地人民检察院。

当地公安机关或者该人民警察所属机关应当将犯罪分子或者无辜人员的伤亡情况,及时通知其家属或者其所在单位。

第十三条 人民警察使用武器的,应当将使用武器的情况如实向所属机关书面报告。

第四章 法律责任

第十四条 人民警察违法使用警械、武器,造成不应有的人员伤亡、财产损失,构成犯罪的,依法追究刑事责任;尚不构成犯罪的,依法给予行政处分;对受到伤亡或者财产损失的人员,由该人民警察所属机关依照《中华人民共和国国家赔偿法》的有关规定给予赔偿。

第十五条 人民警察依法使用警械、武器,造成无辜人员伤亡或者财产损失的,由该人民警察所属机关参照《中华人民共和国国家赔偿法》的有关规定给予补偿。

第五章 附则

第十六条 中国人民武装警察部队执行国家赋予的安全保卫任务时使用警械和武器,适用本条例的有关规定。

第十七条 本条例自发布之日起施行。1980 年 7 月 5 日公布施行的《人民警察使用武器和警械的规定》同时废止。

附录2 《公安机关人民警察佩带使用枪支规范》

第一章 总 则

第一条 为保障公安机关人民警察依法履行职责，规范人民警察佩带、使用枪支行为，有效制止犯罪活动，维护公共安全和社会秩序，保护公民人身安全和合法财产、公共财产，根据《中华人民共和国人民警察法》、《中华人民共和国人民警察使用警械和武器条例》等有关法律、法规，制定本规范。

第二条 本规范适用于人民警察在执法执勤时佩带枪支、使用枪支和事后报告以及调查处置等工作。

第三条 本规范所称人民警察，是指获准核发《中华人民共和国公务用枪持枪证》（以下简称持枪证）的公安机关配枪民警。

配枪部门，是指公安机关配备公务用枪的内设部门、派出机构和其他直属单位。

枪支，是指公安机关依照《公务用枪配备办法》配备的各种公务用枪。

使用枪支，包括持枪戒备、出枪警示、鸣枪警告、开枪射击行为。

第四条 人民警察应当依照《中华人民共和国人民警察使用警械和武器条例》有关规定使用枪支。

第五条 人民警察使用枪支，应当以制止暴力犯罪行为，尽量减少人员伤亡、财产损失为原则。

第六条 人民警察依法使用枪支行为受法律保护。因合法使用枪支造成人员伤亡或者财产损失的，不承担法律责任。

第二章 佩带枪支

第七条 人民警察在执行下列任务时，应当佩带枪支：

（一）处置、侦查暴力犯罪行为；

（二）抓捕、搜查、押送、拘传、拘留、逮捕犯罪嫌疑人；

（三）执行武装巡逻任务；

（四）在公安检查站、卡点执行武装警戒、处突任务；

（五）在车站、机场、码头、口岸等重点部位、区域执行武装定点执勤任务；

（六）在重点地区执行入户调查、核查情况等反恐防暴任务；

（七）省级以上公安机关依法规定的其他情形。

第八条 人民警察遇有下列情形之一的，按照有关规定经特别批准后方可佩带枪支：

（一）进入北京市区的，应当经所在地省级人民政府批准；

（二）执行警卫任务需要乘坐民航飞机的，应当经省级以上公安机关批准；

（三）跨所属公安机关管辖区域佩带狙击步枪、班用机枪执行任务的，应当经上一级公安机关主要负责人批准；

（四）省级以上公安机关依法规定的其他情形。

第九条 人民警察应当按照下列规定佩带枪支：

（一）子弹未上膛时，打开枪支保险，子弹上膛时，关闭枪支保险；

（二）着警服佩带手枪时，应当使用制式枪套、枪纲；

（三）着便装佩带手枪时，应当选用便携式枪套；

（四）着警服佩带长枪时，应当使用制式枪背带采取肩枪、背枪或者挎枪方式。

第十条 人民警察佩带枪支时,应当遵守下列规定:

(一)携带人民警察证、持枪证(执行特定侦查任务的除外);

(二)除因执法办案需要外,不得进入娱乐场所;

(三)严禁饮酒或者参加非警务活动;

(四)发生枪支丢失、被盗抢或者其他事故,应当立即向所属配枪部门、事发地县级公安机关报告;

(五)省级以上公安机关依法作出的其他规定。

第三章 使用枪支

第十一条 人民警察在执行任务时,遇有危及公共安全、本人或者其他公民人身安全和合法财产、公共财产等暴力犯罪行为时,应当根据现场情况和危险程度,及时选择采取持枪戒备、出枪警示、鸣枪警告、开枪射击措施,有效预防、制止严重暴力犯罪行为,最大限度地避免人员伤亡、财产损失。

第十二条 人民警察判断可能发生暴力犯罪行为的,应当及时进行持枪戒备,采取相应的戒备状态,并将枪口指向安全方向。

第十三条 人民警察发现犯罪行为人准备实施暴力犯罪行为的,应当进行出枪警示,迅速表明人民警察身份,并将枪口指向犯罪行为人。同时,命令犯罪行为人立即停止实施暴力犯罪行为,并口头警告其拒不服从命令的后果。

出枪警示时,应当子弹上膛,打开保险,抠压枪支扳机的手指置于扳机护圈外,与犯罪行为人保持一定距离,并采取有效措施,防止枪支走火或者被抢。

第十四条 人民警察在现场处置犯罪行为人准备实施或者正在实施暴力犯罪行为,经口头警告无效的,可以视情向天空等安全方向鸣枪警告。来不及口头警告的,可以直接鸣枪警告。

第十五条 人民警察判明有《中华人民共和国人民警察使用警械和武器条例》第九条规定的下列暴力犯罪行为的紧急情形之一,经口头警告或者鸣枪警告无效的,可以开枪射击。来不及警告或者警告后可能导致更为严重危害后果的，可以直接开枪射击：

（一）放火、决水、爆炸等严重危害公共安全的；

（二）劫持航空器、船舰、火车、机动车或者驾驶车、船等机动交通工具，故意危害公共安全的；

（三）抢夺、抢劫枪支弹药、爆炸、剧毒等危险物品，严重危害公共安全的；

（四）使用枪支、爆炸、剧毒等危险物品实施犯罪或者以使用枪支、爆炸、剧毒等危险物品相威胁实施犯罪的；

（五）破坏军事、通讯、交通、能源、防险等重要设施，足以对公共安全造成严重、紧迫危险的；

（六）实施凶杀、劫持人质等暴力行为，危及公民生命安全的；

（七）国家规定的警卫、守卫、警戒的对象和目标受到暴力袭击、破坏或者有受到暴力袭击、破坏的紧迫危险的；

（八）结伙抢劫或者持械抢劫公私财物的；

（九）聚众械斗、暴乱等严重破坏社会治安秩序，用其他方法不能制止的；

（十）以暴力方法抗拒或者阻碍人民警察依法履行职责或者暴力袭击人民警察，危及人民警察生命安全的；

（十一）在押犯罪嫌疑人、被告人、罪犯聚众骚乱、暴乱、行凶或者脱逃的；

（十二）劫夺在押犯罪嫌疑人、被告人、罪犯的；

（十三）实施放火、决水、爆炸、凶杀、抢劫或者其他严重暴力犯罪行为后拒捕、逃跑的；

（十四）犯罪行为人携带枪支、爆炸、剧毒等危险物品拒捕、逃跑的；

（十五）法律、法规规定可以开枪射击的其他情形。人民警察开枪射击时，应当命令在场无关人员躲避，避免受到伤害。犯罪行为人停止实施暴力犯罪行为，或者失去继续实施暴力犯罪能力的，应当立即停止开枪射击，并确认危险消除后，及时关闭枪支保险，恢复佩带枪支状态。

第十六条 人民警察遇有下列情形之一的，不得鸣枪警告、开枪射击：

（一）发现实施犯罪的人为怀孕妇女、儿童的，但是使用枪支、爆炸、剧毒等危险物品实施暴力犯罪的除外；

（二）犯罪分子处于群众聚集的场所或者存放大量易燃、易爆、剧毒、放射性等危险物品的场所的，但是不使用枪支予以制止，将发生更为严重危害后果的除外；

（三）正在实施盗窃、诈骗等非暴力犯罪以及实施上述犯罪后拒捕、逃跑的。

第十七条 人民警察在处置表达具体诉求的群体性事件时，一线处置民警不得佩带枪支。根据现场情况二线民警可以佩带枪支进行戒备，只有在出现严重暴力犯罪行为时才能依法使用。

人民警察在处置群体性事件需要使用防暴枪时，应当按照现场指挥员的命令，根据现场实际情况确定适宜的弹种和射击安全距离，进行开枪射击。

第十八条 人民警察使用枪支造成犯罪行为人或者其他人员伤亡的，应当及时抢救受伤人员，保护现场，防止证据灭失。

人民警察使用枪支后，应当立即向所属配枪部门主要负责人口头报告，并在完成任务后二十四小时内，向所属配枪部门提交书面报告。报告应当包括以下内容：

（一）使用枪支的地点、时间；

（二）使用枪支时的现场情况；

（三）使用枪支时采取的警告措施；

（四）使用枪支理由及造成的伤亡情况；

（五）弹药消耗情况；

（六）使用枪支后所做的处置工作。

人民警察在所属公安机关管辖区域外使用枪支的，应当同时向事发地县级公安机关110报警台口头报告。

第四章 调查处理

第十九条 人民警察所属配枪部门接到使用枪支的口头报告后，应当及时上报所属公安机关。所属公安机关应当视情指派警务督察部门进行调查；对鸣枪警告、开枪射击的，应当及时进行调查验证并形成卷宗。

各级公安机关应当建立由警务督察部门牵头，纪委监察、法制部门参加的调查处理机制，负责会同有关警种对人民警察使用枪支案事件进行调查处理。

第二十条　人民警察开枪造成人员伤亡的,事发地县级公安机关应当迅速按照下列程序处置:

(一)派出警力赶赴现场,划定警戒区域,维护秩序,保护现场;

(二)通知医疗单位对受伤人员紧急救治;查明伤亡人员的身份情况,及时通知其家属和所在单位;

(三)组织开展现场勘查和调查工作,收集、固定相关证据;

(四)通知事发地县级人民检察院;

(五)向当地党委、政府报告,组织做好善后处理、舆情引导工作。

第二十一条　人民警察所属公安机关接到民警异地使用枪支造成人员伤亡的报告后,应当立即指派人员配合事发地县级公安机关做好调查、处置工作。

第二十二条　事发地县级公安机关调查结束后,应当及时出具书面调查报告。调查报告应当包括以下内容:

(一)接受人民警察报告的情况;

(二)调查工作情况及确认的使用枪支情况;

(三)对伤亡人员的救治及采取的紧急处置情况;

(四)组织善后处理和舆情引导工作情况;

(五)调查结论及处理意见。

第二十三条　事发地县级公安机关对人民警察使用枪支情况调查结束后,应当向其本人及所属配枪部门宣布调查结论;人民检察院介入调查的,应当与人民检察院协商形成调查认定意见后宣布。

人民警察对认定其使用枪支不当的调查结论持有异议的,可以向事发地县级公安机关的上一级公安机关提出申诉。

第二十四条　人民警察依法使用枪支造成人员伤亡的,事发地公安机关未经其所属省级公安机关批准,不得披露当事民警姓名、工作单位等信息。

第二十五条　人民警察使用枪支后,所属公安机关应当及时对其进行心理辅导,缓解心理压力。在人民警察接受调查期间,应当暂停其佩带枪支。

对人民警察使用枪支后,存在心理负担过重等不宜佩带枪支情形的,其所属公安机关可以停止其佩带枪支。

第五章 奖 惩 责 任

第二十六条 人民警察依法使用枪支有效制止严重暴力犯罪行为的，应当给予表扬或者依照有关规定予以表彰奖励。

第二十七条 人民警察在执勤执法时，按照本规范应当佩带枪支而未佩带的，对其本人及所属配枪部门负责人视情给予批评教育；造成人民警察伤亡或者其他严重后果的，对负有责任的人员依照有关规定予以追责。

第二十八条 人民警察违反本规范佩带、使用枪支，所属公安机关在调查期间可以对其采取停止执行职务、禁闭的措施。调查结束后视情给予通报批评、调离岗位等组织处理；构成违纪的，给予相应的纪律处分；构成犯罪的，移送司法机关追究刑事责任。

第二十九条 人民警察行使职务时违法使用枪支造成不应有的人员伤亡、财产损失，对受到伤亡或者财产损失的人员，由该人民警察所属公安机关依照《中华人民共和国国家赔偿法》的有关规定给予赔偿。

第三十条 人民警察依法使用枪支，造成无辜人员伤亡或者财产损失的，由该人民警察所属公安机关参照《中华人民共和国国家赔偿法》的有关规定给予补偿。

第六章 附 则

第三十一条 列入公安机关序列的人民武装警察部队执行任务时佩带、使用枪支的，参照本规范执行。

人民警察出国参加维和执勤执法任务，根据有关国际组织协议的授权需要携带枪支的，参照本规范和相关的授权执行。

第三十二条 省级公安机关可以根据本规范，结合本地实际，制定实施细则并报公安部备案。

第三十三条 本规范自 2015 年 5 月 1 日起施行。此前有关规定与本规范不一致的，以本规范为准。

参考文献

1. 马守印、张斌、阮水主编:《边防战术基础》,国防科技大学出版社 2014 年版。

2. 刘彦飞主编:《公安单警装备战术手册》,中国人民公安大学出版社 2009 年版。

3. 王辰主编:《手枪射击实用教程》,中国人民公安大学出版社 2009 年版。

4. 张明刚主编:《警用枪械规范操作指引》,(内部教材)2008 年版。

5. 张均衡主编:《警察防伤亡战术》,珠江音像出版社 2000 年版。

图书在版编目(CIP)数据

边防警务实战战术 / 高慧开主编. -- 北京 : 法律出版社, 2017.1(2019.7 重印)
(公安学文库)
ISBN 978-7-5197-0558-9

Ⅰ.①边… Ⅱ.①高… Ⅲ.①边防部队-战术学-研究 Ⅳ.①E277.04

中国版本图书馆 CIP 数据核字(2017)第 014300 号

边防警务实战战术
BIANFANG JINGWU SHIZHAN ZHANSHU

高慧开 主编

策划编辑 沈小英
责任编辑 沈小英 吴 镝
装帧设计 李 瞻

出版 法律出版社
总发行 中国法律图书有限公司
经销 新华书店
印刷 固安华明印业有限公司
责任印制 吕亚莉

编辑统筹 法治与经济出版分社
开本 720 毫米×960 毫米 1/16
印张 17.5 **字数** 233 千
版本 2017 年 2 月第 1 版
印次 2019 年 7 月第 4 次印刷

法律出版社/北京市丰台区莲花池西里 7 号(100073)
网址/www.lawpress.com.cn
投稿邮箱/info@lawpress.com.cn
举报维权邮箱/jbwq@lawpress.com.cn
销售热线/400-660-8393
咨询电话/010-63939796

中国法律图书有限公司/北京市丰台区莲花池西里 7 号(100073)
全国各地中法图分、子公司销售电话:
统一销售客服/400-660-8393/6393
第一法律书店/010-83938432/8433
西安分公司/029-85330678
重庆分公司/023-67453036
上海分公司/021-62071639/1636
深圳分公司/0755-83072995

书号:ISBN 978-7-5197-0558-9
定价:76.00 元